高等职业教育
新形态创新
系列教材

工程项目管理

主　编　李炼恒
副主编　江　应　蒋　磊

西安交通大学出版社
XI'AN JIAOTONG UNIVERSITY PRESS

图书在版编目(CIP)数据

工程项目管理 / 李炼恒主编. —西安：西安交通大学出版社,2022.6
　ISBN 978-7-5693-2077-0

　Ⅰ.①工… Ⅱ.①李… Ⅲ.①工程项目管理—教材 Ⅳ.①F284

中国版本图书馆 CIP 数据核字(2022)第 043834 号

书　　名	工程项目管理 Gongcheng Xiangmu Guanli
主　　编	李炼恒
策划编辑	杨　璠
责任编辑	杨　璠　刘艺飞
责任校对	张　欣
出版发行	西安交通大学出版社 (西安市兴庆南路 1 号　邮政编码 710048)
网　　址	http://www.xjtupress.com
电　　话	(029)82668357　82667874(市场营销中心) (029)82668315(总编办)
传　　真	(029)82668280
印　　刷	西安五星印刷有限公司
开　　本	787 mm×1092 mm　1/16　印张 16.5　字数 344 千字
版次印次	2022 年 6 月第 1 版　2022 年 6 月第 1 次印刷
书　　号	ISBN 978-7-5693-2077-0
定　　价	48.00 元

如发现印装质量问题,请与本社市场营销中心联系。
订购热线:(029)82665248　(029)82667874
投稿热线:(029)82668502
读者信箱:phoe@qq.com

版权所有　侵权必究

编写团队

主　　编　李炼恒　四川邮电职业技术学院
副主编　江　应　四川邮电职业技术学院
　　　　　蒋　磊　四川邮电职业技术学院
参　　编　向　科　四川邮电职业技术学院
　　　　　陈川勇　四川公众项目咨询管理有限公司
　　　　　周玉婷　四川邮电职业技术学院
　　　　　熊　丹　四川交通职业技术学院
　　　　　唐敬翔　四川邮电职业技术学院
　　　　　徐俊豪　四川邮电职业技术学院

前言

　　工程项目管理所涉及的基础知识与技能,能够广泛应用于建筑、公路、桥梁、隧道、通信等各类建设工程项目中。先进的工程项目管理方法和技术的应用,有助于实现建设工程项目的成本、进度、质量、安全等方面的目标。

　　本书以工程项目建设的基本流程为主线,基于工程项目施工方的视角,阐明工程项目管理的基本概念。工程项目的前期策划、融资、采购模式等确定后,在施工招标与投标阶段,施工单位正式参与进来。施工单位需要组建项目经理部负责工程项目实施,编写施工组织设计方案,并且做好相关的施工准备。正式进入施工阶段后,施工单位需要重点关注工程项目的进度、成本、质量、安全等方面,以保证工程项目能够顺利竣工验收。本书部分任务引入港珠澳大桥建设项目的实施案例,让读者能够更深刻地理解如何应用工程项目管理的知识。本书最后部分附有施工中常用的表格模板,供读者参考。

　　建设工程项目实施过程涉及建设方、设计方、施工方、供货方、监理方等多个参与方,各个参与方对工程项目的管理既有重合性,又有不同的侧重点。本书中的工程项目管理知识,均可以作为各个参与方工程项目管理的参考。在纸质资源的基础上,本书添加了部分视频资源,对部分知识与技能做了针对性的讲解;同时引入施工组织设计方案、招标文件、投标文件的电子示范文本,供读者参考。

　　本书由四川邮电职业技术学院李炼恒担任主编,具体编写分工如下:李炼恒负责模块一、二、三、四、五、七及模块六中任务一、二、三的编写,江应负责模块六中任务四、五、六的编写。蒋磊主要负责教材中视频资源的录制,向科、陈川勇、周玉婷、熊丹、唐敬翔、徐俊豪也参与了部分编写工作,在本书的结构搭建、示范文本编写、绘图等方面做出了贡献。本书参考了相关的专著、教材和部分学术论文,并在参考文献中列出,如有遗漏请多包涵。

　　由于编者能力有限,本书中难免存在不足之处,敬请各位读者批评指正。

李炼恒

2021 年 11 月

目录

模块一　工程项目和项目管理 ··· 1

　　任务一　工程项目管理 ··· 1
　　任务二　工程项目管理的目标和任务 ··· 7
　　任务三　工程项目的前期策划 ·· 10
　　任务四　工程项目的融资模式 ·· 23
　　任务五　工程项目的采购模式 ·· 27

模块二　工程施工招标与投标 ·· 37

　　任务一　施工招标 ·· 37
　　任务二　施工投标 ·· 43

模块三　项目管理组织结构建立 ·· 49

　　任务一　组织结构模式 ·· 50
　　任务二　项目结构图 ·· 56
　　任务三　工作任务分工表 ·· 60
　　任务四　工作流程图 ·· 65

模块四　施工组织设计方案编写 ·· 69

　　任务一　施工组织设计的内容 ·· 69
　　任务二　施工组织设计的编制方法 ·· 72

模块五　施工准备 ·· 75

模块六　施工过程中的项目管理 ··· 77
　　任务一　工程项目进度管理 ··· 77
　　任务二　工程项目成本管理 ··· 103
　　任务三　工程项目质量管理 ··· 135
　　任务四　工程项目职业健康安全与环境管理 ··· 172
　　任务五　工程项目合同管理 ··· 210
　　任务六　工程项目信息管理 ··· 230

模块七　工程项目竣工验收 ·· 231

附录　施工中常用的表格模板 ·· 245

参考文献 ··· 253

模块一　工程项目和项目管理

内容提要

（1）工程项目管理的概念、目标和任务。

（2）工程项目的前期策划，主要包括项目环境调查、项目总体方案的提出、项目定义、项目定义的审查和选择、项目建议书的提出等几个步骤。

（3）工程项目的可行性研究。

（4）工程项目的融资模式。

（5）工程项目的采购模式，包括管理模式及承发包模式。

任务一　工程项目管理

第一节　基础知识

工程项目管理的内涵和任务

一、工程项目的概念

项目是一种非常规性、非重复性和一次性的任务，通常有明确的目标和约束条件（时间、费用和质量等）。项目是指一个过程，而不是过程终结后所形成的成果。例如，某一个住宅小区的建设过程是一个项目，而建设完成后的住宅楼及其配套设施是这个项目完成后形成的产品。

在建设领域中，建造一栋大楼、一个工厂、一个大坝、一条铁路或者开发一个油田，都是项目。在工业生产中开发一种新产品，在科学研究中为解决某个科学技术问题进行的课题研究，在文化体育活动中举办一届运动会、组织一次文艺晚会等，也都是项目。

本书中所指的"工程项目"是以完成一定的工程系统的建设为任务的项目，包括前期策划、设计、施工、竣工交付等过程。一般而言，工程项目是指为了特定目标而进行的投资建设活动，其内涵如下所示。

(1)工程项目是一种既有投资行为又有建设行为的项目,其目标是形成固定资产。工程项目是将投资转化为固定资产的经济活动过程。

(2)工程项目的交付成果是一个有一定规模的工程技术系统,有明确的系统范围和结构形式,具有完备的使用功能。

(3)工程项目具有明确的进度目标、费用目标和质量目标。任何项目都是在一定的限制条件下进行的,包括资源条件的约束(人力、财力和物力等)和人为的约束,其中质量(工作标准)、进度、费用目标是项目普遍存在的三个约束条件。这些约束条件形成了工程项目的主要目标。

(4)项目是一次性的任务,由于目标、环境、条件和组织等方面的特殊性,不存在两个完全相同的项目,即项目不可能重复。

(5)现代工程项目投资大、规模大、持续时间长、多专业结合、多单位参加,是复杂的系统工程。

二、工程管理的阶段

建设工程项目的全寿命周期包括项目的决策阶段、实施阶段和使用阶段(或称运营阶段、运行阶段),如图1-1所示。

建设工程管理(professional management in construction)作为一个专业术语,其内涵涉及工程项目全过程(工程项目全寿命)的管理,它包括:

(1)决策阶段的管理,DM(development management,尚没有统一的中文术语,可译为项目前期的开发管理)。

(2)实施阶段的管理,即项目管理PM(project management)。

(3)使用阶段的管理,即设施管理FM(facility management)。

	决策阶段	实施阶段			使用阶段
		准备	设计	施工	
投资方	DM	PM			FM
开发方	DM	PM			
设计方			PM		
施工方				PM	
供货方				PM	
项目使用期的管理方					FM

图1-1 DM、PM 和 FM

建设工程管理(以下简称工程管理)涉及参与工程项目的各个方面对工程的管理,即包括投资方、开发方、设计方、施工方、供货方和项目使用期的管理方的管理,如图1-2所示。

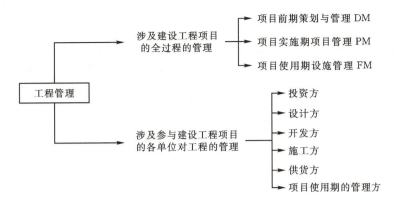

图1-2 工程管理的内涵

建设工程管理工作是一种增值服务工作,其核心任务是为工程的建设和使用增值,如图1-3所示。

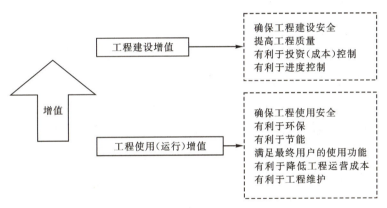

图1-3 工程管理的增值

在工程实践中人们往往重视通过管理为工程建设增值,而忽视通过管理为工程使用增值。例如,有些办公楼在设计时为节约投资,减少了必要的电梯的数量,这样就导致该办公楼在使用时人们等候电梯的时间过长。

三、工程项目管理的内涵

近30余年,建设领域中逐步在宣传和推广工程项目管理。一提到工程项目管理,人们首先就想到其任务是项目的目标控制,包括费用控制、进度控制和质量控制。这里应该指出,工程项目管理是建设工程管理中的一个组成部分,工程项目管理的工作仅限于在项目实施期的工作,而建设工程管理则涉及项目全寿命期。

项目的实施阶段包括设计前的准备阶段、设计阶段、施工阶段、动用前准备阶段和保修期,如图1-4所示。招标、投标工作分散在设计前的准备阶段、设计阶段和施工阶段中进行,因此一般不单独列为招标、投标阶段。项目实施阶段管理的主要任务是通过管理使项目的目标得以实现。

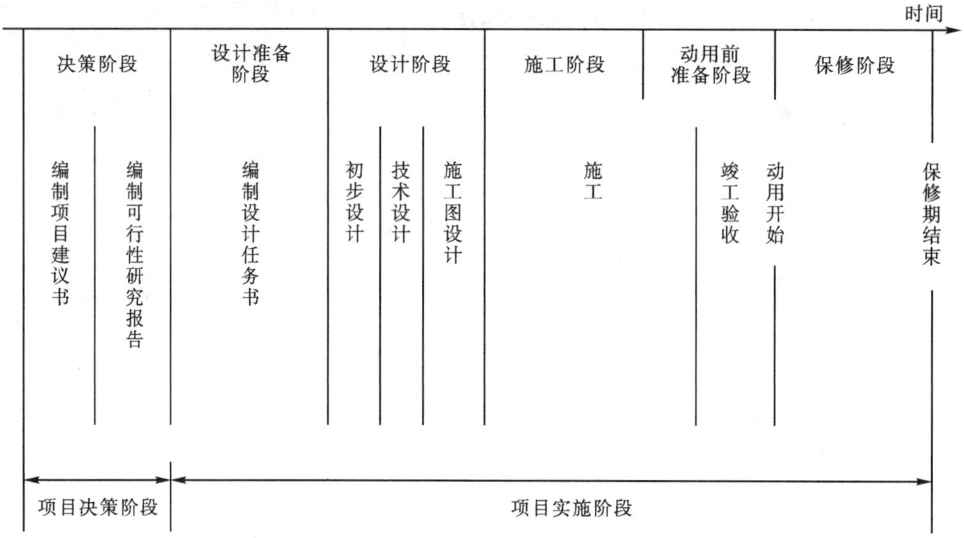

图 1-4 建设工程项目的实施阶段

建设工程项目管理的时间范畴是建设工程项目的实施阶段。《建设工程项目管理规范》(GB/T 50326—2017)对建设工程项目管理做了如下解释:"运用系统的理论和方法,对建设工程项目进行的计划、组织、指挥、协调和控制等专业化活动,简称为项目管理。"

建设工程项目管理的内涵:自项目开始至项目完成,通过项目策划和项目控制,实现项目的费用目标、进度目标和质量目标。该定义的有关字段的含义如下:

(1)"自项目开始至项目完成"指的是项目的实施阶段。

(2)"项目策划"指的是目标控制前的一系列筹划和准备工作。

(3)"费用目标"对业主而言是投资目标,对施工方而言是成本目标。

由于项目管理的核心任务是项目的目标控制,因此按项目管理学的基本理论,没有明确目标的建设工程不是项目管理的对象。在工程实践意义上,如果一个建设项目没有明确的投资目标、进度目标和质量目标,就没有必要进行管理,也无法进行定量的目标控制。

一个建设工程项目往往由许多参与单位承担不同的建设任务和管理任务(如勘察、土建设计、工艺设计、工程施工、设备安装、工程监理、建设物资供应、业主方管理、政府主管部门的管理和监督等),各参与单位的工作性质、工作任务和利益不尽相同,因此就形成了代表不同利益方的项目管理。由于业主方是建设工程项目实施过程(生产过程)的总集成者,即人力资源、物质资源和知识的集成,业主方也是建设工程项目生产过程的总组织者,因此对于一个建设工程项目而言,业主方的项目管理往往是该项目的项目管理的核心。

第二节　项目案例

一、项目概况

港珠澳大桥是"一国两制"框架下,粤港澳三地首次合作共建的超大型跨海通道,全长 55 km,设计使用寿命为 120 年,总投资约 1 200 亿元人民币,如图 1-5 所示。大桥于 2003 年 8 月启动前期工作,2009 年 12 月开工建设,筹备和建设前后历时达 15 年,于 2018 年 10 月开通营运。

港珠澳大桥东接香港特别行政区,西接广东省(珠海市)和澳门特别行政区,是国家高速公路网规划中珠江三角洲地区环线的组成部分和跨越伶仃洋海域的关键性工程,形成了连接珠江东西两岸新的公路运输通道。

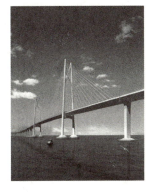

图 1-5　港珠澳大桥

港珠澳大桥工程包括三项内容:一是海中桥隧主体工程;二是香港、珠海和澳门三地口岸;三是香港、珠海、澳门三地连接线。根据达成的共识,海中桥隧主体工程(粤港分界线至珠海和澳门口岸段,下同)由粤港澳三地共同建设;三地口岸和连接线由三地各自建设。

工程路线起自香港国际机场附近的香港口岸人工岛,向西接珠海/澳门口岸人工岛、珠海连接线,止于珠海洪湾,总长约 55 km(其中澳门口岸到香港口岸约 41.6 km)。其中,粤港澳三地共同建设的主体工程长约 29.6 km,由港珠澳大桥管理局负责建设和运营管理。主体工程采用桥岛隧结合方案,伶仃西航道和铜鼓航道段约 6.7 km,采用隧道方案,其余路段约 22.9 km,采用桥梁方案。为实现桥隧转换和设置通风井,主体工程隧道两端各设置一个海中人工岛,东人工岛东边缘距粤港分界线约 150 m,西人工岛东边缘距伶仃西航道约 1 800 m,两个人工岛最近边缘间距约 5 250 m。

海中桥隧主体工程采用双向六车道高速公路标准建设,设计速度为 100 km/h,桥梁总宽 33.1 m,隧道宽度 2×14.25 m,净高 5.1 m。全线桥涵设计汽车荷载等级采用公路-Ⅰ级,同时满足香港 Structure Design Manual for Highways and Railways 中规定的活载要求,大桥的设计使用寿命为 120 年。其他技术标准符合原交通部颁发的《公路工程技术标准》(JTG B01—2003)中的规定。通航标准按交通运输部《关于港珠澳大桥通航净空尺度和技术要求的批复》(交水发〔2008〕97 号)执行。

口岸采用"三地三检"模式分别由各方建设、各自独立管辖,香港口岸区设置在香港境内;内地(珠海)口岸和澳门口岸在澳门明珠点附近的内地水域填海,同岛设置。内地(珠海)口岸和澳门口岸人工岛填海总面积约为 208.87 公顷,分为四个主要区域,包括港珠澳大桥主体工程管理区、珠海连接线衔接区、珠海口岸管理区及澳门口岸管理区。

珠海连接线起自珠海口岸人工岛,经湾仔、珠海保税区北,止于珠海洪湾,接拟建的珠江三角洲地区环线高速公路珠海南屏至洪湾段,全长约13.4 km,采用双向六车道高速公路标准建设,设计速度为80 km/h,路基宽度为32 m,桥梁总宽度为31.5 m,隧道宽度为2×14 m。全线桥涵设计汽车荷载等级采用公路—Ⅰ级,其他技术指标符合原交通部颁发的《公路工程技术标准》(JTG B01—2003)中的规定。

二、项目分析

(一)寿命周期

港珠澳大桥建设项目于2003年8月启动前期工作,2009年12月开工建设,于2018年10月开通营运,设计使用寿命120年,其全寿命周期如图1-6所示。项目主体工程涉及多个施工节点,如图1-7所示。

图1-6 寿命周期

图1-7 主体工程主要施工节点

(二)增值服务体现

在港珠澳大桥建设过程中,非常重视环保、安全方面的管理。2009年9月14日,××小组办公室召开了HSE管理体系(health、safety、environment,即健康、安全和环境三位一体的管理体系)建设启动动员会。

为确保将港珠澳大桥建设成为世界级跨海通道和地标性建筑,并为用户提供优质服务,加强工程建设过程中的职业健康、安全生产与环境保护工作是非常重要的保障措施之一。对此,各级领导非常重视,自2009年5月起,就安排、部署了调研、考察、方案比选等HSE管理体系建设前期工作。此次启动动员会的召开,标志着港珠澳大桥工程建设HSE管理体系建设工作正式展开,对高质量、安全地实现建设目标提供有力保证。

2010年12月23日,××局与××研究所在珠海举行了港珠澳大桥主体工程建设期职业健康与安全顾问服务合同签约仪式。港珠澳大桥主体工程建设期职业健康与安全顾问服务合同的签署,标志着××研究所为大桥建设提供安全顾问服务的正式开始,为港珠澳大桥工程建设实现安全施工、文明施工贡献力量、保驾护航。

环境保护主要涉及海洋环境监测与评价、水下施工噪声监测与评价、水生野生动物保护等方面,工程建设过程中多次展开相应的专业培训、演习、会议及宣传活动,以落实行动,加强效果。安全生产主要涉及落实企业安全生产责任制、安全生产检查、安全生产技术、应急管理等方面,开展安全生产月、突发事件应急演练、安全知识培训等活动。

为了让管理局全员熟悉营运期 HSE 管理体系,营造全员"我要安全"的氛围,保障港珠澳大桥主体工程安全顺利运营,2018 年 5 月 29 日至 30 日,管理局围绕 HSE 管理体系开展了一系列安全培训,通过组织观看安全警示教育片、课堂授课、互动交流等形式开展安全警示教育、全员 HSE 培训,并针对各部门业务特点与部门面对面开展了专项 HSE 培训交流。

◉ 任务二 工程项目管理的目标和任务

一、业主方项目管理的目标和任务

业主方项目管理服务于业主的利益,其项目管理的目标包括项目的投资目标、进度目标和质量目标。其中投资目标指的是项目的总投资目标。进度目标指的是项目动用的时间目标,即项目交付使用的时间目标,如工厂建成可以投入生产、道路建成可以通车、办公楼可以启用、旅馆可以开业的时间目标等。项目的质量目标不仅涉及施工的质量,还包括设计质量、材料质量、设备质量和影响项目运行或运营的环境质量等。质量目标应满足相应的技术规范和技术标准的规定,以及业主方相应的质量要求。

项目的投资目标、进度目标和质量目标之间既有矛盾的一面,也有统一的一面,它们之间是对立统一的关系。要加快进度往往需要增加投资,欲提高质量往往也需要增加投资,过度地缩短进度会影响质量目标的实现,这都表现了目标之间关系矛盾的一面;但通过有效的管理,在不增加投资的前提下,也可缩短工期和提高工程质量,这反映了目标之间关系统一的一面。

业主方的项目管理工作涉及项目实施阶段的全过程,即在设计前的准备阶段、设计阶段、施工阶段、动用前准备阶段和保修期分别进行如下工作:

(1)安全管理;
(2)投资控制;
(3)进度控制;
(4)质量控制;

(5)合同管理;

(6)信息管理;

(7)组织和协调。

其中安全管理是项目管理中最重要的任务,因为安全管理关系到人的健康与安全,而投资控制、进度控制、质量控制和合同管理等则主要涉及物质利益。

二、设计方项目管理的目标和任务

设计方作为项目建设的一个参与方,其项目管理主要服务于项目的整体利益和设计方本身的利益。由于项目的投资目标能否实现与设计工作密切相关,因此设计方项目管理的目标包括设计的成本目标、设计的进度目标和设计的质量目标,以及项目的投资目标。

设计方的项目管理工作主要在设计阶段进行,但也涉及设计前的准备阶段、施工阶段、动用前准备阶段和保修期。设计方项目管理的任务包括:

(1)与设计工作有关的安全管理;

(2)设计成本控制和与设计工作有关的工程造价控制;

(3)设计进度控制;

(4)设计质量控制;

(5)设计合同管理;

(6)设计信息管理;

(7)与设计工作有关的组织和协调。

三、施工方项目管理的目标和任务

(一)施工方的管理目标

由于施工方是受业主方的委托承担工程建设任务,施工方必须树立服务观念,为项目建设服务,为业主提供建设服务;另外,合同也规定了施工方的任务和义务,因此施工方作为项目建设的一个重要参与方,其项目管理不仅应服务于施工方本身的利益,也必须服务于项目的整体利益。项目的整体利益和施工方本身的利益是对立统一关系,两者有其统一的一面,也有其矛盾的一面。

施工方项目管理的目标应符合合同的要求,它包括:

(1)施工的安全管理目标;

(2)施工的成本目标;

(3)施工的进度目标;

(4)施工的质量目标。

如果采用工程施工总承包管理模式,施工总承包方或施工总承包管理方必须按工程合同规定的工期目标和质量目标完成建设任务。而施工总承包方或施工总承包管理方的成本目标是由施工企业根据其生产和经营的情况自行确定的。分包方则必须按工程分包合同规定的工期目标和质量目标完成建设任务,分包方的成本目标是由该施工企业内部自行确定的。

按国际工程的惯例,当采用指定分包商时,不论指定分包商与施工总承包方、施工总承包管理方还是与业主方签订合同,由于指定分包商合同在签约前必须得到施工总承包方或施工总承包管理方的认可,因此,施工总承包方或施工总承包管理方都应对合同规定的工期目标和质量目标负责。

(二)施工方项目管理的任务

施工方项目管理的任务包括:

(1)施工安全管理;

(2)施工成本控制;

(3)施工进度控制;

(4)施工质量控制;

(5)施工合同管理;

(6)施工信息管理;

(7)与施工有关的组织与协调等。

施工方的项目管理工作主要在施工阶段进行,但由于设计阶段和施工阶段在时间上往往是交叉的,因此,施工方的项目管理工作也会涉及设计阶段。在动用前准备阶段和保修期施工合同尚未终止期间,还有可能出现涉及工程安全、费用、质量、合同和信息等方面的问题,因此,施工方的项目管理也涉及动用前准备阶段和保修期。

20世纪80年代末和90年代初,我国的大中型建设项目开始引进了为业主方服务(或称代表业主利益)的工程项目管理的咨询服务,这属于业主方项目管理的范畴。在国际上,工程项目管理咨询公司不仅为业主提供服务,也向施工方、设计方和建设物资供应方提供服务,因此,不能认为施工方的项目管理只是施工企业对项目的管理。施工企业委托工程项目管理咨询公司对项目管理的某个方面提供的咨询服务也属于施工方项目管理的范畴。

四、供货方项目管理的目标和任务

供货方作为项目建设的一个参与方,其项目管理主要服务于项目的整体利益和供货方本身的利益,其项目管理的目标包括供货方的成本目标、供货的进度目标和供货的质量目标。

供货方的项目管理工作主要在施工阶段进行,但也涉及设计准备阶段、设计阶段、动用前准备阶段和保修期。供货方项目管理的主要任务包括:

(1)供货安全管理;

(2)供货方的成本控制;

(3)供货的进度控制;

(4)供货的质量控制;

(5)供货合同管理;

(6)供货信息管理;

(7)与供货有关的组织与协调。

任务三　工程项目的前期策划

第一节　基础知识

一、工程项目的前期策划概述

(一)前期策划的内涵

项目策划是指在工程项目建设前期,通过调查研究和收集资料,在充分占有信息的基础上,针对项目的决策和实施的某个问题,进行组织、管理、经济和技术等方面的科学分析和论证,这将使工程项目建设有正确的方向和明确的目的,也使建设工程项目设计工作有明确的方向并充分体现业主的建设目的。

项目前期策划是工程项目管理的一个重要组成部分。国内外许多建设工程项目成功的经验或失败的教训证明,项目前期的策划是工程项目成功的前提。在项目前期进行项目策划,就是要提前为项目建设形成良好的工作基础、创造完善的条件,使项目建设在技术上趋于合理、在资金和经济方面安排周密、在组织管理方面灵活计划并有一定的弹性,从而保证建设工程项目具有充分的可行性,能适应现代化的项目建设过程的要求。

(二)项目前期策划的过程

1. 项目构思的产生和选择

任何项目都起源于项目的构思。项目构思是对项目机会的寻求、分析和初步选择。它的产生是为了解决上层系统(如国家、地方、企业、部门)的问题,或为了满足上层系统的需要,或为了实现上层组织的战略目标和计划等。

2. 项目目标设计和项目定义

主要通过对上层系统情况和存在的问题进行进一步研究,提出项目的目标因素,进而构成项目目标系统。通过对目标的书面说明形成项目定义。该阶段包括如下工作：

(1)环境调查和问题的研究。对上层系统状况、市场状况、组织状况、自然环境进行调查，对其中的问题进行全面罗列、分析、研究，确定问题的原因，为正确的项目目标设计和决策提供依据。

(2)项目的目标设计。针对上层系统的情况和存在问题、上层组织策略，以及环境条件提出目标因素；对目标因素进行优化，建立目标系统。这是项目要达到的预期总目标。

(3)项目的定义和总体方案策划。项目的定义是指划定项目的目标系统范围，对项目各个目标指标做出说明，并根据项目总目标，对项目的总体实施方案进行策划。

(4)提出项目建议书。项目建议书是对环境条件、存在问题、项目总体目标、项目定义和总体方案的说明和细化，同时，提出在可行性研究中需考虑的各个细节和指标。

3.可行性研究

对项目总目标和总体实施方案进行全面的技术经济论证，看能否实现目标。它是项目前期策划阶段最重要的工作。

4.项目的评价和决策

在可行性研究的基础上，对项目进行财务评价、国民经济评价和环境影响评价等评价。根据可行性研究和评价的结果，由上层组织对项目立项做出最后决策。

5.其他相关工作

(1)必须不断进行环境调查，客观地反映和分析问题，并对环境发展趋势进行合理的预测。环境是确定项目目标，进行项目定义、分析可行性的最重要的影响因素，工程项目前期策划的科学性常常是由环境调查的深度和广度决定的。

(2)有一个多重反馈的过程。必须设置几个阶段决策点，对阶段工作结果进行分析、评价和选择。要不断地进行调整、修改、优化，甚至放弃原定的构思、目标或方案。

二、工程项目的前期策划

项目决策的策划主要针对项目的决策阶段，通过对项目前期的环节调查与分析，进行项目建设基本目标的论证与分析，进行项目定义及总体方案策划，提出项目建议书，为项目的决策提供依据。

（一）项目环境调查

1.环境调查的作用

环境调查是为项目的目标设计、可行性研究、决策、设计和计划、控制服务的。环境调查是在项目构思的基础上对环境系统进行调查、分析、评价，以作为目标设计的基础和前导工作。工程实践证明,正确的项目目标设计和决策需要熟悉环境,并掌握大量的信息。

(1)通过环境调查可以进一步研究和评价项目的构思,将原来的目标建议引导到实用的理性目标概念,使目标建议更符合上层系统的需求。

(2)通过环境调查可以对上层组织的目标和问题进行定义,从而确定项目的目标因素。

(3)通过环境调查确定项目的边界条件状况。这些边界条件的制约因素,常常会直接产生项目的目标因素,例如法律规定、资源约束条件和周边组织要求等。如果目标中不包括或忽略这些因素,则这个目标是极其危险的。

(4)为目标设计、项目定义、可行性研究,以及设计和计划提供信息。

(5)通过环境调查可以对项目中的风险因素进行分析,并提出相应的防范措施。

2. 环境调查的内容

项目环境调查的内容非常广泛,具体内容如下所示。

(1)项目相关者,特别是用户、项目所属的企业、投资者、承包商等的组织状况。

①项目产品用户的需求、购买力、市场行为等。

②项目所属企业(或项目发起人)的状况,包括组织体系、组织文化、能力、战略、存在的问题、对项目的要求、基本方针和政策等。

③合资者的能力、基本状况、战略、对项目的企求、政策等。

④工程承包企业和供应商的基本情况,如技术能力、组织能力、可用资源等。

⑤主要竞争对手的基本情况。

⑥周边组织(如居民、社团)对项目的需求、态度,对项目的支持或可能的障碍等。

(2)社会政治环境。

①政治局面的稳定性,有无社会动乱、政权变更、种族矛盾和冲突,有无宗教、文化、社会集团利益的冲突。一个国家的政治稳定程度对工程项目的各方面都会造成影响,而这个风险常常是难以预测和控制的,直接关系到工程项目的成败。

②政府对本项目提供的服务,办事效率,政府官员的廉洁程度。

③与项目有关的政策,特别是对项目制约的政策,或向项目倾斜的政策。

④国际政治环境。

(3)社会经济环境。

①社会发展状况。该国、该地区、该城市所处的发展阶段和发展水平。

②国民经济计划安排,国家的工业布局及经济结构,国家重点投资发展的工程领域和地区等。

③国家的财政状况,赤字和通货膨胀情况。

④国家及社会建设资金的来源,银行的货币供应能力和政策。

⑤市场情况。

a. 拟建项目所提供的服务或产品的市场需求,市场容量,现有的和潜在的市场,市场的开发状况等。在项目的目标设计过程中市场研究一直占据十分重要的地位。

b. 当地建筑市场情况,如竞争的激烈程度,当地建筑企业的专业配套情况,建材、结构件和设备的供应和价格等。

c. 劳动力供应状况及价格,技术熟练程度、技术水平、工作能力和效率、工程技术教育和职业教育情况等。

d. 城市建设水平,基础设施、能源、交通、通信、生活设施的状况及价格。

e. 物价指数,包括社会的物价指数,部门产品和专门产品的物价指数。

(4) 法律环境。工程的建设和运行受工程所在地的法律的制约和保护。

① 法制是否健全,执法的严肃性,项目相关者能否得到法律的有效保护等。

② 与项目有关的各项法律和法规的主要内容,如合同法、建筑法、劳动保护法、税法、环境保护法、外汇管执法等。

③ 与项目有关的税收、土地政策、货币政策等。

(5) 自然条件。

① 可以供工程项目使用的各种自然资源的情况。

② 对工程有影响的自然地理状况,如抗震设防烈度及工程寿命期中地震的可能性;地形地貌状况;地下水位、流速;地质状况,如地基的稳定性,可能的流砂、暗塘、古河道、滑坡、泥石流等。

③ 气候状况,如年平均气温、最高气温、最低气温、高温、严寒持续时间、主导风向及风力,风荷载,雨雪量及持续时间等。

(6) 技术因素,即与工程项目相关的技术标准、规范、技术能力和发展水平,解决工程施工和运行问题技术方面的可能性。

(7) 工程周围基础设施和场地的交通运输、通信状况。

① 场地周围的生活及配套设施,如粮油、副食品供应、文化娱乐、医疗卫生条件等。

② 现场及周围可供使用的临时设施。

③ 现场周围公用事业状况,如水、电的供应能力及排水条件、后勤保障等。

④ 通往现场的运输状况,如公路、铁路、水路、航空条件、承运能力和运输价格。

⑤ 各种通信条件、能力及价格。

⑥ 项目所需要的各种资源的可获取条件和限制。

(8) 其他方面,如社会人文方面:项目所在地的人口、文化素质、教育、道德、种族、宗教、价值取向、习惯、风俗和禁忌等。

(9) 同类工程的资料,如相似工程项目的工期、成本、效率、存在问题,经验和教训。这对目标设计、可行性研究、计划和设计、控制有很大的作用。

3. 环境调查的方法

工程项目的环境调查可以通过各种途径获得信息。

(1)新闻媒介,通过互联网、报纸、杂志、专业文章、电视、新闻发布会等。在国内,如工程建设或招标方面的公共信息平台。

(2)专业渠道,如通过学会、商会、研究会的资料,或委托咨询公司做专题调查。

(3)向合作者、同行、侨胞、朋友调查。

(4)派人实地考察、调查。

(5)通过业务代理人调查。

(6)专家调查法。即采用德尔菲法,通过专家小组或专家调查表调查。

(7)直接询问。特别对市场价格信息可以直接向供应商、分包商询价等。

4. 环境调查的要求

(1)详细程度。通常对环境调查,并不是越详细越好。过于详细会造成信息量大,管理费用增加,时间延长。业主在批准立项前,承包商在投标阶段,如果调查太细太广泛,而项目最终不被批准,或未中标,则损失太大;但如果因调查不详细或不全面,而造成决策失误或报价失误,则要承担经济损失。一般在立项前调查比较宏观和总体的情况,而在立项后的设计、计划中所做的调查必须逐步具体和详细。

(2)侧重点。不同管理者所需资料不同,业主、投资者、施工单位、设计单位环境的调查内容、范围和深度都不尽相同。例如,投资者注重工程产品或服务的市场和投资风险,估价师比较注重资源市场价格、通货膨胀,工程师在做实施方案前多注重自然条件和技术条件。

(3)系统性。环境调查和分析应是全面的、系统的,应按系统工作方法有步骤地进行,环境调查分析表的形式可参照表1-1。

a. 在着手调查前,必须对调查内容进行系统的分析,以确定调查的整个体系。这是将项目的环境系统结构化,使调查工作程序化、规范化,不会遗漏应该调查的内容。

b. 委派专人负责具体内容的调查工作,并要求其对调查内容的准确性承担责任。

c. 对调查内容做分析,数据处理,推敲它的真实性、可靠性。

d. 登记归档。

表1-1 ××项目环境调查分析表

序号	调查内容编码	调查内容	调查对象	调查负责人	调查日期	调查结果简述	调查结果评价	文档号	备注

(4)客观性。实事求是,尽可能量化,用数据说话,要注意"软信息"的调查。

(5)前瞻性。由于工程的建设和运行是未来的事,所以环境调查不应仅着眼于历史资料和现状,应对今后的发展趋向做出预测和初步评价,这是非常重要的。

(二)提出项目总体方案

目标设计的重点是针对工程使用期的状况,即工程建设以后运行阶段的效果,如产品产量、市场占有份额、实现利润率等。项目的任务是提供达到该状态所必须具备的生产产品或服务功能的工程系统。

在本阶段,必须提出实现项目总目标与总体功能要求的总体方案或总的实施计划,以作为可行性研究的依据。项目总体方案的内容包括:

(1)工程规划、建设和运营的国内或国际标准;

(2)工程总的功能定位和主要部分的功能分解,总的产品(或技术)方案;

(3)建筑总面积,工程的总布局,总体的建设方案,实施的总的阶段划分;

(4)工程建设和运行中的环境保护和工作保护的方案;

(5)总的融资方案,设计、实施、运行方面的组织策略等。

在此应有多方案的建议,而方案的选择在可行性研究中进行。

(三)项目定义

在确定项目构成及总体方案以后即可进行项目定义。项目定义是指以书面的形式描述项目目标系统,并初步提出完成方式的建议。它是将原来以直觉为主的项目构思和期望引导到经过分析、选择,有根据的项目建议,作为项目目标设计结果的检查和阶段决策的基础,是项目目标设计的里程碑。项目定义通常以一个报告的形式提出,其内容包括:

(1)提出问题,说明问题的范围和定义。

①项目的名称,项目构思的产生,前提条件、目标设计的过程和结果说明。

②对问题和环境的调查和分析,说明项目问题的现实性和主要的边界约束条件。

(2)项目对上层系统的影响和意义。

①项目与上层系统战略目标的关系。

②说明项目与上层系统其他方面的界面,确定对项目有重大影响的环境因素。

③项目与其他项目的界限和联系。

④项目的主要相关者及其影响。

(3)项目目标系统说明。

①总体目标、系统目标和重要的子目标的短期目标和长期目标之间的协调性。

②目标系统和目标因素的价值,目标优先级及目标因素的可实现性和必要性。

(4)提出项目可能的解决方案和实施过程的总体建议,包括实施方针或总体策略、原则、总体技术方案、组织方面安排、实施时间总安排等方面的设想。

(5)经济性说明,如投资总额、预期收益、价格水准、运行费用、财务安排等。

(6)项目实施的边界条件分析和风险分析。

①项目实施的限制条件,如法律、法规、相关者目标和利益的争执。

②项目产品市场可行性、所需资源和必要的辅助措施条件。

③对风险的界定,如主要风险因素及其出现的概率,风险对目标的影响,避免风险的策略等。如果预计项目中有高危险性及不确定性,应作为更深入的专题分析。

(7)需要进一步研究的各个问题和变量。

(四)项目定义的审查和选择

1. 项目审查

对项目定义必须进行评价和审查,主要是目标决策、目标设计价值评价、风险评价,以及对目标设计过程的审查,而具体的方案论证和财务评价则要在可行性研究中进行。

在审查中应防止自我控制、自我审查。项目定义一般由未直接参加目标设计,与项目没有直接利害关系,但又对上层系统(大环境)有深入了解的人员进行审查。必须提出书面审查报告,并补充审查部门的意见和建议。

2. 项目选择

上层组织(如国家、企业)常常面临许多项目机会的选择(如许多招标工程信息,许多投资方向),但企业资源是有限的,不能抓住所有的项目机会,一般只能在其中选择自己的主攻方向。应该确定一些指标,以作为项目的选择依据。

(1)通过项目能够最有效地解决上层系统的问题,满足上层系统的需要。对于提供产品或服务的项目,应着眼于有良好的市场前景,如市场占有份额、投资回报等。

(2)使项目符合上层组织的战略,以项目对战略的贡献作为选择尺度,例如,对企业竞争优势、长期目标、市场份额、利润规模等的影响。可以详细并全面地评价项目对这些战略的贡献,有时企业可通过项目达到一个新的战略高度。

(3)使企业的现有资源和优势得到最充分的利用。必须考虑自己筹建项目的能力,特别是财务能力。现在人们常常通过合作(如合资、合伙、项目融资等)建设大型、特大型但自身力所难及的项目,这具有重大的战略意义。要考虑各方面优势在项目上的优化组合,取得对各方面都有利的成果。

(4)通过风险分析,选择成就(如收益)期望值大的项目。

(五)提出项目建议书

项目的定义通过了审查,并经批准,就要提出项目建议书,准备进行可行性研究。

(1)项目建议书是对项目任务,目标系统和项目定义的说明和细化,同时作为可行性研究、技术设计和计划的依据,将项目目标转变成具体的工程建设任务。

(2)提出要求,确定责任者。

(3)项目建议书必须包括项目可行性研究、设计、计划和实施所必需的信息,总体方针和说明。对此应表达清楚,不能有二义性,必须注意以下问题:

①系统目标应转变为项目任务,应进一步分解成子目标,初步决定系统界面,以便今后能验证任务完成程度,同时使可行性研究人员能够明了自己的工作任务和范围。

②应提出最有效的、满足项目目标要求的、可行的实施备选方案。

③提出内部和外部的、项目的和非项目的经济、组织、技术和管理方面的措施,说明完成该项目所必要的人力、物资和其他支持条件及来源。

④应清楚说明环境和边界条件,特别是环境及各约束条件。

⑤明确区分强制的和期望的目标、远期目标、近期目标和分阶段目标,并将近期目标具体化、定量化。

⑥对目标的优先级及目标争执的解决做出说明。

⑦对可能引起的法律问题、风险做出界定和分析,提出风险应对计划。

⑧初步确定完成系统目标的各种方法,明确它们在技术上、环境上和经济上的可行性和现实性,对项目实施的总体方案、基本策略、组织、行动计划提出构思。

建议书起草表示项目目标设计结束,经过上层组织审查批准,提交做可行性研究。前述的项目目标设计及项目定义过程可见图1-8。

工程项目的
可行性研究

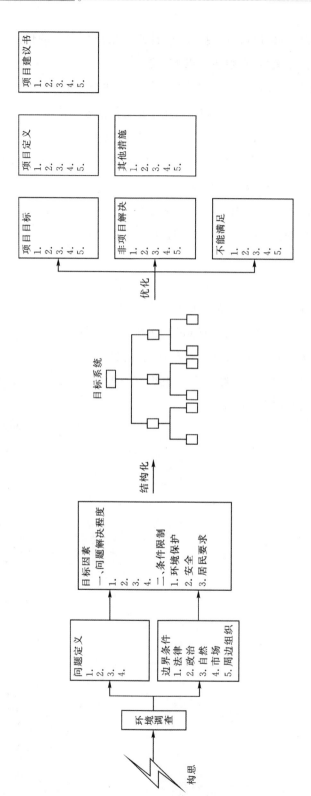

图1-8 项目目标设计与定义

第二节　项目案例

20世纪80年代以来,香港、澳门与内地之间的运输通道,特别是香港与广东省珠江三角洲东岸地区的陆路运输通道建设取得了明显进展,有力地保障和推进了香港与珠江三角洲地区经济的互动发展,但是香港与珠江西岸的交通联系却一直比较薄弱。1997年亚洲金融危机后,香港特区政府为振兴香港经济,寻找新的经济增长点,认为有必要尽快建设连接香港、澳门和珠海的跨海陆路通道,以充分发挥香港、澳门的优势,并于2002年向中央政府提出了修建港珠澳大桥的建议。图1-9显示了港珠澳大桥决策治理组织结构和权力配置。表1-2罗列了港珠澳大桥建设项目前期策划及可行性研究的相关工作大事记。

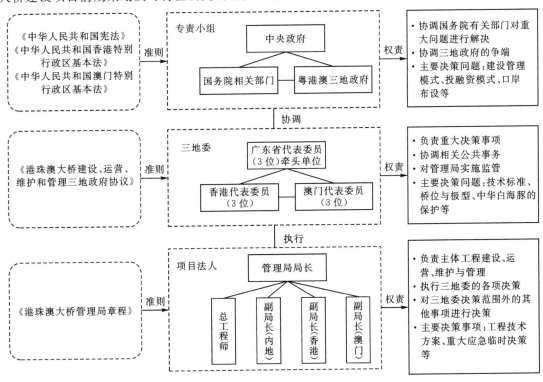

图1-9　港珠澳大桥决策治理组织机构和权力配置

表 1-2　港珠澳大桥建设项目前期策划及可行性研究的相关工作大事记

时间	相关工作
2003 年 7 月	国家发展和改革委员会（简称"国家发改委"）与香港特区政府共同委托完成了《香港与珠江西岸交通联系研究》，研究结果表明，港珠澳大桥具有极大的政治及经济意义，具有迫切性和必要性
2003 年 7 月	在北京召开的第四次内地与香港大型基础设施协作会议上，粤、港、澳及珠海市代表确认了港珠澳大桥的必要性及迫切性，并一致认为港珠澳大桥具有特别的政治、经济意义，可达至多项宏观社会经济效益，项目应及早进行
2003 年 8 月	4 日，国务院正式批准三地政府开展港珠澳大桥前期工作，并同意粤、港、澳三地成立"港珠澳大桥前期工作协调小组"，全面开展各项前期工作
2003 年 8 月	29 日，由香港特区政府、广东省政府及澳门特区政府代表组成的港珠澳大桥前期工作协调小组第一次会议在广州召开，与会代表就港珠澳大桥前期各项工作交换意见，并进行了建设性讨论
2003 年 10 月	12 日，港珠澳大桥前期工作协调小组在珠海举行了第二次会议，各方就有关事宜做了进一步研究，并部署了下一步成立办公室的工作
2004 年 2 月	23 日，港珠澳大桥前期工作协调小组与××公路规划设计院有限公司正式签署"有关委托××公路规划设计院进行港珠澳大桥工程可行性研究备忘录"
2004 年 3 月	港珠澳大桥前期工作协调小组办公室成立，全面启动港珠澳大桥各项建设前期工作
2004 年 7 月	22 日，港、粤、澳三方代表为设在广州的协调小组办公室正式揭匾。同日，港珠澳大桥前期工作协调小组召开第三次会议，会上听取了××公路规划设计院有限公司关于大桥五个线位方案的初步研究成果，并对大屿山锚地油轮作业区问题、口岸管理模式等问题进行了讨论。会后，××公路规划设计院有限公司综合各方意见，提出散石湾北线、散石湾南线和极南线三类共六个桥位方案，并对其展开进一步研究
2004 年 12 月	5 日，《港珠澳大桥工程可行性研究报告（送审稿）》被正式提交协调小组
2004 年 12 月	17 日，港珠澳大桥前期工作协调小组第四次会议于广州召开，会议就大桥工程可行性研究结论、通航标准协调、白海豚自然保护区、港珠澳大桥投融资方案及三地框架协议等问题进行了讨论，提出了需要进一步研究的问题及新增论证专题
2005 年 3 月	协调小组委托中国水产科学研究院××水产研究所开展大桥工程对中华白海豚影响专题研究工作
2005 年 4 月	1—2 日，国家发改委主持召开了港珠澳大桥桥位技术方案论证会，确定了大桥东岸以香港散石湾为登陆点，西岸以拱北/明珠为登陆点，推荐采用北线桥隧组合方案
2005 年 4 月	2 日，港珠澳大桥前期工作协调小组第五次会议在珠海召开，粤、港、澳三方政府同意专家组推荐意见，确定大桥东岸登陆点为大屿山散石湾，西岸澳门登陆点为明珠，珠海登陆点为拱北，优先考虑采用北线散石湾—拱北/明珠桥隧组合方案
2005 年 6 月	1—5 日，国家发改委和国务院港澳办组成港珠澳大桥口岸专题研究小组赴深圳和珠海进行调研

续表

时间	相关工作
2005年10月	12日,港珠澳大桥获得广东省国土资源厅关于珠海侧接线工程地质灾害评估工作和用地范围内矿产压覆情况审查的政府批文 20日,交通部水运司在广州组织召开港珠澳大桥通航净空尺度及技术要求专题部门审查会。研究单位对照交通部要求,围绕大桥建设对锚地的影响、隧道人工岛及其口门宽度布置等问题开展一系列专题论证 24日,广东省海洋与渔业局主持召开了中华白海豚影响专题研究报告专家评审会
2005年11月	4日,国家海洋局批复了港珠澳大桥工程海域使用预审意见
2006年7月	14日,港珠澳大桥前期工作协调小组第六次会议在广州举行,经大量调研、意见征求及协调,认为港珠澳大桥口岸设置和查验模式实行"三地三检"较为稳妥,同意港珠澳大桥采用"三地三检"口岸查验模式。决定由××公路规划设计院有限公司补充开展"三地三检"口岸方案、大桥融资方案深化等相关专题研究
2006年12月	27日,国务院决定由国家发改委牵头成立"港珠澳大桥专责小组",由中央牵头协调各方利益,以加快港珠澳大桥的建设进展,有力地推动建设项目的进一步落实
2007年1月	9日,港珠澳大桥专责小组第一次会议在广州召开。会议明确在口岸查验采用"三地三检"模式的原则下,提出了三地口岸的选址建议和投融资的基本方案,即三地政府分别负责口岸和连接线的投资,大桥主体以吸引企业、社会投资为基本模式
2007年4月	13日,协调小组办公室在广州主持召开了《港珠澳大桥工程海洋环境影响评价大纲》专家咨询会,形成了专家意见
2007年6月	1日,港珠澳大桥前期工作协调小组第七次会议在广州召开。会议研究了大桥通航标准、启动牵头招标顾问比选工作及地质勘查工作的开展等
2007年7月	7月12日和11月21日,国家渔政渔港监督管理局分别在珠海和广州主持召开了《港珠澳大桥对珠江口中华白海豚影响专题研究报告》专家评审会,形成了评审意见
2008年8月	粤港合作联席会议第十一次会议提出,大桥海中桥隧主体工程采用"政府全额出资本金方式":大桥主体工程资本金总额为157.3亿元,其中内地政府出资70亿元,香港出资67.5亿元,澳门出资19.8亿元;资本金以外部分由粤、港、澳三方共同组建的项目管理机构通过贷款来筹集。大桥建成后实行收费还贷。港、粤、澳三地政府分别负责口岸及连接线的投资
2008年11月	10日,国家渔政局批复了《港珠澳大桥工程对珠江口中华白海豚的影响专题研究报告》 27日,港珠澳大桥前期工作协调小组第九次会议在广州召开,会议就项目融资方案、工程项目可行性报告的上报、初步设计招标、项目组织框架等达成了共识
2008年12月	1日,港珠澳大桥主体工程初步设计招标工作启动 29日,广东省发改委向国家发改委上报了《关于上报港珠澳大桥工程可行性研究报告的请示》(粤发改交〔2008〕1510号)

续表

时间	相关工作
2009年 2月	12日,国家海洋局重新出具《关于港珠澳大桥工程项目用海的预审意见》,项目用海选址符合广东省海洋功能区划
	13日,国土资源部出具《关于港珠澳大桥项目建设用地预审意见的复函》,项目符合《国家高速公路网规划》和供地政策
	17日,水利部出具《关于港珠澳大桥水土保持方案的复函》,通过了大桥水土保持方案
	2—6月,××工程咨询公司在珠海、北京组织专家对工程、系统和交通经济分别进行评估,在此基础上召开了综合组专家会,形成了专家组意见;国家发改委、交通运输部、水利部、广东省发改委、交通厅、珠江水利委员会等部门,以及香港、澳门的代表参加了有关专题评估会
	交通运输部和部专家委员会在珠海市主持召开了港珠澳大桥工程可行性研究报告审查会,成立了由20位专家组成的专家组,形成了行业评估审查报告
2009年 3月	5日,温家宝总理在十一届全国人大二次会议上所做的《政府工作报告》中指出:"不断拓展粤、港、澳三地合作的深度和广度,加快推动港珠澳大桥、港深机场铁路、广深港高速铁路等基础设施建设"
	13日,温家宝总理在回答中外记者提问时明确"港珠澳大桥融资问题"已经解决,各项准备工作加紧进行,年内一定开工
	24日,港珠澳大桥前期工作协调小组办公室驻珠海现场指挥部挂牌
2009年 4月	通过公开选聘,中国银行被确定为港珠澳大桥主桥项目贷款牵头行,全额包销220亿元人民币的项目贷款。4月14日,协调小组在香港举行了港珠澳大桥主桥项目融资简介会
2009年 8月	11日,国家海洋局出具了《关于港珠澳大桥工程环境影响报告书核准意见的复函》,核准港珠澳大桥工程环境影响报告书
	13日,交通运输部出具了《关于港珠澳大桥可行性研究报告的审查意见》,同意建设港珠澳大桥
	21日,港珠澳大桥前期工作协调小组办公室整体移师珠海办公
2009年 10月	28日,国务院总理温家宝主持召开了国务院常务会议,正式批准了港珠澳大桥工程可行性研究报告,标志着港珠澳大桥前期工作已顺利完成,港珠澳大桥正式进入实施阶段
2009年 11月	4日,国家发改委印发了《关于审批港珠澳大桥工程可行性研究报告的请示的通知》,要求在项目建设期间要加强协调,保障项目顺利实施,确保工程建设优质、安全,严格控制项目总投资

任务四　工程项目的融资模式

第一节　基础知识

一、项目融资的概念

许多大型基础设施建设项目,如铁路、公路、港口设施、机场、供水、污水处理设施、通讯和能源等建设,都需要大量的投资,完全由政府或一个企业作为项目投资者独立出资,对负债(如商业贷款)承担全部责任,风险太大。它的技术力量、财力、经营能力和管理能力有限,可以采用项目融资模式。

项目融资是一种无追索权或有限追索权的融资或贷款方式。美国财会标准手册(FASB)对项目融资所下的定义是"项目融资是指对需要大规模资金的项目而采取的金融活动。借款人原则上将项目本身拥有的资金及其收益作为还款资金来源,而且将其项目资产作为抵押条件来处理。该项目主体的一般性信用能力通常不被作为重要因素来考虑"。

二、项目融资的特点

(1)项目融资涉及的主体至少有项目发起人、项目公司、贷款方三方。

①项目发起人。负责发起该项目,为项目公司提供部分资金和信用支持,以股东身份组建项目公司,其投入的资本形成项目公司的权益。项目发起人可以是一个企业,也可以是多个投资者组成的联合体。

②项目公司。按照项目的合资协议建立,它的法律形式可以为有限责任公司或股份有限公司,作为一个与股东分离的独立法人运作。

③项目贷款人。贷款人通常为大型企业或银行,向项目提供贷款,通过持股的形式拥有项目公司,或参与项目公司的管理委员会。他有权参与项目的投资、建设和经营管理,对项目进行全过程的监控;有权获得项目收益的分配。

(2)项目公司作为融资主体,是项目直接主办人,具体负责项目的融资、建设,他自主经营自负盈亏。所借的债务不进入发起人的资产负债表,不影响发起人的信用。

(3)贷款的偿还主要依靠项目未来的运营收益和资产。因此,项目融资是一种无追索权或有限追索权的融资或贷款方式,项目投资风险由项目参与各方共同承担,贷款企业(或银行)对项目公司之外的项目发起人的资产没有追索权或仅有有限追索权。

(4)由于项目周期长,资金数额巨大,涉及面广,贷款人承担的风险大,所以所要求的投资回报较高。对项目发起人来说项目融资的成本较高。同时,要求项目的风险分担合理,必须有完善的融资合同和担保文件作为项目各方行为的依据。

近几年,我国在进行投资体制的改革,许多基础设施领域都向私人资本开放,项目融资方式将来会有很大的发展空间。

三、项目融资的主要模式

现在许多国家对基础设施(如能源、交通、电信、供水、排污、环保等工程)都采用项目融资的方式进行开发、建设、经营、维护、更新改造以及扩建等。按照资本来源的属性分类,项目融资模式可以分为以下几类。

(1)PPP(public private partnership)模式,即私人企业(资本)与政府合作参与公共基础设施建设的模式。政府注重利用私人或私有企业的资金、人员、设备、技术、管理等优势,从事基础设施项目的开发、建设和经营,提高项目的经济效益,为公众提供更好更优质的服务。而私人资本通过项目的建设和运行获得相应的收益。

该模式通过协议明确参与合作各方共同承担的义务和风险,明确项目各流程环节的权利和责任,最大限度地发挥各方优势,使政府既不过多干涉和限制工程建设,又充分发挥民营资本在资源整合与经营上的优势,达到比各方单独进行项目实施更有利的结果。

(2)PFI(private finance initiative)模式,即是私人(或民间)主动参与的项目融资方式。由私营机构进行基础设施建设,或提供公共物品的生产和服务。政府通过购买私营机构提供的物品和服务,或给予私营机构以收费特许权,实现资源配置的最优化。PFI除了应用于基础设施项目,也可以应用在学校、医院、监狱等公共工程上。

四、项目融资的实施方式

1. BOT

项目融资最常见的实施方式是BOT(build-operate-transfer)即"建造-经营-移交"方式。BOT适用于可以经营的基础设施项目,由项目所在国政府或所属机构与项目的发起人签订一份特许经营权协议,政府授给项目公司以特许经营权,项目公司按照协议的要求进行项目的融资、建设、经营和管理,直接通过建成后的项目运行收入偿还贷款,在规定的特许经营期之后,将此工程无偿转让给所在国政府。在特许经营期限内,项目公司仅拥有该项目的使用权和经营权。

2. BT

BT(build-transfer)即"建设-转让"方式,是由业主通过公开招标的方式确定建设方,由建设方负责项目资金筹措和工程建设,项目建成竣工验收合格后由业主回购,并由业主向建设方支付回购价款的一种融资建设方式。

3. TOT

TOT(transfer－operate－transfer)即"移交-运营-移交"方式,是从 BOT 方式演变而来的一种新型方式,具体是指用民营资金购买某个项目资产(一般是公益性资产)的经营权,购买者在约定的时间内通过经营该资产收回全部投资和得到合理的回报后,再将项目无偿移交给原产权所有人(一般为政府或国有企业)。TOT 特别受投资者青睐,在发展中国家得到越来越多的应用,该模式为政府需要建设大型项目而又资金不足时提供了解决的途径,还为各类资本投资于基础设施开辟了新的渠道。

除此之外,还有其他多种运作方式,如:

BOO(build－own－operate),即建设-拥有-经营;BTO(build－transfer－operate),即建造-转让-经营;BOOT(build－own－operate－transfer),即建设-拥有-经营-转让。

不同的形式有不同的项目过程、不同的产权关系、不同的权利和风险的分配。

第二节 项目案例

全长约55km 的港珠澳大桥工程总投资约1 200亿元。除三地口岸及连接线建设由粤、港、澳三方政府投资完成外,大桥主体采用"政府全额出资本金,资本金以外部分由粤港澳三方共同组建的项目管理机构通过贷款解决"的融资方式,待大桥建成后实行收费还贷。港珠澳大桥建设项目融资涉及的主要大事件见表1-3。

表1-3 港珠澳大桥建设项目融资事件

时间	事件
2007年1月	9日,港珠澳大桥专责小组第一次会议在广州召开。会议明确在口岸查验采用"三地三检"模式的原则下,建议了三地口岸的选址,同时建议了投融资的基本方案:即三地政府分别负责口岸和连接线的投资,大桥主体按照吸引企业、社会投资为基本模式
2008年8月	粤港合作联席会议第十一次会议提出,大桥海中桥隧主体工程采用"政府全额出资本金方式"。大桥主体工程资本金总额为 157.3 亿元,其中内地政府出资 70 亿元,香港出资 67.5 亿元,澳门出资 19.8 亿元;资本金以外部分由粤港澳三方共同组建的项目管理机构通过贷款来筹集。大桥建成后实行收费还贷。港、粤、澳三地政府分别负责口岸及连接线的投资
2009年4月	通过公开招标,中国银行确定为港珠澳大桥主桥项目贷牵头行,全额包销 220 亿元人民币的项目贷款。4月14日,协调小组在香港举行了港珠澳大桥主桥项目融资简介会
2010年	9月27日,根据三地委议精神及授权,管理局与中国银行签署了贷款牵头行委任协议。10月1日,管理局和中国银行共同组织在广州召开了项目银团启动会议
2011年1月	1月7日,港珠澳大桥主体工程项目银团贷款协议签约仪式在广州举行。在三地委代表的见证下,港珠澳大桥管理局(以下简称"管理局")与由中国银行广东省分行、中国进出口银行、珠海市农村信用作联社、中国邮政储蓄银行、国家开发银行、中国农业银行广东省分行、东亚银行珠海分行、南洋商业银行广州分行组成的银团正式签署了项目银团贷款协议

其中，主体工程造价约 480 亿元，由中央政府支持的资金加粤港澳三地政府投入的资本金共 204 亿元，还有 276 亿元则以银团贷款解决。

牵头组建如此大规模的银团，并非每家金融机构都能胜任。最终，中国银行凭借雄厚的实力、优惠的信贷条件以及粤港澳三地一体化的服务优势，以最高评分获得大桥主桥项目唯一贷款牵头行资格，负责大桥主桥项目贷款和备用循环贷款的融资安排，并为项目筹备、建设和运营提供整体金融服务。

回首银团组建过程，亲历者多用"有惊无险"来形容。据中行项目组成员黄经理回忆，在 2009 年银团筹建之初，粤港澳三地金融机构对项目银团反应踊跃，累计意向参与金额合计达银团总金额的 2 倍多。然而，进入 2010 年，就在银团筹组正式启动时，国内资金面开始由松转紧，多家金融机构对项目的意向参与金额较前期大幅下降。

几乎没有一家银行的审批是顺利的。"当时，仅银团合同条款谈判便进行了 20 多场，对合同条款逐条协商。"黄经理告诉记者，为组建贷款银团，中国银行不仅面向金融同业开展了近 10 次银团路演，还专门为大桥项目在粤港澳三地进行了多次市场测试，并会同三地政府举办了广东省规模最大的银团推介会。

经过反复磋商和协调，中国银行创造性地提出采取"分阶段固定利率"模式划分贷款合同期限，该创新举措兼顾了各方诉求，获得了银团参与行的一致认可。这一方案也为银团组建扫除了最大障碍。

港珠澳大桥主体工程银团贷款期限较长，面对长期限的固定资产贷款，按照合同签署日确定长期固定贷款利率，如何化解长期固定利率贷款中的利率风险，对银团组建提出了新的挑战。中国银行广东省分行相关负责人表示："创新采用这一方案，一方面是契合股东方对未来融资成本控制的考虑，另一方面也保障了商业银行的权益。"

"政府出资本金，其余通过银团进行贷款"的大桥融资模式最终确立。

把时间倒流回 2008 年 9 月 15 日。美国纽约，沮丧的气氛在华尔街蔓延。一名"雷曼兄弟"雇员左手抱住装有私人物品的纸箱，右手拎着脱掉的西装，离开了再也回不去的公司——当天是这家世界第四大投资银行申请破产保护的日子。当时，美国次贷危机已蔓延至全球。

大洋彼岸，我国国内外经济环境面临挑战，国内拉动内需的政策措施以及中央政府促进香港和澳门长久繁荣稳定的决心，使得港珠澳大桥投融资模式发生了深刻变化。

"香港特区政府已与澳门特区政府和广东省政府达成突破性共识，将共同组建一家公司，出资建设港珠澳大桥。"2008 年 8 月 5 日粤港澳联席闭门会议之前，与会代表向守候在外的记者宣布："中央政府决定对大桥主体工程给予资金支持。"

至此，港珠澳大桥由原定的"企业投资、政府补贴"投融资模式，改由政府投资建设。在此之前，港珠澳大桥主体工程就探讨过政府财政直投、建设—经营—移交（BOT）、资产证券化（ABS）、公共部门与私人企业合作（PPP）等诸多投融资模式。

经过比较分析,港珠澳大桥前期工作协调小组曾确立港珠澳大桥的 BOT 投融资模式,即粤港澳三地政府通过特许经营权协议方式授予港珠澳大桥投资者一定期限的项目特许经营权。

从国际经验来看,当时发达国家和地区都比较流行 BOT 模式,如英吉利海峡道、香港东区海底隧道、马来西亚南北高速公路等,均为世界知名 BOT 项目。

不过,BOT 模式并非完美无缺。英吉利海峡隧道项目中,项目公司破产的主要原因在于过多承担无法掌控的风险。清华大学 PPP 研究中心首席专家王守清就表示,合理公平的风险分担是 BOT 模式项目成功的关键因素之一。

任务五 工程项目的采购模式

第一节 基础知识

工程项目采购管理

一、工程项目管理模式

工程项目管理模式是指业主所采用的项目管理任务的分配与委托方式,以及相应的项目管理组织形式。项目管理模式的选择必须依据业主的项目实施策略、项目的特殊性,以及项目的承发包方式。

(一)业主自行管理

投资者(项目所有者)委派业主代表,成立以他为首的项目经理部,以业主的身份负责整个项目的管理工作,直接管理承包商、供应商和设计单位。过去我国许多单位的基建处就采用这种模式。

(二)施工总承包管理

施工总承包管理模式的内涵是:业主方委托一个施工单位或由多个施工单位组成的施工联合体或施工合作体作为施工总承包管理单位,业主方另委托其他施工单位作为分包单位进行施工。一般情况下,施工总承包管理单位不参与具体工程的施工,但如果施工总承包管理单位也想承担部分工程的施工,也可以参加该部分工程的投标,通过竞争取得施工任务。

施工总承包管理模式的有如下特点。

1. 投资控制方面

(1)一部分施工图完成后,业主就可单独或与施工总承包管理单位共同进行该部分工程的招标,分包合同的投标报价和合同价以施工图为依据。

(2)在进行对施工总承包管理单位的招标时,只确定施工总承包管理费,而不确定工程总造价,这可能成为业主控制总投资的风险。

(3)多数情况下,由业主方与分包人直接签约,这样有可能增加业主方的风险。

2.进度控制方面

不需要等待施工图设计完成后再进行施工总承包管理的招标,分包合同的招标也可以提前,这样就有利于提前开工,有利于缩短建设周期。

3.质量控制方面

(1)对分包人的质量控制由施工总承包管理单位进行。

(2)分包工程任务符合质量控制的"他人控制"原则,对质量控制有利。

(3)各分包之间的关系可由施工总承包管理单位负责,这样就可减轻业主方管理的工作量。

4.合同管理方面

(1)一般情况下,所有分包合同的招标投标、合同谈判以及签约工作均由业主负责,业主方的招标及合同管理工作量较大。

(2)对分包人的工程款支付可由施工总包管理单位支付或由业主直接支付,前者有利于施工总包管理单位对分包人的管理。

5.组织与协调方面

由施工总承包管理单位负责对所有分包人的管理及组织协调,这样就大大减轻业主方的工作。这是采用施工总承包管理模式的基本出发点。

(三)委托项目管理咨询公司管理

业主可以将整个工程项目的管理工作以合同形式委托出去,由一个项目管理公司(咨询公司)派出项目经理作为业主的代理人,管理设计单位、施工单位等,承担工程项目的计划、招标、实施准备和施工控制等工作,管理工程的质量、成本、进度、合同、信息等。业主主要负责项目的宏观控制和高层决策工作,一般不与承包商直接接触。当工程采用"设计—采购—施工"总承包方式时,由工程的总承包商负责项目上具体的管理工作,业主仅承担项目的宏观管理与高层决策工作。

(四)代建制

"代建制"是我国对政府投资的非经营性工程建设项目采用的一种管理模式。根据2004年7月国务院出台的《关于投资体制改革的决定》,"代建"是指"通过招标等方式,选择专业化的项目管理单位负责建设实施,严格控制项目投资、质量和工期,竣工验收后移交使用单位"。代建单位在工程建设期内,履行传统项目中业主(建设单位)的职能,可以直接与设计、监理、施工、材料供应等各方签订合同(图1-10),承担工程建设管理责任。

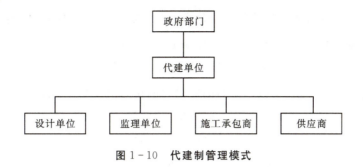

图 1-10 代建制管理模式

二、工程项目承发包模式

对一个具体的工程项目,其承发包方式是非常多的。但在现代工程项目中,承包模式只要有如下几类,它们各有优点、缺点和适用条件。

(一)平行承发包

平行承发包,又称为分别发包,是指业主将建设工程的设计、施工以及材料设备采购的任务经过分解分别发包给若干个设计单位、施工单位和材料设备供应单位,并分别与各方签订合同,如图 1-11 所示。

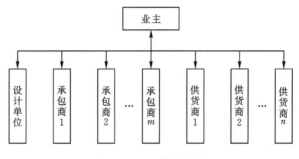

图 1-11 平行承发包

分阶段分专业工程平行承包方式的特点如下所示。

(1)业主有大量的管理工作,需要对出现的各种工程问题做中间决策,有许多次招标,项目的设计和计划必须周全、准确、细致,需要严格地实施控制,因此在项目前期需要比较充裕的时间。

(2)业主必须负责各承包商之间的协调,确定他们的工作范围和责任界限,对各承包商之间互相干扰造成的问题承担责任,在整个项目的责任体系中会存在着责任"盲区"。例如,由于设计单位拖延造成施工现场图纸延误,土建和设备安装承包商向业主提出工期和费用索赔。而设计单位又不承担,或承担很少的赔偿责任。所以,在这类工程中组织争执较多,索赔较多,工期比较长。

(3)业主可以分阶段进行招标,通过协调和组织管理加强对工程的干预。同时各承包商的工程范围容易确定,责任界限比较清楚。承包商之间,以及设计、工程承包、供应之间存在着一定的制衡,如各专业设计、设备供应、专业工程施工之间存在制约关系。

(4)设计和施工分离,设计不管施工,缺乏对施工的指导和咨询,而施工单位对设计没有发言权。设计单位和施工承包商对技术方案的优化和创新的积极性都不高。

(5)在大型工程项目中,采用这种方式业主将面对很多承包商(包括设计单位,供应单位,施工单位),直接管理承包商的数量太多,管理跨度太大,容易造成项目协调的困难,造成项目中的混乱和失控现象,最终导致总投资的增加和工期的延长。

因此,业主必须具备较强的项目管理能力,当然他可以委托项目管理公司进行工程管理。

长期以来,我国的工程项目大都采用这种承发包方式。例如某城市地铁工程,业主签订了四千多份合同。这是我国建设工程项目许多问题的最主要原因之一。

(二)施工总承包

业主方委托一个施工单位或由多个施工单位组成的施工联合体或施工合作体作为施工总包单位,经业主同意,施工总承包单位可以根据需要将施工任务的一部分分包给其他符合资质的分包人。

1. 施工总承包模式的特点

1)投资控制方面

(1)一般以施工图设计为投标报价的基础,投标人的投标报价较有依据。

(2)在开工前就有较明确的合同价,有利于业主的总投资控制。

(3)若在施工过程中发生设计变更,可能会引发索赔。

2)进度控制方面

由于一般要等施工图设计全部结束后,业主才进行施工总承包的招标,因此,开工日期不可能太早,建设周期会较长。这是施工总承包模式的最大缺点,限制了其在建设周期紧迫的建设工程项目上的应用。

3)质量控制方面

建设工程项目质量的好坏在很大程度上取决于施工总承包单位的管理水平和技术水平。

4)合同管理方面

(1)业主只需要进行一次招标,与施工总承包商签约,因此招标及合同管理工作量将会减小。

(2)在很多工程实践中,采用的并不是真正意义上的施工总承包,而采用所谓的"费率招标"。"费率招标"实质上是开口合同,对业主方的合同管理和投资控制十分不利。

5)组织与协调方面

由于业主只负责对施工总承包单位的管理及组织协调,其组织与协调的工作量比平行发包会大大减少,这对业主有利。

2. 施工总承包管理模式与施工总承包模式的比较

1)工作开展程序不同

施工总承包模式的工作程序是:先进行建设项目的设计,待施工图设计结束后再进行施工总承包的招标投标,然后再进行施工,如1-12(a)所示。如果采用施工总承包管理模式,施工总承包管理单位的招标可以不依赖完整的施工图,当完成一部分施工图就可对其进行招标,如图1-12(b)所示。由图可以看出,施工总承包管理模式可以在很大程度上缩短建设周期。

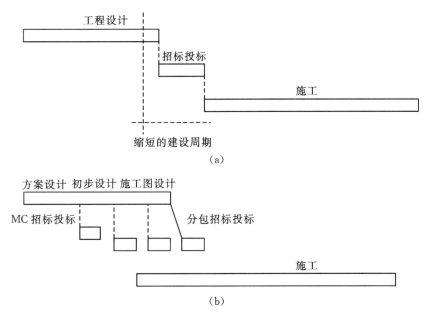

图1-12 施工总承包管理与施工总承包模式的比较

2)合同关系

施工总承包管理模式的合同关系有两种可能,即业主与分包单位直接签订合同或者由施工总承包管理单位与分包单位签订合同,其合同结构图分别如图1-13和图1-14所示。而当采用施工总承包模式时,由施工总承包单位与分包单位直接签订合同。

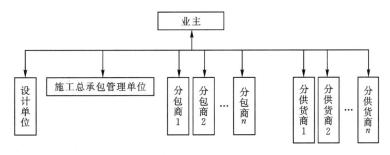

图1-13 施工总承包管理模式下的合同结构1

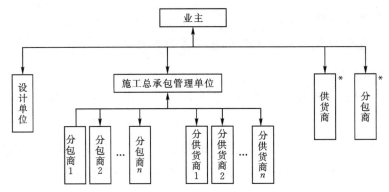

图 1-14 施工总承包管理模式下的合同结构 2

3）分包单位的选择和认可

一般情况下，当采用施工总承包管理模式时，分包合同由业主与分包单位直接签订，但每一个分包人的选择和每一个分包合同的签订都要经过施工总承包管理单位的认可，因为施工总承包管理单位要承担施工总体管理和目标控制的任务和责任。如果施工总承包管理单位认为业主选定的某个分包人确实没有能力完成分包任务，而业主执意不肯更换分包人，施工总承包管理单位也可以拒绝认可该分包合同，并且不承担该分包人所负责工程的管理责任。而当采用施工总承包模式时，分包单位由施工总承包单位选择，由业主方认可。

4）对分包单位的付款

对各个分包单位的工程款项可以通过施工总承包管理单位支付，也可以由业主直接支付。如果由业主直接支付，需要经过施工总承包管理单位的认可。而当采用施工总承包模式时，各个分包单位的工程款项，一般由施工总承包单位负责支付。

5）对分包单位的管理和服务

施工总承包管理单位和施工总承包单位一样，既要负责对现场施工的总体管理和协调，也要负责向分包人提供相应的配合施工的服务。对于施工总承包管理单位或施工总承包单位提供的某些设施和条件，如搭设的脚手架、临时用房等，如果分包人需要使用，则应由双方协商所支付的费用。

6）施工总承包管理的合同价格

施工总承包管理合同中一般只确定施工总承包管理费（通常是按工程建筑安装工程造价的一定百分比计取），而不需要确定建筑安装工程造价，这也是施工总承包管理模式的招标可以不依赖于施工图纸出齐的原因之一。分包合同一般采用单价合同或总价合同。施工总承包管理模式与施工总承包模式相比，在合同价方面有以下优点：

（1）合同总价不是一次确定，某一部分施工图设计完成以后，再进行该部分施工招标，确定该部分合同价，因此整个建设项目的合同总额的确定较有依据；

(2)所有分包都通过招标获得有竞争力的投标报价,有利于业主方节约投资;

(3)在施工总承包管理模式下,分包合同价对业主是透明的。

在国内,对施工总承包管理模式存在不少误解,误认为施工总承包管理单位仅仅做管理与协调工作,而对建设项目目标控制不承担责任。实际上,每一个分包合同都要经过施工总承包管理单位的确认,施工总承包管理单位有责任对分包人的质量和进度进行控制,并负责审核和控制分包合同的费用支付,协调各个分包的关系和各个分包合同的管理。因此,在组织结构和人员配备上,施工总承包管理单位仍然要有安全管理、费用控制、进度控制、质量控制、合同管理、信息管理和进行组织与协调的机构和人员。

(三) 工程总承包

"建筑工程的发包单位可以将建筑工程的勘察、设计、施工、设备采购一并发包给一个工程总承包单位,也可以将建筑工程勘察、设计、施工、设备采购的一项或者多项发包给一个工程总承包单位;但是,不得将应当由一个承包单位完成的建筑工程肢解成若干部分发包给几个承包单位。"(引自《中华人民共和国建筑法》第二十四条)

"工程总承包企业受业主委托,按照合同约定对工程建设项目的勘察、设计、采购、施工、试运行等实行全过程或若干阶段的承包。"[引自《建设项目工程总承包管理规范》(GB/T 50358—2017)]。

"工程总承包企业按照合同约定对工程项目的质量、工期、造价等向业主负责。工程总承包企业可依法将所承包工程中的部分工作发包给具有相应资质的分包企业;分包企业按照分包合同的约定对总承包企业负责。"(引自原建设部《关于培育发展工程总承包和工程项目管理企业的指导意见》,建市〔2003〕30号。)

建设项目工程总承包主要有以下两种方式。

(1)设计-施工总承包(design-build),"设计-施工总承包是指工程总承包企业按照合同约定,承担工程项目设计和施工,并对承包工程的质量、安全、工期、造价全面负责。"(引自原建设部《关于培育发展工程总承包和工程项目管理企业的指导意见》,建市〔2003〕30号。)

(2)设计采购施工总承包(EPC,engineering,procurement,construction),"设计采购施工总承包是指工程总承包企业按照合同约定,承担工程项目的设计、采购、施工、试运行服务等工作,并对承包工程的质量、安全、工期、造价全面负责。"(引自原建设部《关于培育发展工程总承包和工程项目管理企业的指导意见》,建市〔2003〕30号。)设计采购施工总承包已在我国石油和石化等工业建设项目中得到成功的应用。

"工程总承包和工程项目管理是国际通行的工程建设项目组织实施方式。积极推行工程总承包和工程项目管理,是深化我国工程建设项目组织实施方式改革,提高工程建设管理水平,保证工程质量和投资效益,规范建筑市场秩序的重要措施;是勘察、设计、施工、监理企业调整经营结构,增强综合实力,加快与国际工程承包和管理方式接轨,适应社会主义市场经济发展和加入世界贸易组织后新形势的必然要求;是贯彻党的十六大关于'走出去'的发展战略,积极开拓国际承包市场,带动我国技术、机电设备及工程材料的出口,促进劳务输出,提高我国企业国际竞争力的有效途径。"(引自原建设部《关于培育发展工程总承包和工程项目管理企业的指导意见》,建市〔2003〕30号。)

建设项目工程总承包的基本出发点是借鉴工业生产组织的经验,实现建设生产过程的组织集成化,以克服由于设计与施工的分离导致的投资增加,以及由于设计和施工的不协调而影响建设进度等弊病。

建设项目工程总承包的主要意义并不在于总价包干和"交钥匙",其核心是通过设计与施工过程的组织集成,促进设计与施工的紧密结合,以达到为项目建设增值的目的。应该指出,即使采用总价包干的方式,稍大一些的项目也难以用固定总价包干,多数采用变动总价合同。

第二节 项目案例

港珠澳大桥建设项目是业主自行管理的项目。港珠澳大桥管理局是由香港特别行政区政府、广东省人民政府和澳门特别行政区政府举办的事业单位,主要任务是承担港珠澳大桥主体部分的建设、运营、维护和管理的组织实施等工作。

港珠澳大桥是"一国两制"条件下,粤港澳首次合作建设的特大型交通基础设施。2003年8月,国务院批准开展本项目的前期工作,同意成立由香港特区政府作为召集人,粤港澳三方组成"港珠澳大桥前期工作协调小组",负责协调前期工作的有关事宜。

2004年3月,前期工作协调小组办公室成立;2006年12月,国务院批准成立由国家发改委牵头的港珠澳大桥专责小组,负责重大问题的协调。在专责小组和前期工作协调小组的领导下,协调小组办公室承担起艰巨的大桥前期工作任务,协调三地政府逐项解决了两岸登陆点、桥位方案、投融资等多个重大问题。

2009年10月28日,国务院常务会议正式批准了港珠澳大桥工程的可行性研究报告,标志着港珠澳大桥前期工作顺利完成,工程正式进入实施阶段。

2010年7月,港珠澳大桥管理局成立。管理局将以贯通三地交通、经济、文化的广阔视野,以科学高效的管理思路,严谨务实,积极推动港珠澳大桥主桥的建设,并积极配合大桥各部分的建设,确保港珠澳大桥的顺利建设和运营管理,以实现"建设一流的跨海通道,为用户提供优质服务,成为地标性建筑"的项目建设目标。

总的来说,港珠澳大桥建设项目采用平行承发包模式,其中又包含了设计施工总承包、设计总承包、施工总承包等,其项目合同结构如图1-15所示。

模块一　工程项目和项目管理

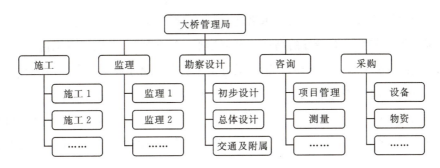

图 1-15　港珠澳大桥跨区域公共工程项目合同结构

延伸阅读一

港珠澳大桥，交通工程界的珠穆朗玛峰——工匠精神之创新

港珠澳大桥（图 1-16）被英国《卫报》誉为"新世界七大奇迹"之一。有人评价，它是交通工程界的"珠穆朗玛峰"。对于这座目前世界上综合建造难度最大的跨海大桥而言，每项荣誉的背后，都有一组组沉甸甸的数据。

图 1-16　港珠澳大桥

港珠澳大桥全长 55 km，是世界总体跨度最长的跨海大桥；海底隧道长 56 km，是世界上最长的海底公路沉管隧道；海底隧道最深处位于海平面下 46 m，是世界上埋进海床最深的管隧道；对接海底隧道的每个沉管重约 $8×10^4$ t，是世界最重的沉管。大桥使用了世界首创的深插式钢圆筒快速成岛技术。此外，大桥还囊括了世界首创的主动止水的沉管隧道最终接头、世界首创的桥-岛-隧集群方案、世界最大尺寸的高阻尼橡胶隔震支座、世界最大难度的深水无人对接的沉管隧道等多项世界之最。

港珠澳大桥打破了国内的"百年惯例"，制订了 120 年的设计标准。在海洋地质标准的技术工艺无法满足施工需要的情况下，中国科研人员依靠 1986 年以来湛江地区累积形成的海洋水文数据攻克了大量技术难题，并结合伶仃洋实际，创造性地提出了"港珠澳模型"等一整套具有中国特色、世界水平的海洋防腐抗震技术措施，最终保障了"120"指标的达成。

"我们采用了当前世界上最好的高性能环氧钢筋、不锈钢筋、高性能海工混凝土，以及合理的结构和工厂化制造等，集目前国内和国际最好的耐久性技术，来保证港珠澳大桥达到120年的使用标准，这在中国也是绝无仅有的。"港珠澳大桥总设计师孟凡超自豪不已。

400多项新专利，7项世界之最，整体设计和关键技术全部自主研发，科研创新可谓港珠澳大桥建设中的题中之义。港珠澳大桥的背后不光有千千万万的建设者，更有不少为其提供强有力科技支撑的团队。

开通之前，横亘在伶仃洋面上的大桥经受了强台风"山竹"的考验，不仅是主体桥梁、海底隧道、人工岛，就连桥面上的护栏、路灯都安然无恙，再次刷新了中国制造的水平。在这一成就的背后，清华大学土木工程系李教授的团队对于长期耐久性设计的攻关贡献良多。经过一年多时间的反复论证，李教授和他的团队为港珠澳工程混凝土构件确定了耐久性质量控制指标。

2010年，华南理工大学的张教授收到了港珠澳大桥管理局的委托，受命承担港珠澳大桥16 km连续钢箱梁和大跨径钢箱梁结构桥梁的沥青铺装技术研究任务。"钢箱梁桥面铺装是路面工程中极为特殊的铺装类型，是直接提供舒适安全的车辆行驶条件的重要工程，是代表桥梁建设水平的'面子'工程。"张肖宁说。华南理工大学派出导师，利用节假日等休息时间在工程营地报告厅内为大桥建设者上课，在7年多的时间里为大桥岛隧工程项目培养了56位工程硕士。

"世纪工程的完工，超级难题的解决，是千千万万的人努力的结果。"李克非表示。在大桥设计和建造的14年当中，共有21家企事业单位，以及清华大学、华南理工大学、同济大学、西南交通大学、东南大学、南京大学、长安大学、中山大学8所高等院校，在包括水文、气象、地质、地震、测绘、环境等各方面展开了51项专题研究。

模块二 工程施工招标与投标

内容提要

(1)招标方式及招标程序。

(2)施工投标的程序,包括研究招标文件、进行各项调查研究、复核工程量、选择施工方案、投标计算、确定投标策略。

任务一 施工招标

第一节 基础知识

建设工程施工招标应该具备的条件包括以下几项:招标人已经依法成立;初步设计及概算应当履行审批手续的,已经批准;招标范围、招标方式和招标组织形式等应当履行核准手续的,已经核准;有相应资金或资金来源已经落实;有招标所需的设计图纸及技术资料。这些条件和要求,一方面是从法律上保证了项目和项目法人的合法化,另一方面,也从技术和经济上为项目的顺利实施提供了支持和保障。

一、招标投标项目的确定

从理论上讲,在市场经济条件下,建设工程项目是否采用招标的方式确定承包人,业主有着完全的决定权;采用何种方式进行招标,业主也有着完全的决定权。但是为了保证公共利益,各国的法律都规定了有政府资金投资的公共项目(包括部分投资的项目或全部投资的项目)、涉及公共利益的其他资金投资项目、投资额在一定额度之上时,要采用招标的方式进行采购。

按照《中华人民共和国招标投标法》,以下项目宜采用招标的方式确定承包人:

(1)大型基础设施、公用事业等关系社会公共利益、公众安全的项目。

建设工程施工招标

招标文件示范文本

(2)全部或者部分使用国有资金投资或者国家融资的项目。

(3)使用国际组织或者外国政府贷款、援助资金的项目。

二、招标方式的确定

《中华人民共和国招标投标法》规定,招标分公开招标和邀请招标两种方式。

1.公开招标

公开招标亦称无限竞争性招标,招标人在公共媒体上发布招标公告,提出招标项目和要求,符合条件的一切法人或者组织都可以参加投标竞争,都有同等竞争的机会。按规定应该招标的建设工程项目,一般应采用公开招标方式。

公开招标的优点是招标人有较大的选择范围,可在众多的投标人中选择报价合理、工期较短、技术可靠、资信良好的中标人。但是公开招标的资格审查和评标的工作量比较大,耗时长、费用高,且有可能因资格预审把关不严导致鱼目混珠的现象发生。

如果采用公开招标方式,招标人就不得以不合理的条件限制或排斥潜在的投标人。例如不得限制本地区以外或本系统以外的法人或组织参加投标等。

2.邀请招标

邀请招标亦称有限竞争性招标,招标人事先经过考察和筛选,将投标邀请书发给某些特定的法人或者组织,邀请其参加投标。

为了保护公共利益,避免邀请招标方式被滥用,各个国家和世界银行等金融组织都有相关规定:按规定应该招标的建设工程项目,一般应采用公开招标,如果要采用邀请招标,需经过批准。

对于有些特殊项目,采用邀请招标方式确实更加有利。根据《中华人民共和国招标投标法实施条例》第八条,国有资金占控股或者主导地位的依法必须进行招标的项目,应当公开招标;但有下列情形之一的,可以邀请招标:①技术复杂、有特殊要求或者受自然环境限制,只有少量潜在投标人可供选择;②采用公开招标方式的费用占项目合同金额的比例过大。

招标人采用邀请招标方式,应当向三个以上具备承担招标项目的能力、资信良好的特定的法人或者其他组织发出投标邀请书。

世界银行贷款项目中的工程和货物的采购,可以采用国际竞争性招标、有限国际招标、国内竞争性招标、询价采购、直接签订合同、自营工程等采购方式。其中国际竞争性招标和国内竞争性招标都属于公开招标,而有限国际招标则相当于邀请招标。

三、自行招标与委托招标

招标人可自行办理招标事宜,也可以委托招标代理机构代为办理招标事宜。

招标人自行办理招标事宜,应当具有编制招标文件和组织评标的能力,即招标人具有与招标项目规模和复杂程度相适应的技术、经济等方面的专业人员。

招标人不具备自行招标能力的,必须委托具备相应能力的招标代理机构代为办理招标事宜。工程招标代理机构可以跨省、自治区、直辖市承担工程招标代理业务。

四、招标的程序

公开招标需要遵循一定的程序,如图2-1所示。

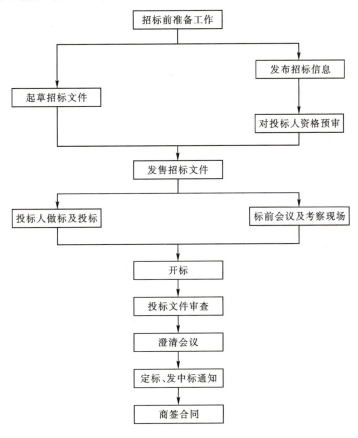

图2-1 公开招标程序

1. 招标信息的发布

工程招标是一种公开的经济活动,因此要采用公开的方式发布信息。

根据国家发展改革委2017年11月23日颁布的第10号令《招标公告和公示信息发布管理办法》(2018年1月1日开始执行),依法必须招标项目的招标公告和公示信息应当在"中国招标投标公共服务平台"或者项目所在地省级电子招标投标公共服务平台(以下统一简称"发布媒介")发布。

依法必须招标项目的资格预审公告和招标公告,应当载明以下内容:

(1)招标项目的名称、内容、范围、规模、资金来源。

(2)投标资格能力要求,以及是否接受联合体投标。

(3)获取资格预审文件或招标文件的时间、方式。

(4)递交资格预审文件或投标文件的截止时间、方式。

(5)招标人及其招标代理机构的名称、地址、联系人及联系方式。

(6)采用电子招标投标方式的,潜在投标人访问电子招标投标交易平台的网址和方法。

(7)其他依法应当载明的内容。

招标人或其委托的招标代理机构应当保证招标公告内容的真实、准确和完整。

依法必须招标的项目的招标公告和公示信息应当根据招标投标法律法规,以及国家发展改革委会同有关部门制定的标准文件编制,实现标准化、格式化。

拟发布的招标公告和公示信息文本应当由招标人或其招标代理机构盖章,并由主要负责人或其授权的项目负责人签名。采用数据电文形式的,应当按规定进行电子签名。招标人或其招标代理机构发布招标公告和公示信息,应当遵守招标投标法律法规关于时限的规定。

依法必须招标项目的招标公告和公示信息除在发布媒介发布外,招标人或其招标代理机构也可以同步在其他媒介公开,并确保内容一致。其他媒介可以依法全文转载依法必须招标项目的招标公告和公示信息,但不得改变其内容,同时必须注明信息来源。

招标人应当按招标公告或者投标邀请书规定的时间、地点出售招标文件或资格预审文件。自招标文件或者资格预审文件出售之日起至停止出售之日止,最短不得少于5日。

投标人必须自费购买相关招标或资格预审文件。招标人发售资格预审文件、招标文件收取的费用应当限于补偿印刷、邮寄的成本支出,不得以营利为目的。对于所附的设计文件,招标人可以向投标人酌收押金;对于开标后投标人退还设计文件的,招标人应当向投标人退还押金。招标文件或者资格预审文件售出后,不予退还。招标人在发布招标公告、发出投标邀请书后或者售出招标文件或资格预审文件后不得擅自终止招标。

2. 招标信息的修正

如果招标人在招标文件已经发布之后,发现有问题需要进一步澄清或修改,必须依据以下原则进行:

(1)时限:招标人对已发出的招标文件进行必要的澄清或者修改,应当在招标文件要求提交投标文件截止时间至少15日前发出。

(2)形式:所有澄清文件必须以书面形式进行。

(3)全面:所有澄清文件必须直接通知所有招标文件收受人。

由于修正与澄清文件是对于原招标文件的进一步补充或说明,因此该澄清或者修改的内容应为招标文件的有效组成部分。

3. 资格预审

招标人可以根据招标项目本身的特点和要求,要求投标申请人提供有关资质、业绩和能力等的证明,并对投标申请人进行资格审查。资格审查分为资格预审和资格后审。

资格预审是指招标人在招标开始之前或者开始初期,由招标人对申请参加投标的潜在投标人进行资质条件、业绩、信誉、技术、资金等多方面的情况进行资格审查;经认定合格的潜在投标人,才可以参加投标。

通过资格预审可以使招标人了解潜在投标人的资信情况,包括财务状况、技术能力,以及以往从事类似工程的施工经验,从而选择优秀的潜在投标人参加投标,降低将合同授予不合格的投标人的风险。通过资格预审,可以淘汰不合格的潜在投标人,从而有效地控制投标人的数量,减少多余的投标,进而减少评审阶段的工作时间,减少评审费用,也为不合格的潜在投标人节约投标的无效成本。通过资格预审,招标人可以了解潜在投标人对项目投标的兴趣,如果潜在投标人的兴趣大大低于招标人的预料,招标人可以修改招标条款,以吸引更多的投标人参加竞争。

资格预审是一个重要的过程,要有比较严谨的执行程序,一般可以参考以下程序:

(1)由业主自行或委托咨询公司编制资格预审文件,主要内容有:工程项目简介;对潜在投标人的要求;各种附表等。

可以成立以业主为核心,由咨询公司专业人员和有关专家组成的资格预审文件起草工作小组。编写资格预审文件时内容要齐全,使用所规定的语言;根据需要,明确规定应提交的资格预审文件的份数,注明"正本"和"副本"。

(2)在国内外有关媒介上发布资格预审公告,邀请有意参加工程投标的单位申请资格审查。在投标意向者明确参与资格预审的意向后,将给予具体的资格预审通知,该通知一般包括以下内容:业主和工程师的名称;工程所在位置、概况和合同包含的工作范围;资金来源;资格预审文件的发售日期、时间、地点和价格;预期的计划(授予合同的日期、竣工日期及其他关键日期);招标文件发出和提交投标文件的计划日期;申请资格预审须知;提交资格预审文件的地点及截止日期、时间;最低资格要求及准备投标的投标意向者可能关心的具体情况。

(3)在指定的时间、地点开始出售资格预审文件,并同时公布对资格预审文件答疑的具体时间。

(4)由于各种原因,在资格预审文件发售后,购买文件的投标意向者可能对资格预审文件提出各种疑问,投标意向者应将这些疑问以书面形式提交业主,业主应以书面形式回答。为保证竞争的公平性,应使所有投标意向者获得的信息量相同,对于任何一个投标意向者问题的答复,均要求同时通知所有购买资格预审文件的投标意向者。

(5)投标意向者在规定的截止日期之前完成填报的内容,报送资格预审文件,所报送的文件在规定的截止日期后不能再进行修改。当然,业主可就报送的资格预审文件中的疑点要求投标意向者进行澄清,投标意向者应按实际情况回答,但不允许投标意向者修改资格预审文件中的实质内容。

(6)由业主组织资格预审评审委员会,对资格预审文件进行评审,并将评审结果及时以书面形式通知所有参加资格预审的投标意向者。对于通过预审的投标人,还要向其通知出售招标文件的时间和地点。通过资格预审的申请人少于3个的,应当重新进行资格预审。

4. 标前会议

标前会议也称为投标预备会或招标文件交底会,是招标人按投标须知规定的时间和地点召开的会议。标前会议上,招标人除了介绍工程概况以外,还可以对招标文件中的某些内容加以修改或补充说明,以及对投标人书面提出的问题和会议上即席提出的问题给以解答,会议结束后,招标人应将会议纪要用书面通知的形式发给每一个投标人。

无论是会议纪要还是对个别投标人的问题的解答,都应以书面形式发给每一个获得投标文件的投标人,以保证招标的公平和公正。但对问题的答复不需要说明问题来源。会议纪要和答复函件形成招标文件的补充文件,都是招标文件的有效组成部分,与招标文件具有同等法律效力。当补充文件与招标文件内容不一致时,应以补充文件为准。

为了使投标单位在编写投标文件时有充分的时间考虑招标人对招标文件的补充或修改内容,招标人可以根据实际情况在标前会议上确定延长投标截止时间。

5. 评标

评标分为评标的准备、初步评审、详细评审、编写评标报告等过程。

初步评审主要是进行符合性审查,即重点审查投标书是否实质上响应了招标文件的要求。审查内容包括:投标资格审查;投标文件完整性审查;投标担保的有效性;与招标文件是否有显著的差异和保留等。如果投标文件实质上不响应招标文件的要求,将作无效标处理,不必进行下一阶段的评审。另外还要对报价计算的正确性进行审查,如果计算有误,通常的处理方法是:大小写不一致的以大写为准,单价与数量的乘积之和与所报的总价不一致的应以单价为准;标书正本和副本不一致的,则以正本为准。这些修改一般应由投标人代表签字确认。

详细评审是评标的核心,是对标书进行实质性审查,包括技术评审和商务评审。技术评审主要是对投标书的技术方案、技术措施、技术手段、技术装备、人员配备、组织结构、进度计划等的先进性、合理性、可靠性、安全性、经济性等进行分析评价。商务评审主要是对投标书的报价高低、报价构成、计价方式、计算方法、支付条件、取费标准、价格调整、税费、保险及优惠条件等进行评审。

评标方法可以采用评议法、综合评分法或评标价法等,可根据不同的招标内容选择相应的方法。

评标结束应该推荐中标候选人。评标委员会推荐的中标候选人应当限定在1~3人,并标明排列顺序。

依据 2017 年修订的《中华人民共和国招标投标法实施条例》，招标人根据评标委员会提出的书面评标报告和推荐的中标候选人确定中标人。招标人也可以授权评标委员会直接确定中标人，或者在招标文件中规定排名第一的中标候选人为中标人，并明确排名第一的中标候选人不能作为中标人的情形和相关处理规则。

第二节　项目案例

港珠澳大桥主体工程桥梁工程土建工程施工（CB03、CB04 合同段）招标公告。

施工招标项目案例

任务二　施工投标

一、研究招标文件

投标单位取得投标资格，获得招标文件之后的首要工作就是认真仔细地研究招标文件，充分了解其内容和要求，以便有针对性地安排投标工作。

研究招标文件的重点应放在投标者须知、合同条款、设计图纸、工程范围及工程量表上，还要研究技术规范要求，看是否有特殊的要求。

投标人应该重点注意招标文件中的以下几个方面的问题。

施工项目的投标

1.投标人须知

投标人须知是招标人向投标人传递基础信息的文件，包括工程概况、招标内容、招标文件的组成、投标文件的组成、报价的原则、招标投标时间安排等关键的信息。

首先，投标人需要注意招标工程的详细内容和范围，避免遗漏或多报。

其次，还要特别注意投标文件的组成，避免因提供的资料不全而被作为废标处理。例如，曾经有一资信良好的著名企业，在投标时因为遗漏资产负债表而失去了本来非常有希望的中标机会。在工程实践中，这方面的先例不在少数。

还要注意招标答疑时间、投标截止时间等重要时间安排，避免因遗忘或迟到等原因而失去竞争机会。

招标文件示范文本

2. 投标书附录与合同条件

这是招标文件的重要组成部分，其中可能标明了招标人的特殊要求，即投标人在中标后应享受的权利、所要承担的义务和责任等，投标人在报价时需要考虑这些因素。

3. 技术说明

要研究招标文件中的施工技术说明，熟悉所采用的技术规范，了解技术说明中有无特殊施工技术要求和特殊材料设备要求，以及有关选择代用材料、设备的规定，以便根据相应的定额和市场确定价格，计算有特殊要求项目的报价。

4. 永久性工程之外的报价补充文件

永久性工程是指合同的标的物——建设工程项目及其附属设施，但是为了保证工程建设的顺利进行，不同的业主还会对承包商提出额外的要求。这些要求可能包括：对旧有建筑物和设施的拆除，工程师的现场办公室及其各项开支、模型、广告、工程照片和会议费用等。如果有额外的要求，则需要将其列入工程总价，并弄清所有纳入工程总报价的费用方式，以免产生遗漏，从而导致损失。

二、进行各项调查研究

在研究招标文件的同时，投标人需要开展详细的调查研究，即对招标工程的自然、经济和社会条件进行调查，因为这些都是工程施工的制约因素，必然会影响到工程成本，是投标报价所必须考虑的，所以在报价前必须了解清楚。

1. 市场宏观经济环境调查

应调查工程所在地的经济形势和经济状况，包括与投标工程实施有关的法律法规、劳动力与材料的供应状况、设备市场的租赁状况、专业施工公司的经营状况与价格水平等。

2. 工程现场考察和工程所在地区的环境考察

要认真地考察施工现场，认真调查具体工程所在地区的环境，包括一般自然条件、施工条件及环境，如地质地貌、气候、交通、水电等的供应和其他资源情况等。

3. 工程业主方和竞争对手公司的调查

调查业主、咨询工程师的情况，尤其是业主的项目资金落实情况、参加竞争的其他公司与工程所在地的工程公司的情况、业主与其他承包商或分包商的关系。参加现场踏勘与标前会议，可以获得更充分的信息。

三、复核工程量

有的招标文件中提供了工程量清单，尽管如此，投标者还是需要进行复核，因为这直接影响到投标报价以及中标的机会。例如,当投标人大体上确定了工程总报价以后,可适当采用报价技巧,如不平衡报价法,对某些工程量可能增加的项目提高报价,而对某些工程量可能减少的项目降低报价。

对于单价合同,尽管是以实测工程量结算工程款,但投标人仍应根据图纸仔细核算工程量,当发现相差较大时,投标人应向招标人要求澄清。

对于总价固定合同,要特别引起重视,工程量估算的错误可能带来无法弥补的经济损失,因为总价合同是以总报价为基础进行结算的,如果工程量出现差异,可能对施工方极为不利。对于总价合同,如果业主在投标前对争议工程量不予更正,而且是对投标者不利的情况,投标者在投标时要附上声明:工程量表中某项工程量有错误,施工结算应按实际完成量计算。

承包商在核算工程量时,还要结合招标文件中的技术规范弄清工程量中每一细目的具体内容,避免出现在计算单位、工程量或价格方面的错误与遗漏。

四、选择施工方案

施工方案是报价的基础和前提,也是招标人评标时要考虑的重要因素之一。有什么样的方案,就有什么样的人工、机械与材料消耗,就会有相应的报价。因此,必须弄清分项工程的内容、工程量、所包含的相关工作、工程进度计划的各项要求、机械设备状态、劳动与组织状况等关键环节,据此制订施工方案。

施工方案应由投标人的技术负责人主持制订,主要应考虑施工方法、主要施工机具的配置、各工种劳动力的安排及现场施工人员的平衡、施工进度、分批竣工的安排、安全措施等。施工方案的制订应在技术、工期和质量保证等方面对招标人有吸引力,同时又有利于降低施工成本。

(1)要根据分类汇总的工程数量和工程进度计划中该类工程的施工周期、合同技术规范要求,以及施工条件和其他情况确定每项工程的施工方法,应根据实际情况和自身的施工能力来确定各类工程的施工方法。对各种不同施工方法应当从保证完成计划目标、保证工程质量、节约设备费用、降低劳务成本等多方面综合比较,选定最适用的、经济的施工方案。

(2)要根据上述各类工程的施工方法选择相应的机具设备并计算所需数量和使用周期,研究确定采购新设备、租赁当地设备或调动企业现有设备。

(3)要研究确定工程分包计划。根据概略指标估算劳务数量,考虑其来源及进场时间安排。注意当地是否有限制外籍劳务的规定。另外,从所需劳务的数量,估算所需管理人员和生活性临时设施的数量和标准等。

(4)要用概略指标估算主要的和大宗的建筑材料的需用量,考虑其来源和分批进场的时间安排,从而可以估算现场用于存储、加工的临时设施(如仓库、露天堆放场、加工场地或工棚等)。

(5)根据现场设备、高峰人数和一切生产和生活方面的需要,估算现场用水、用电量,确定临时供电和给排水设施;考虑外部和内部材料供应的运输方式,估计运输和交通车辆的需要和来源；考虑其他临时工程的需要和建设方案；提出某些特殊条件下保证正常施工的措施，例如排除或降低地下水以保证地面以下工程施工；冬期、雨期施工措施及其他必需的临时设施安排，例如现场安全保卫设施，包括临时围墙、警卫设施、夜间照明等和现场临时通信联络设施等。

五、投标计算

投标计算是投标人对招标工程施工所要发生的各种费用的计算。在进行投标计算时，必须首先根据招标文件复核或计算工程量。作为投标计算的必要条件，应预先确定施工方案和施工进度。此外，投标计算还必须与采用的合同计价形式相协调。

六、确定投标策略

正确的投标策略对提高中标率并获得较高的利润有重要作用。常用的投标策略有以信誉取胜、以低价取胜、以缩短工期取胜、以改进设计取胜或者以先进或特殊的施工方案取胜等。不同的投标策略要在不同投标阶段的工作（如制订施工方案、投标计算等）中体现和贯彻。

七、正式投标

投标人按照招标人的要求完成标书的准备与填报之后，就可以向招标人正式提交投标文件。在投标时需要注意以下几方面。

1. 注意投标的截止日期

招标人所规定的投标截止日就是提交标书最后的期限。投标人在投标截止日之前所提交的投标是有效的，超过该日期之后就会被视为无效投标。在招标文件要求提交投标文件的截止时间后送达的投标文件，招标人可以拒收。

2. 投标文件的完备性

投标人应当按照招标文件的要求编制投标文件。投标文件应当对招标文件提出的实质性要求和条件做出响应。投标不完备或投标没有达到招标人的要求，在招标范围以外提出新的要求，均被视为对于招标文件的否定，不会被招标人所接受。投标人必须为自己所投出的标负责，如果中标，必须按照投标文件中所阐述的方案来完成工程，这其中包括质量标准、工期与进度计划、报价限额等基本指标以及招标人所提出的其他要求。

3. 标书的标准

标书的提交要有固定的要求，基本内容是：签章、密封。如果不密封或密封不满足要求，投标是无效的。投标书需要按照要求盖有投标企业公章以及企业法人的名章（或签字）。如果项目所在地与企业距离较远，由当地项目经理部组织投标，需要提交企业法人对于投标项目经理的授权委托书。

4. 注意投标的担保

通常投标需要提交投标担保，投标担保是指投标人向招标人提供的担保，保证投标人一旦中标即按中标通知书、投标文件和招标文件等有关规定与业主签订承包合同。

投标担保可以采用银行保函、担保公司担保书、同业担保书和投标保证金担保方式，多数采用银行投标保函和投标保证金担保方式，具体方式由招标人在招标文件中规定。未能按照招标文件要求提供投标担保的投标，可被视为不响应招标而被拒绝。

根据《工程建设项目施工招标投标办法》规定，施工投标保证金的数额一般不得超过投标总价的2%，最高不得超过80万元人民币。投标保证金有效期应当超出投标有效期三十天。投标人不按招标文件要求提交投标保证金的，该投标文件将被拒绝，作废标处理。

根据《中华人民共和国招标投标法实施条例》，投标保证金不得超过招标项目估算价的2%。投标保证金有效期应当与投标有效期一致。

根据《工程建设项目勘察设计招标投标办法》规定，招标文件要求投标人提交投标保证金的，保证金数额一般不超过勘察设计费投标报价的2%，最多不超过10万元人民币。

国际上常见的投标担保的保证金数额为报价的2%～5%。

投标担保的主要目的是保护招标人不因中标人不签约而蒙受经济损失。投标担保要确保投标人在投标有效期内不要撤回投标书，以及投标人在中标后保证与业主签订合同并提供业主所要求的履约担保、预付款担保等。

投标担保在一定程度上可以起筛选投标人的作用。

模块三 项目管理组织结构建立

内容提要

(1)组织结构模式,三种基本的组织结构是职能组织结构、线性组织结构、矩阵组织结构。

(2)项目结构图。

(3)工作任务分工表。

(4)工作流程图。

组织论是一门学科,它主要研究系统的组织结构模式、组织分工和工作流程组织(图3-1),它是与项目管理学相关的一门非常重要的基础理论学科。

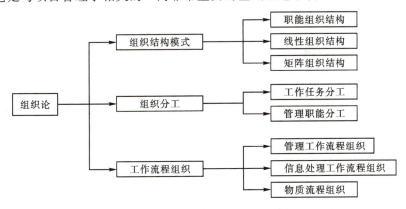

图3-1 组织论的基本内容

组织工具是组织论的应用手段,用图或表等形式表示各种组织关系,它包括:

(1)项目结构图。

(2)组织结构图(管理组织结构图)。

(3)工作任务分工表。

(4)管理职能分工表。

(5)工作流程图等。

任务一　组织结构模式

第一节　基础知识

组织结构模式可用组织结构图来描述,组织结构图(图3-2)是一个重要的组织工具,反映一个组织系统中各组成部门(组成元素)之间的组织关系(指令关系)。在组织结构图中,矩形框表示工作部门,上级工作部门对其直接下属工作部门的指令关系用单向箭线表示。

工程项目管理组织机构及干系人

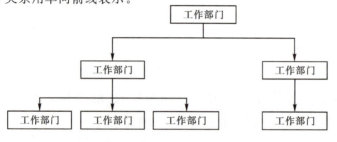

图3-2　组织结构图示例

Visio 绘制组织结构图

组织论的三个重要的组织工具——项目结构图、组织结构图和合同结构图(图3-3)的区别见表3-1。

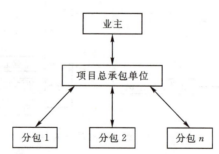

图3-3　合同结构图示例

表3-1　项目结构图、组织结构图和合同结构图的区别

结构图	表达的含义	图中矩形框的含义	矩形框连接的表达
项目结构图	对一个项目的结构进行逐层分解,以反映组成该项目的所有工作任务(该项目的组成部分)	一个项目的组成部分	直线
组织结构图	反映一个组织系统中各组成部门(组成元素)之间的组织关系(指令关系)	一个组织系统中的组成部分(工作部门)	单向箭线

续表

结构图	表达的含义	图中矩形框的含义	矩形框连接的表达
合同结构图	反映一个建设项目参与单位之间的合同关系	一个建设项目的参与单位	双向箭线

常用的组织结构模式包括职能组织结构(图3-4)、线性组织结构(图3-5)和矩阵组织结构(图3-6)等。这几种常用的组织结构模式既可以在企业管理中运用,也可在建设项目管理中运用。

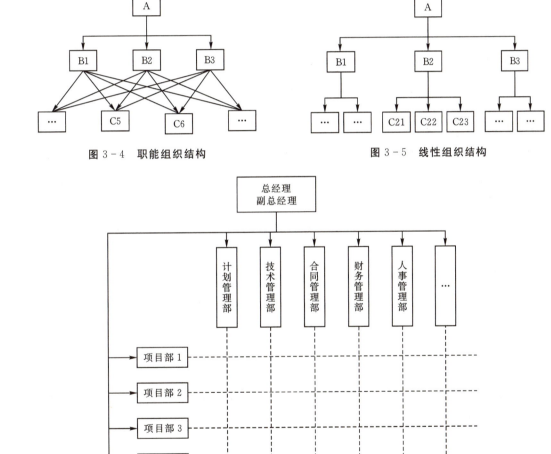

图3-4 职能组织结构

图3-5 线性组织结构

图3-6 施工企业矩阵组织结构模式的示例

组织结构模式反映了一个组织系统中各子系统之间或各组织元素(如各工作部门)之间的指令关系。组织分工反映了一个组织系统中各子系统或各组织元素的工作任务分工和管理职能分工。组织结构模式和组织分工都是一种相对静态的组织关系。而工作流程组织则反映一个组织系统中各项工作之间的逻辑关系,是一种动态关系。在一个建设工程项目实施过程中,其管理工作的流程、信息处理的流程,以及设计工作、物资采购和施工的流程的组织都属于工作流程组织的范畴。

1. 职能组织结构的特点及其应用

在人类历史发展过程中,当手工业作坊发展到一定的规模时,一个企业内需要设置对人、财、物和产、供、销管理的职能部门,这样就产生了初级的职能组织结构。因此,职能组织结构是一种传统的组织结构模式。在职能组织结构中,每一个职能部门可根据它的管理职能对其直接和非直接的下属工作部门下达工作指令,因此,每一个工作部门可能得到其直接和非直接的上级工作部门下达的工作指令,它就会有多个矛盾的指令源。一个工作部门的多个矛盾的指令源会影响企业管理机制的运行。

在一般的工业企业中,设有人、财、物和产、供、销管理的职能部门,另有生产车间和后勤保障机构等。虽然生产车间和后勤保障机构并不一定是职能部门的直接下属部门,但是,职能管理部门可以在其管理的职能范围内对生产车间和后勤保障机构下达工作指令,这是典型的职能组织结构。在高等院校中,设有人事、财务、教学、科研和基本建设等管理的职能部门(处室),另有学院、系和研究中心等教学和科研的机构,其组织结构模式也是职能组织结构,人事处和教务处等都可对学院和系下达其分管范围内的工作指令。我国多数的企业、学校、事业单位目前还沿用这种传统的组织结构模式。许多建设项目也还用这种传统的组织结构模式,在工作中常出现交叉和矛盾的工作指令关系,严重影响了项目管理机制的运行和项目目标的实现。

在如图 3-4 所示的职能组织结构中,A、B1、B2、B3、C5 和 C6 都是工作部门,A 可以对 B1、B2、B3 下达指令;B1、B2、B3 都可以在其管理的职能范围内对 C5 和 C6 下达指令,因此 C5 和 C6 有多个指令源,其中有些指令可能是矛盾的。

2. 线性组织结构的特点及其应用

在军事组织系统中,组织纪律非常严谨,军、师、旅、团、营、连、排和班的组织关系是指令按逐级下达,一级指挥一级和一级对一级负责。线性组织结构就是来自这种十分严谨的军事组织系统。在线性组织结构中,每一个工作部门只能对其直接的下属部门下达工作指令,每一个工作部门也只有一个直接的上级部门,因此,每一个工作部门只有唯一的指令源,避免了由于矛盾的指令而影响组织系统的运行。

在国际上,线性组织结构模式是建设项目管理组织系统的一种常用模式,因为一个建设项目的参与单位很多,少则数十,多则数百,大型项目的参与单位将数以千计,在项目实施过程中矛盾的指令会给工程项目目标的实现造成很大的影响,而线性组织结构模式可确保工作指令的唯一性。但在一个特大的组织系统中,由于线性组织结构模式的指令路径过长,有可能会造成组织系统在一定程度上运行的困难。图 3-5 所示的线性组织结构中:

(1) A 可以对其直接的下属部门 B1、B2、B3 下达指令。

(2) B2 可以对其直接的下属部门 C21、C22、C23 下达指令。

(3) 虽然 B1 和 B3 比 C21、C22、C23 高一个组织层次,但是,B1 和 B3 并不是 C21、C22、C23

的直接上级部门,它们不允许对 C21、C22、C23 下达指令。

在该组织结构中,每一个工作部门的指令源是唯一的。

3. 矩阵组织结构的特点及其应用

矩阵组织结构是一种较新型的组织结构模式。在矩阵组织结构的最高指挥者(部门)下设纵向和横向两种不同类型的工作部门。纵向工作部门有人、财、物、产、供、销的职能管理部门,横向工作部门有生产车间等。一个施工企业,如采用矩阵组织结构模式,则纵向工作部门可以是计划管理、技术管理、合同管理、财务管理和人事管理部门等,而横向工作部门可以是项目部(图 3-6)。

一个大型建设项目如采用矩阵组织结构模式,则纵向工作部门可以是投资控制、进度控制、质量控制、合同管理、信息管理、人事管理、财务管理和物资管理等部门,而横向工作部门可以是各子项目的项目管理部(图 3-7)。矩阵组织结构适宜用于大的组织系统。

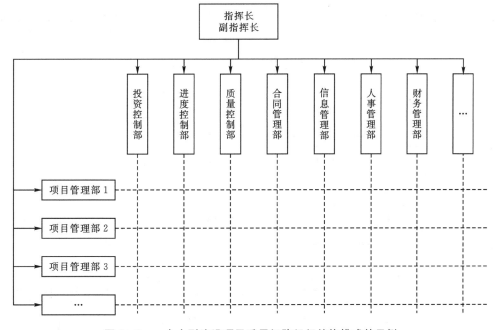

图 3-7 一个大型建设项目采用矩阵组织结构模式的示例

在矩阵组织结构中,每一项纵向和横向交汇的工作,如图 3-7 所示的项目管理部 1 涉及的投资问题,指令来自纵向和横向两个工作部门,因此其指令源为两个。当纵向和横向工作部门的指令发生矛盾时,由该组织系统的最高指挥者(部门),即如图 3-8(a)所示的 A 进行协调或决策。

在矩阵组织结构中为避免纵向和横向工作部门指令矛盾对工作的影响,可以采用以纵向工作部门指令为主(图 3-8b)或以横向工作部门指令为主(图 3-8c)的矩阵组织结构模式,这样也可减轻该组织系统的最高指挥者(部门),即如图 3-8(b)和图 3-8(c)所示中 A 的协调工作量。

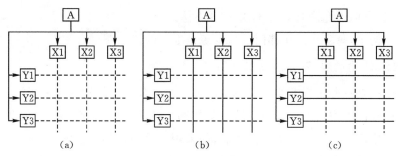

(a)矩阵组织结构；(b)以纵向工作部门指令为主的矩阵组织结构；

(c)以横向工作部门指令为主的矩阵组织结构。

图 3-8　矩阵组织结构

第二节　项目案例

港珠澳大桥的管理组织架构分为"专责小组→三地联合工作委员会→项目法人"三个层次，如图 3-9 所示。

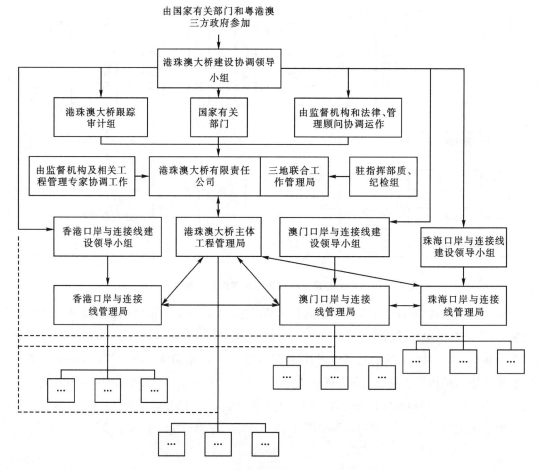

图 3-9　港珠澳大桥项目组织结构

(1)港珠澳大桥专责小组:由国家发展改革委牵头,国家有关部门和粤港澳三方政府参加。

(2)三地联合工作委员会:由粤港澳三地政府共同组建,广东省人民政府作为召集人,主要协调相关问题并对项目法人进行监管。

(3)项目法人:港珠澳大桥管理局。由香港、广东和澳门三方政府共同组成,主要承担大桥主体部分的建设、运营、维护和管理的组织实施等工作。港珠澳大桥管理局组织结构图如图3-10所示。

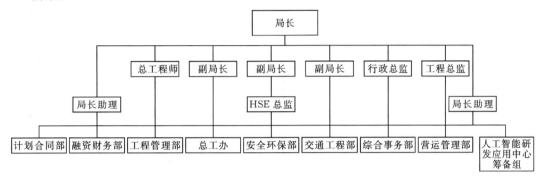

图3-10 港珠澳大桥管理局组织架构图

此外,为确保工程建设的质量和安全,由交通运输部牵头组织成立港珠澳大桥技术专家组,为专责小组、三地联合工作委员会和项目法人在重大技术方案、施工方案的论证及重大工程问题的处理措施等方面提供咨询和技术支持。港珠澳大桥主体工程实施阶段组织结构图如图3-11所示。

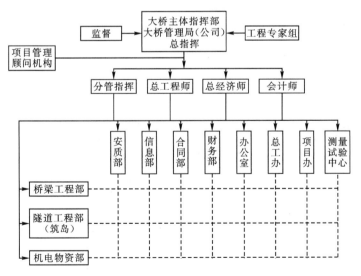

图3-11 港珠澳大桥主体工程组织结构图

任务二　项目结构图

第一节　基础知识

一、项目结构图

项目结构图(Project Diagram,或称 WBS——work breakdown structure)是一个组织工具,它通过树状图的方式对一个项目的结构进行逐层分解,以反映组成该项目的所有工作任务(图 3-12)。项目结构图中,矩形表示工作任务(或第一层、第二层子项目等),矩形框之间的连接用连线表示。

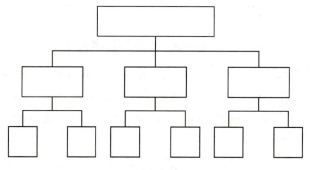

图 3-12　项目结构图

同一个建设工程项目可以有不同的项目结构的分解方法,项目结构的分解应与整个工程实施的部署相结合,并与将采用的合同结构相结合,如地铁工程主要有两种不同的合同分解方案,其对应的项目结构不相同。

(1)方案 1:地铁车站(一个或多个)和区间隧道(一段或多段)分别发包(图 3-13)。

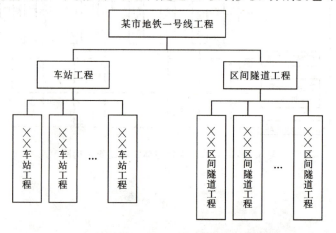

图 3-13　地铁车站和区间隧道分别发包相应的项目结构

(2)方案2:一个地铁车站和一段区间隧道,或几个地铁车站和几段区间隧道作为一个标段发包(图3-14)。

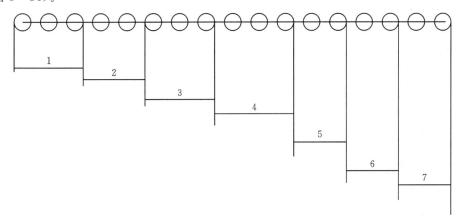

图3-14 一个地铁车站和一段区间隧道,或几个地铁车站和几段区间隧道作为一个标段发包

国际上较多的地铁工程采用如图3-14所示的方式,并按照如图3-15所示进行项目结构分解。

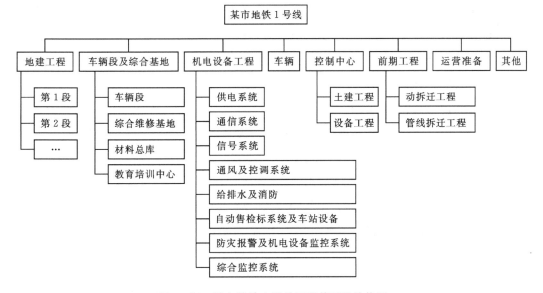

图3-15 某市地铁1号线工程的项目结构图

综上所述,项目结构分解并没有统一的模式,但应结合项目的特点,参考以下原则进行:
(1)考虑项目进展的总体部署。
(2)考虑项目的组成。
(3)有利于项目实施任务(设计、施工和物资采购)的发包和有利于项目实施任务的进行,并结合合同结构。
(4)有利于项目目标的控制。

(5)结合项目管理的组织结构等。

以上所列举的是群体工程的项目结构分解,单体工程如有必要(如投资、进度和质量控制的需要)也应进行项目结构分解,如一栋高层办公大楼可分解为:

(1)地下工程。

(2)裙房结构工程。

(3)高层主体结构工程。

(4)建筑装饰工程。

(5)幕墙工程。

(6)建筑设备工程(不包括弱电工程)。

(7)弱电工程。

(8)室外总体工程等。

二、项目结构的编码

每个人的身份证都有编码,交通车辆也有编码。编码由一系列符号(如文字)和数字组成,编码工作是信息处理的一项重要的基础工作。

一个建设工程项目有不同类型和不同用途的信息,为了有组织地存储信息,方便信息的检索和信息的加工整理,必须对项目的信息进行编码,如:

(1)项目的结构编码。

(2)项目管理组织结构编码。

(3)项目的政府主管部门和各参与单位编码(组织编码)。

(4)项目实施的工作项编码(项目实施的工作过程的编码)。

(5)项目的投资项编码(业主方)/成本项编码(施工方)。

(6)项目的进度项(进度计划的工作项)编码。

(7)项目进展报告和各类报表编码。

(8)合同编码。

(9)函件编码。

(10)工程档案编码等。

以上这些编码是因不同的用途而编制的,如:投资项编码(业主方)/成本项编码(施工方)服务于投资控制工作/成本控制工作;进度项编码服务于进度控制工作。

项目结构的编码依据项目结构图,对项目结构的每一层的每一个组成部分进行编码,如图3-16所示。项目结构的编码和用于投资控制、进度控制、质量控制、合同管理和信息管理等管理工作的编码有紧密的联系,但它们之间又有区别,项目结构图和项目结构的编码是编制上述其他编码的基础。

如图 3-16 所示,某国际会展中心进度计划的一个工作项的综合编码由 5 个部分(5 段)组成,其中第 3 段的 4 个字符(C1、C2、C3、C4)是项目结构编码。一个工作项的综合编码由 13 个字符构成:

(1)计划平面编码 1 个字符,如 A1 表示总进度计划平面的工作,A2 表示第 2 进度计划平面的工作等。

(2)工作类别编码 1 个字符,如 B1 表示设计工作,B2 表示施工工作等。

(3)项目结构编码 4 个字符。

(4)工作项编码(Activity)4 个字符。

(5)项目参与单位编码 3 个字符,如 001 表示甲设计单位,002 表示乙设计单位,009 表示丁施工单位等。

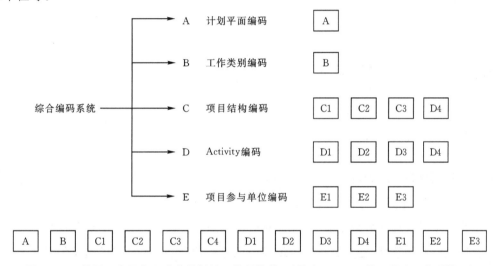

图 3-16 某国际会展中心进度计划的工作项的编码(其中 Activity 编码即为工作项编码)

第二节 项目案例

将港珠澳大桥按其空间位置拆分为香港工程、澳门工程、港珠澳大桥主体、珠海工程四个部分,如图 3-17 所示。在此基础上,又可以建立每个部分的项目结构图,如图 3-18 所示,将港珠澳大桥人工岛部分进行拆分。

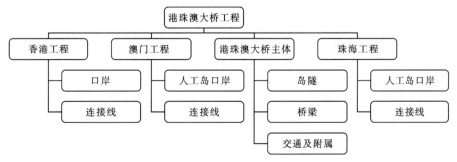

图 3-17 港珠澳大桥工程项目结构图

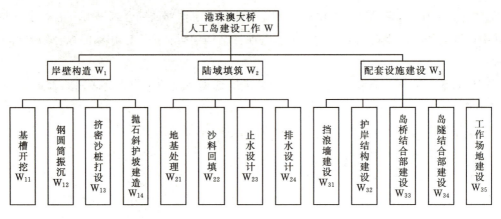

图 3-18 港珠澳大桥人工岛 WBS

▶ 任务三 工作任务分工表

一、工作任务分工表

业主方和项目各参与方,如设计单位、施工单位、供货单位和工程管理咨询单位等都有各自的项目管理的任务,上述各方都应该编制各自的项目管理任务分工表。

为了编制项目管理任务分工表,首先应对项目实施各阶段的费用(投资或成本)控制、进度控制、质量控制、合同管理、信息管理和组织与协调等管理任务进行详细分解,在项目管理任务分解的基础上定义项目经理和费用(投资或成本)控制、进度控制、质量控制、合同管理、信息管理和组织与协调等主管工作部门或主管人员的工作任务。

在工作任务分工表(表3-2)中应明确各项工作任务由哪个工作部门(或个人)负责,由哪些工作部门(或个人)配合或参与。在项目的进展过程中,应视情况对工作任务分工表进行调整。

表 3-2 工作任务分工表

工作任务	工作部门					
	项目经理部	投资控制部	进度控制部	质量控制部	合同管理部	信息管理部

某大型公共建筑是国家重点工程,在项目实施的初期,项目管理咨询公司建议把工作任务

划分成 26 个大块，针对这 26 个大块任务编制了工作任务分工表（表 3-3），随着工程的进展，任务分工表还将不断深化和细化，该表有如下特点：

（1）任务分工表主要明确哪项任务由哪个工作部门（机构）负责主办，另明确协办部门和配合部门，主办、协办和配合在表中分别用三个不同的符号表示。

（2）在任务分工表的每一行中，即每一个任务，都有至少一个主办工作部门。

（3）运营部和物业开发部参与整个项目实施过程，而不是在工程竣工前才介入工作。

表 3-3　某大型公共建筑的工作任务分工表

序号	工作项目	经理室、指挥部	技术委员会	专家顾问组	办公室	总工程师室	综合部	财务部	计划部	工程部	设备部	运营部	物业开发部
1	人事	☆					△						
2	重大技术审查决策	☆	△	○	○	△	○	○	○	○	○	○	○
3	设计管理			○		☆			○	△	○		
4	技术标准			○		☆				△	△	○	
5	科研管理			○		☆		○					
6	行政管理				☆	○	○	○	○	○	○		○
7	外事工作			○	☆								
8	档案管理			○	☆								
9	资金保险						○	☆					
10	财务管理						○	☆					
11	审计						☆	○	○				
12	计划管理						○	○	☆	△	△	○	
13	合同管理						○	○	☆	△	△		
14	招标投标管理			○			○	○	☆	△	△		
15	工程筹划			○	○					☆			
16	土建评定项目管理			○	○					☆			
17	工程前期工作			○			○	○		☆			○
18	质量管理			○		△				☆	△		
19	安全管理						○	○		☆	△		
20	设备选型			△	○						☆	○	

续表

序号	工作项目	经理室、指挥部	技术委员会	专家顾问组	办公室	总工程师室	综合部	财务部	计划部	工程部	设备部	运营部	物业开发部
21	设备材料采购							○	○	△	△		☆
22	安装工程项目管理			○					○	△	☆	○	
23	运营准备			○		○				△	△	☆	
24	开通、调试、验收			○		△				△	☆	△	
25	系统交接		○	○		○	○	○		☆	☆	☆	
26	物业开发					○	○	○		○	○	○	☆

注：☆——主办；△——协办；○——配合。

二、管理职能分工表

管理是由多个环节组成的有限循环过程（图3-19）。

(1)提出问题。

(2)筹划——提出可能解决问题的方案，并对多个可能的方案进行分析。

(3)决策。

(4)执行。

(5)检查。

这些组成管理的环节就是管理的职能。管理的职能在一些文献中也有不同的表述，但其内涵是类似的。

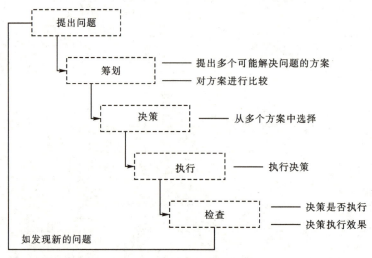

图3-19 管理职能

下面以一个示例来解释管理职能的含义:

(1)提出问题——通过进度计划值和实际值的比较,发现进度推迟了。

(2)筹划——加快进度有多种可能的方案,如改一班工作制为两班工作制,增加夜班作业,增加施工设备和改变施工方法,对这三个方案进行比较。

(3)决策——从上述三个可能的方案中选择一个将被执行的方案,即增加夜班作业。

(4)执行——落实夜班施工的条件,组织夜班施工。

(5)检查——检查增加夜班施工的决策有否被执行,如已执行,则检查执行的效果如何。

如通过增加夜班施工,工程进度的问题解决了,但发现新的问题,施工成本增加了,这样就进入了管理的一个新的循环:提出问题、筹划、决策、执行和检查。整个施工过程中管理工作就是不断发现问题和不断解决问题的过程。

以上不同的管理职能可由不同的职能部门承担,如:

(1)进度控制部门负责跟踪和提出有关进度的问题。

(2)施工协调部门对进度问题进行分析,提出三个可能的方案,并对其进行比较。

(3)项目经理在三个可供选择的方案中,决定采用增加夜班作业。

(4)施工协调部门负责执行项目经理的决策,组织夜班施工。

(5)项目经理助理检查夜班施工后的效果。

业主方和项目各参与方,如设计单位、施工单位、供货单位和工程管理咨询单位等都有各自的项目管理的任务和其管理职能分工,上述各方都应该编制各自的项目管理职能分工表。

管理职能分工表是用表的形式反映项目管理班子内部项目经理、各工作部门和各工作岗位对各项工作任务的项目管理职能分工(表3-4)。管理职能分工表也可用于企业管理。

我国多数企业和建设项目的指挥或管理机构,习惯用岗位责任制的岗位责任描述书来描述每一个工作部门的工作任务(包括责任、权利和任务等)。工业发达国家在建设项目管理中广泛应用管理职能分工表,使管理职能的分工更清晰、更严谨,并会暴露仅用岗位责任描述书时所掩盖的矛盾。如果使用管理职能分工表还不足以明确每个工作部门的管理职能,则可辅以使用管理职能分工描述书。

表3-4 管理职能分工表

工作任务	工作部门					
	项目经理部	投资控制部	进度控制部	质量控制部	合同管理部	信息管理部

为了区分业主方和代表业主利益的项目管理方和工程建设监理方等的管理职能,也可以用管理职能分工表表示,表 3-5 是某项目的一个示例。表中用英文字母表示管理职能。

表 3-5 某项目管理职能分工表示例

序号	任务		业主方	项目管理方	工程监理方
		设计阶段			
1	审批	获得政府有关部门的各项审批	E	P,C	P,E
2		确定投资、进度、质量目标	D,C	P,E	
3	发包与合同管理	确定设计发包模式	D	P	
4		选择总包设计单位	D,E	P,E,C	P,C
5		选择分包设计单位	D,C	P,E	P,E
6		确定施工发包模式	D	P,E	
7	进度	设计进度目标规划	D,C	P,E,C	
8		设计进度目标控制	D,C	P,E	
9	投资	投资目标分解	D,C	P,E	
10		设计阶段投资控制	D,C	P,E	
11	质量	设计质量控制	D,C	P,E	
12		设计认可与批准	D,E	P,C	
		投标阶段			
13	发包	招标、评标	D,C	P,E	P,E
14		选择施工总包单位	D,E	P,E	P,E,C
15		选择施工分包单位	D	P,E	P,E,C
16		合同签订	D,E	P	P
17	进度	施工进度目标规划	D,C	P,C	P,E
18		项目采购进度规划	D,C	P,C	P,E
19		项目采购进度控制	D,C	P,E,C	P,E,C
20	投资	招标阶段投资控制	D,C	P,E,C	
21	质量	制定材料设备质量标准	D	P,C	P,E,C

注:P——筹划;D——决策;E——执行;C——检查。

▶ 任务四　工作流程图

Visio 绘制流程图

工作流程组织包括：

(1)管理工作流程组织，如投资控制、进度控制、合同管理、付款和设计变更等流程。

(2)信息处理工作流程组织，如与生成月度进度报告有关的数据处理流程。

(3)物质流程组织，如钢结构深化设计工作流程、弱电工程物资采购工作流程、外立面施工工作流程等。

一、工作流程组织的任务

每一个建设项目应根据其特点，从多个可能的工作流程方案中确定以下几个主要的工作流程组织：

(1)设计准备工作的流程。

(2)设计工作的流程。

(3)施工招标工作的流程。

(4)物资采购工作的流程。

(5)施工作业的流程。

(6)各项管理工作(投资控制、进度控制、质量控制、合同管理和信息管理等)的流程。

(7)与工程管理有关的信息处理的流程。

这也就是工作流程组织的任务，即定义工作的流程。

工作流程图应视需要逐层细化，如投资控制工作流程可细化为初步设计阶段投资控制工作流程图、施工图阶段投资控制工作流程图和施工阶段投资控制工作流程图等。

业主方和项目各参与方，如工程管理咨询单位、设计单位、施工单位和供货单位等都有各自的工作流程组织的任务。

二、工作流程图

工作流程图用图的形式反映一个组织系统中各项工作之间的逻辑关系，它可用于描述工作流程组织。工作流程图是一个重要的组织工具。工作流程图用矩形框表示工作，箭线表示工作之间的逻辑关系，菱形框表示判别条件，如图3-20(a)所示，也可用图3-20(b)的方式表示工作和工作的执行者。

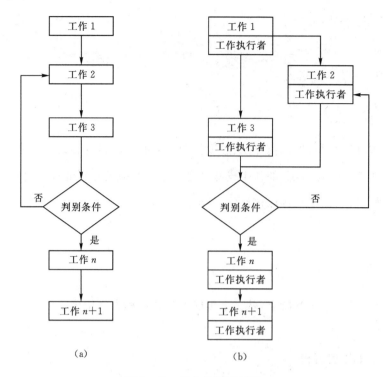

图 3-20 工作流程图示例

以工作流程图的示例进一步解释工作流程图的含义和图的表达方式。

设计变更在工程实施过程中时有发生,设计变更可能由业主方提出,也可能由施工方或设计方提出。一般设计变更的处理涉及监理工程师、总监理工程师、设计单位、施工单位和业主方。某工程设计变更的工作流程图如图 3-21 所示,反映了上述的工作顺序关系。

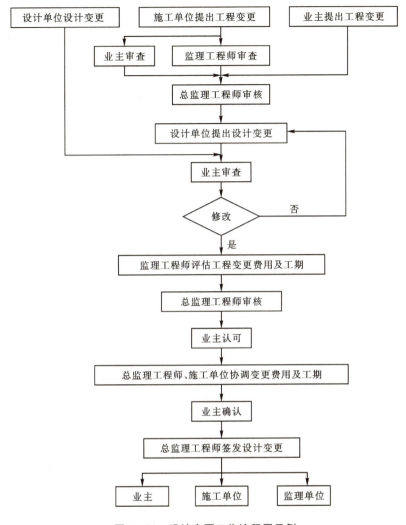

图 3-21 设计变更工作流程图示例

延伸阅读二

打造世纪工程，依靠众志成城

15 节沉管安装是耗时最长的一次安装，共耗时 156 天，历经三次浮运、两次回拖，是岛隧工程建设以来最大的一次挑战。

2014 年 11 月 16 日凌晨，在沉管基床上发现了异常回淤，继续安装，沉管对接精度不能保证，但拖回去又谈何容易呢！沉管回拖在世界上鲜有先例，一旦发生意外，沉管的损失达上亿元，如果堵塞航道将影响珠江口的航运，后果不堪设想。

消息传到了正在澳门召开的港珠澳大桥中央专责小组会上，专责小组全体成员立刻来到了现场,要求各方全力以赴,提供支持。海事部门昼夜工作,在 24 小时内完成了封航和护航的准备工作。广州港拖轮公司的 12 艘大马力拖轮接到通知后,立刻全部返回。据预报,回拖时海上风力将超过 6 级,返航过程会遭遇沉管安装以来最为恶劣的海况。危急关头需要团队共进退。我们进行战前动员,要求在场的每一个人举起右手对着摄像机做出承诺:"绝不放弃!"

返航 12 km,船队足足走了 24 个小时。在沉管最终回到坞内的那一刻,起重班长喊道:"终于回家了!"

为了查明沉管基床异常回淤原因,在交通运输部的协调指导下,我们组织专家成立了攻关组,寻找泥沙来源。交通运输部专家组两次召开专题会议分析回淤原因,为科学决策提供依据。广东省委、省政府高度重视,省领导先后 4 次现场调研,弄清原因后,明确提出:"保证港珠澳大桥沉管安装是当前珠江口大局中的大局,一定要确保。"

要恢复沉管安装需要停止上游的全部采砂作业,这涉及 7 家采砂企业、近 200 艘船舶的正常运营作业和一万多人的就业,还会影响珠江口的建设用砂。为此中央专责小组、广东省委、省政府联合协调,进行了细致周密的安排。7 家采砂企业以工程建设大局为重,两天内全部撤离了现场,为后续沉管安装创造了条件。

2015 年大年初六凌晨,第 15 节沉管再次出发。上午 10 点,在浮运途中,又接到报告,基床面出现了大面积的异常堆积物,我们不得不做出再次返航的决定。当我宣布这个决定的时候,现场的很多同志流泪了。

我们又用了一个月时间,再一次做好各项准备,最终完成了第 15 节沉管安装。

为了回报政府,回报社会,我们在汛期和台风中寻找窗口,两次实现了 1 个月安装 2 节沉管。2015 年我们创造了一年安装 10 节沉管的"中国速度"。

外国专家很是感慨,在国外这种情况多半是停工等待索赔。第 1 节沉管的解决过程让他们看到了我们的制度优势,说只有你们中国才能做到这样。

模块四　施工组织设计方案编写

内容提要

(1)施工组织设计的分类及内容。
(2)施工组织设计的编制原则、编制依据及编制方法。

《建筑施工组织设计规范》(GB/T 50502—2009)对施工组织设计做了如下的解释:以施工项目为对象编制的,用以指导施工的技术、经济和管理的综合性文件。

施工组织设计是对施工活动实行科学管理的重要手段,它具有战略部署和战术安排的双重作用。它体现了实现基本建设计划和设计的要求,提供了各阶段的施工准备工作内容,协调施工过程中各施工单位、各施工工种、各项资源之间的相互关系。通过施工组织设计,可以根据具体工程的特定条件,拟订施工方案、确定施工顺序、施工方法、技术组织措施;可以保证拟建工程按照预定的工期完成;可以在开工前了解到所需资源的数量及其使用的先后顺序;可以合理安排施工现场布置。因此施工组织设计应从施工全局出发,充分反映客观事实,符合国家或合同要求,统筹安排施工活动有关的各个方面,合理地布置施工现场,确保文明施工、安全施工。

任务一　施工组织设计的内容

一、施工组织设计的基本内容

施工组织设计应包括编制依据、工程概况、施工部署、施工进度计划、施工准备与资源配置计划、主要施工方法、施工现场平面布置及主要施工管理计划等基本内容。

施工组织设计

1.工程概况

(1)本项目的性质、规模、建设地点、结构特点、建设期限、分批交付使用的条件、合同条件。
(2)本地区的地形、地质、水文和气象情况。
(3)施工力量、劳动力、机具、材料、构件等资源供应情况。

(4)施工环境及施工条件等。

2．施工部署及施工方案

(1)根据工程情况,结合人力、材料、机械设备、资金、施工方法等条件,全面部署施工任务,合理安排施工顺序,确定主要工程的施工方案。

(2)对拟建工程可能采用的几个施工方案进行定性、定量的分析,通过技术经济评价,选择最佳方案。

3．施工进度计划

(1)施工进度计划反映了最佳施工方案在时间上的安排,采用计划的形式,通过计算和调整,工期、成本、资源等方面达到优化配置,符合项目目标的要求。

(2)施工进度计划使工序有序地进行,通过优化调整,工期、成本、资源等达到既定目标,在此基础上编制相应的人力和时间安排计划、资源需求计划和施工准备计划。

4．施工平面图

施工平面图是施工方案及施工进度计划在空间上的全面安排。它把投入的各种资源、材料、构件、机械、道路、水电供应、网络、生产和生活活动场地及各种临时工程设施合理地布置在施工现场,使整个现场能有组织地进行文明施工。

5．主要技术经济指标

技术经济指标用以衡量组织施工的水平,它可以对施工组织设计文件的技术经济效益进行全面评价。

二、施工组织设计的分类及其内容

施工组织设计按编制对象,可分为施工组织总设计、单位工程施工组织设计和施工方案。

1．施工组织总设计的内容

施工组织总设计是以若干单位工程组成的群体工程或特大型项目为主要对象编制的施工组织设计,对整个项目的施工过程起统筹规划、重点控制的作用。在我国,大型房屋建筑工程标准一般指:

(1)25层以上的房屋建筑工程。

(2)高度为100 m及以上的构筑物或建筑物工程。

(3)单体建筑面积为30 000 m^2及以上的房屋建筑工程。

(4)单跨跨度为30 m及以上的房屋建筑工程。

(5)建筑面积为100 000 m^2及以上的住宅小区或建筑群体工程。

(6)单项建筑安装合同额为1亿元及以上的房屋建筑工程。

但在实际操作中,具备上述规模的建筑工程很多只需编制单位工程施工组织设计,需要编制施工组织总设计的建筑工程,其规模应当超过上述大型建筑工程的标准,通常需要分期分批建设,可称为特大型项目。根据《建筑施工组织设计规范》(GB/T 50502—2009)施工组织总设计的主要内容如下:

(1)工程概况。

(2)总体施工部署。

(3)施工总进度计划。

(4)总体施工准备与主要资源配置计划。

(5)主要施工方法。

(6)施工总平面布置。

2.单位工程施工组织设计的内容

单位工程施工组织设计是以单位(子单位)工程为主要对象编制的施工组织设计,对单位(子单位)工程的施工过程起指导和制约作用。单位工程和子单位工程的划分原则,在《建筑工程施工质量验收统一标准》(GB 50300—2013)中已经明确。需要说明的是,对于已经编制了施工组织总设计的项目,单位工程施工组织设计应是施工组织总设计的进一步具体化,直接指导单位工程的施工管理和技术经济活动。参考《建筑施工组织设计规范》(GB/T 50502—2009),单位工程施工组织设计的主要内容如下:

(1)工程概况。

(2)施工部署。

(3)施工进度计划。

(4)施工准备与资源配置计划。

(5)主要施工方案。

(6)施工现场平面布置。

3.施工方案的内容

施工方案是以分部(分项)工程或专项工程为主要对象编制的施工技术与组织方案,用以具体指导其施工过程。施工方案在某些时候也被称为分部(分项)工程或专项工程施工组织设计,但考虑到通常情况下施工方案是施工组织设计的进一步细化,是施工组织设计的补充,施工组织设计的某些内容在施工方案中不需赘述,因而《建筑施工组织设计规范》(GB/T 50502—2009)将其定义为施工方案。在该规范中规定施工方案的主要内容如下:

(1)工程概况。

(2)施工安排。

(3)施工进度计划。

(4)施工准备与资源配置计划。

(5)施工方法及工艺要求。

4. 施工管理规划

《建筑施工组织设计规范》(GB/T 50502—2009)对施工管理规划做了如下的解释和规定:施工管理计划应包括进度管理计划、质量管理计划、安全管理计划、环境管理计划、成本管理计划,以及其他管理计划等内容。施工管理计划在目前多作为管理和技术措施编制在施工组织设计中,这是施工组织设计必不可少的内容。施工管理计划涵盖很多方面的内容,可根据工程的具体情况加以取舍。在编制施工组织设计时,各项管理计划可单独成章,也可穿插在施工组织设计的相应章节中。各项管理计划的制订,应根据项目的特点有所侧重。

▶ 任务二 施工组织设计的编制方法

以下内容主要参考《建筑施工组织设计规范》(GB/T 50502—2009)。

一、施工组织设计的编制原则

(1)符合施工合同或招标文件中有关工程进度、质量、安全、环境保护、造价等方面的要求。

(2)积极开发、使用新技术和新工艺,推广应用新材料和新设备(在目前市场经济条件下,企业应当积极利用工程特点,组织开发、创新施工技术和施工工艺)。

施工组织设计方案示范文本

(3)坚持科学的施工程序和合理的施工顺序,采用流水施工和网络计划等方法,科学配置资源,合理布置现场,采取季节性施工措施,实现均衡施工,达到合理的经济技术指标。

(4)采取技术和管理措施,推广建筑节能和绿色施工。

(5)与质量、环境和职业健康安全三个管理体系有效结合(为保证持续满足过程能力和质量保证的要求,国家鼓励企业进行质量、环境和职业健康安全管理体系的认证制度,且目前这两个管理体系的认证在我国建筑行业中已较普及,并且建立了企业内部管理体系文件,编制施工组织设计时,不应违背上述管理体系文件的要求)。

二、施工组织设计的编制依据

(1)与工程建设有关的法律、法规和文件。

(2)国家现行的有关标准和技术经济指标。

(3)工程所在地区行政主管部门的批准文件,建设单位对施工的要求。

(4)工程施工合同和招标投标文件。

(5)工程设计文件。

(6)工程施工范围内的现场条件和工程地质、水文地质、气象等自然条件。

(7)与工程有关的资源供应情况。

(8)施工企业的生产能力、机具设备状况、技术水平等。

三、施工组织设计的编制和审批

(1)施工组织设计应由项目负责人主持编制,可根据需要分阶段编制和审批。有些分期、分批建设的项目跨越时间很长,还有些项目地基基础、主体结构、装修装饰和机电设备安装并不是由一个总承包单位完成,此外还有一些特殊情况的项目,在征得建设单位同意的情况下,施工单位可分阶段编制施工组织设计。

(2)施工组织总设计应由总承包单位技术负责人审批;单位工程施工组织设计应由施工单位技术负责人或技术负责人授权的技术人员审批,施工方案应由项目技术负责人审批;重点、难点分部(分项)工程和专项工程的施工方案应由施工单位技术部门组织相关专家评审,施工单位技术负责人批准。

在《建设工程安全生产管理条例》中规定:对下列达到一定规模的危险性较大的分部(分项)工程编制专项施工方案,并附具安全验算结果,经施工单位技术负责人、总监理工程师签字后实施。

①基坑支护与降水工程。

②土方开挖工程。

③模板工程。

④起重吊装工程。

⑤脚手架工程。

⑥拆除爆破工程。

⑦国务院建设行政主管部门或者其他有关部门规定的其他危险性较大的工程。

以上所列工程中涉及深基坑、地下暗挖工程、高大模板工程的专项施工方案,施工单位还应当组织专家进行论证、审查。除上述《建设工程安全生产管理条例》中规定的分部(分项)工程外,施工单位还应根据项目特点和地方政府部门有关规定,对具有一定规模的重点、难点分部(分项)工程进行相关论证。

(3)由专业承包单位施工的分部(分项)工程或专项工程的施工方案,应由专业承包单位技术负责人或技术负责人授权的技术人员审批;有总承包单位时,应由总承包单位项目技术负责人核准备案。

(4)规模较大的分部(分项)工程和专项工程的施工方案应按单位工程施工组织设计进行编制和审批。

有些分部(分项)工程或专项工程,如主体结构为钢结构的大型建筑工程,其钢结构分部规模很大且在整个工程中占有重要的地位,需另行分包,遇有这种情况的分部(分项)工程或专项工程,其施工方案应按施工组织设计进行编制和审批。

四、施工组织设计的动态管理

(1)项目施工过程中,发生以下任意一个情况时,施工组织设计应及时进行修改或补充。

①工程设计有重大修改。

当工程设计图纸发生重大修改时,如地基基础或主体结构的形式发生变化、装修材料或做法发生重大变化、机电设备系统发生大的调整等,需要对施工组织设计进行修改;对工程设计图纸的一般性修改,视变化情况对施工组织设计进行补充;对工程设计图纸的细微修改或更正,施工组织设计则不需调整。

②有关法律、法规、规范和标准实施、修订和废止。

当有关法律、法规、规范和标准开始实施或发生变更,并涉及工程的实施、检查或验收时,施工组织设计需要进行修改或补充。

③主要施工方法有重大调整。

由于主客观条件的变化,施工方法有重大变更,原来的施工组织设计已不能正确地指导施工时,需要对施工组织设计进行修改或补充。

④主要施工资源配置有重大调整。

当施工资源的配置有重大变更,并且影响到施工方法的变化或对施工的进度、质量、安全、环境、造价等造成潜在的重大影响时,需对施工组织设计进行修改或补充。

⑤施工环境有重大改变。

当施工环境发生重大改变,如施工延期造成季节性施工方法变化,施工场地变化造成现场布置和施工方式改变等,致使原来的施工组织设计已不能正确地指导施工时,需对施工组织设计进行修改或补充。

(2)经修改或补充的施工组织设计应重新审批后实施。

(3)项目施工前应进行施工组织设计逐级交底,项目施工过程中,应对施工组织设计的执行情况进行检查、分析并适时调整。

模块五 施工准备

内容提要

(1)施工技术准备。
(2)资源准备,包括物质准备和劳动组织准备。
(3)施工现场准备。

施工准备内容

模块六　施工过程中的项目管理

内容提要

(1) 进度管理，包括横道图进度计划的编制、网络图进度计划编制、网络计划时间参数的计算、进度计划的调整及进度控制方法。

(2) 成本管理的任务，包括成本计划编制、成本控制、成本核算、成本分析、成本考核。

(3) 工程项目质量管理，主要包括质量控制体系的建立、施工质量控制、施工质量验收、施工质量不合格的处理等。

(4) 职业健康安全与环境管理体系、安全生产管理制度、事故应急预案和事故处理、施工现场职业健康安全与环境管理的要求。

(5) 合同的谈判与签约、合同的实施与索赔。

(6) 工程项目的信息门户、信息管理系统。

任务一　工程项目进度管理

第一节　进度管理的内涵与步骤

一、进度管理的内涵

进度通常是指工程项目实施的进展情况，在工程项目实施过程中要消耗时间（工期）、劳动力、材料、成本等才能完成项目任务。项目实施结果应该以项目任务的完成情况，主要是以项目的可交付成果的数量来表达的。但由于工程项目对象系统（技术系统）的复杂性，常常很难选定一个恰当的、统一的指标来全面反映工程项目的进度。

在现代项目管理中，人们赋予进度以综合的含义，它将项目的任务、工期、成本和资源消耗等有机地结合起来，形成一个综合的指标，能全面反映项目的实施状况。进度控制已不仅仅是传统意义上的工期控制，它还将工期与实物工程量、成本、资源消耗等统一起来。

工期和进度是两个既相互联系，又相互区别的概念。由工期计划可以得到各项目单元的计划工期的各个时间参数。它们分别表示各层次项目单元(包括整个项目)的持续时间、开始和结束时间、容许的变动余地(时差)等,定义各个工程活动的时间安排能反映工程的进展状况。

工期控制的目的是使工程实施活动与上述工期计划在时间上吻合,即保证各工程活动按计划及时开工、按时完成,保证计划的进度不推迟,进而保证总工期目标的实现。进度控制的总目标与工期控制是一致的,但控制过程中它不仅追求时间上的吻合,还追求在一定的时间内工程量的完成程度(劳动效率和劳动成果)或消耗的一致性。

(1)工期常常作为进度的一个指标,它在表示进度计划及其完成情况时有重要作用,所以进度控制首先表现为工期控制,工期控制有效才能达到进度控制有效,但仅用工期表达进度是不完全的,会产生误导。

(2)进度的拖延最终将表现为工期的拖延。

(3)对进度的调整常常表现为对工期的调整,为加快进度改变施工次序、增加资源投入则意味着通过采取措施缩短总工期。

二、进度管理的过程

(1)审核和批准工程的实施方案和进度计划,采用各种控制手段保证项目及各个工程活动按计划及时开始,记录各工程活动的开始和结束时间、完成程度、实施状况,保证各方按计划完成工作。

(2)在各控制期末(如月末、季末或一个工程阶段结束时)将各活动的完成程度与计划进行对比,确定各工程活动、里程碑计划以及整个项目的完成程度,并结合工期、交付成果的数量和质量、劳动效率、资源消耗和预算等指标,综合评价项目当前的进度状况,对重大的偏差做出解释,分析其中的问题和原因,找出需要采取纠正措施的地方。

(3)评定偏差对项目目标的影响,应结合后续工作分析项目进展趋势,预测后期进度状况、风险和机会。

(4)提出调整进度的措施。根据当前状况,对下期工作做出详细安排,如修改进度计划,发出暂停工程或加速指令;提出下期详细的进度执行计划,对一些已开始但尚未结束的项目单元的剩余时间作估算,调整网络计划(如变更逻辑关系、延长/缩短持续时间、增加新的活动等),重新进行网络分析,预测新的工期状况。

(5)对调整措施和新计划进行评审,检查调整措施的效果,分析新的工期是否符合目标要求,并处理工期索赔要求等。

施工方是工程实施的一个重要参与方,许许多多的工程项目,特别是大型重点建设工程项目的工期十分紧迫,施工方的工程进度压力非常大。数百天的连续施工,一天两班制施工,甚至24 h连续施工时有发生。若不能正常有序地施工,盲目赶工,难免会导致施工质量问题和施工安全问题的出现,并且会增加施工成本。因此,施工进度控制不仅关系施工进度目标能否实现,它还直接关系工程的质量和成本。在工程施工实践中,必须树立和坚持一个最基本的工程管理原则,即在确保工程质量的前提下控制工程的进度。

为了有效地控制施工进度,尽可能摆脱因进度压力而造成工程组织的被动,施工方有关管理人员应认真考虑:

(1)整个建设工程项目的进度目标如何确定;

(2)影响整个建设工程项目进度目标实现的主要因素有哪些;

(3)如何正确处理工程进度和工程质量的关系;

(4)施工方在整个建设工程项目进度目标实现中的地位和作用如何;

(5)影响施工进度目标实现的主要因素有哪些;

(6)施工进度控制的基本理论、方法、措施和手段有哪些等。

第二节　横道图进度计划编制

横道图是一种最简单、运用最广泛的传统的进度计划方法。尽管有许多新的计划技术,横道图在建设领域中的应用仍非常普遍。

通常横道图的表头为工作及其简要说明,项目进展表示在时间表格上,如图6-1所示。按照所表示工作的详细程度,时间单位可以为小时、天、周、月等。这些时间单位经常用日历表示,此时可表示非工作时间,如停工时间、公众假日、假期等。根据此横道图使用者的要求,工作可按照时间先后、责任、项目对象、同类资源等进行排序。

Visio 绘制甘特图

在横道图中,可将工作简要说明直接放在横道上,也可将最重要的逻辑关系标注在内。但是,如果将所有逻辑关系均标注在图上,则横道图的最大优点简洁性将丧失。

横道图计划表中的进度线(横道)与时间坐标相对应,这种表达方式较直观,读者易看懂计划编制的意图。但是,横道图进度计划法也存在一些问题,如:

(1)工序(工作)之间的逻辑关系可以设法表达,但不易表达清楚;

(2)只适用于手工编制计划;

(3)没有通过严谨的进度计划计算时间参数,不能确定计划的关键工作、关键路线与时差。

横道图的优缺点决定了它既有广泛的应用范围和很强的生命力,同时也有局限性。

(1)它可直接用于一些简单的小项目。由于活动较少,可以直接排工期计划。

(2)项目初期由于尚没有作详细的项目结构分解,工程活动之间复杂的逻辑关系尚未分析出来,一般人们都用横道图作总体计划。

(3)上层管理者一般仅需了解总体计划,因而适合用横道图表示。

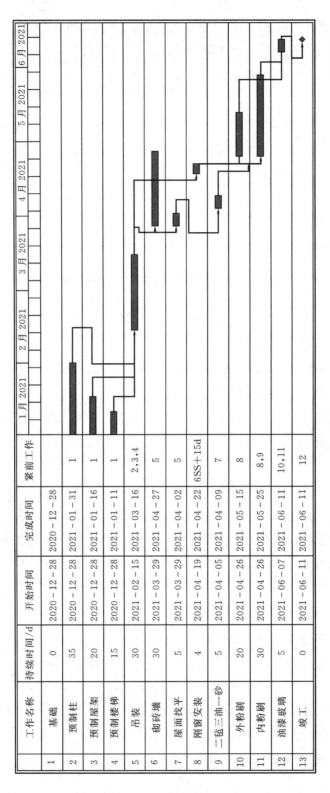

图6-1 项目进展

第三节　工程网络计划编制

网络计划与横道图相比,有如下特点:

(1)网络计划所表达的不仅仅是项目的工期计划,它实质上表示了项目组织工作流程。网络的使用能使项目管理者对项目过程有富于逻辑性的、系统的、通盘的考虑。

(2)网络分析能够给人们提供丰富的信息,如最早开始时间、最迟开始时间、各种时差等。

(3)可以十分方便地进行工期和资源的优化。

(4)给各层管理者提供十分清晰的关键线路。这对于计划的调整和控制的实施是非常重要的。

因此,网络计划方法具有广泛的适用性。除极少数情况外,它是最理想的工期计划和控制方法,特别在复杂的大型项目中更显示出它的优越性。它是现代项目管理中被人们普遍采用的计划方法。当然,网络图的绘制、分析和使用比较复杂,需要计算机作为分析工具。

一、双代号网络计划

(一)基本概念

双代号网络图是以箭线及其两端节点的编号表示工作的网络图,如图6-2所示。

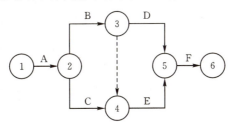

图6-2　双代号网络图

1.箭线(工作)

工作是泛指一项需要消耗人力、物力和时间的具体活动,也称工序、活动、作业。在双代号网络图中,每一条箭线表示一项工作。箭线的箭尾节点 i 表示该工作的开始,箭线的箭头节点 j 表示该工作的完成。工作名称可标注在箭线的上方,完成该项工作所需要的持续时间可标注在箭线的下方,如图6-3所示。由于一项工作需用一条箭线及其箭尾与箭头处两个圆圈中的号码来表示,故称为双代号网络计划。

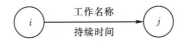

图6-3　双代号网络图工作的表示方法

在双代号网络图中,任意一条实箭线都要占用时间,且多数要消耗资源。在建设工程中,一条箭线表示项目中的一个施工过程,它可以是一道工序、一个分项工程、一个分部工程或一个单位工程,其粗细程度和工作范围的划分根据计划任务的需要确定。

在双代号网络图中,为了正确地表达图中工作之间的逻辑关系,往往需要应用虚箭线。虚箭线是实际工作中并不存在的一项虚设工作,故它们既不占用时间,也不消耗资源,一般用来表示工作之间的联系、区分或断路。

(1)联系是指应用虚箭线正确表达工作之间相互依存的关系。

(2)区分是指双代号网络图中每一项工作都必须用一条箭线和两个代号表示,当两项工作的代号相同时,应使用虚工作加以区分,如图6-4所示。

(3)断路是用虚箭线断掉多余联系,即在网络图中把无联系的工作连接上时,应加上虚工作将其断开。

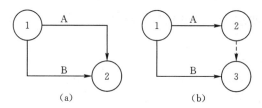

图6-4 虚箭线的区分作用

在无时间坐标的网络图中,箭线的长度原则上可以任意画,其占用的时间以下方标注的时间参数为准。箭线可以为直线、折线或斜线,但其行进方向均应从左向右。在有时间坐标的网络图中,箭线的长度必须根据完成该工作所需时间的长短按比例绘制。

在双代号网络图中,通常将工作用箭线 $i—j$ 表示。紧排在本工作之前的工作称为紧前工作;紧排在本工作之后的工作称为紧后工作;与之平行进行的工作称为平行工作。

2. 节点(又称结点、事件)

节点是网络图中箭线之间的连接点。在时间上节点表示指向某节点的工作全部完成后该节点后面的工作才能开始的瞬间,它反映前后工作的交接点。网络图中有三个类型的节点。

(1)起点节点,即网络图的第一个节点,它只有外向箭线(由节点向外指的箭线),一般表示一项任务或一个项目的开始。

(2)终点节点,即网络图的最后一个节点,它只有内向箭线(指向节点的箭线),一般表示一项任务或一个项目的完成。

(3)中间节点,即网络图中既有内向箭线,又有外向箭线的节点。

在双代号网络图中,节点应用圆圈表示,并在圆圈内标注编号。一项工作应当只有唯一的一条箭线和相应的一对节点,且要求箭尾节点的编号小于其箭头节点的编号,即 $i<j$,网络图节点的编号顺序应从小到大,可不连续,但不允许重复。

3. 线路

网络图中从起始节点开始,沿箭头方向顺序通过一系列箭线与节点,最后到达终点节点的通路称为线路。在一个网络图中可能有很多条线路,线路中各项工作持续时间之和就是该线路的长度,即线路所需要的时间。一般网络图有多条线路,可依次用该线路上的节点代号来记述。

在各条线路中,有一条或几条线路的总时间最长,称为关键线路,一般用双线或粗线标注。其他线路长度均小于关键线路,称为非关键线路。

4. 逻辑关系

网络图中工作之间相互制约或相互依赖的关系称为逻辑关系,它包括工艺关系和组织关系,在网络图中均应表现为工作之间的先后顺序。

(1) 工艺关系。生产性工作之间由工艺过程决定的,非生产性工作之间由工作程序决定的先后顺序称为工艺关系。

(2) 组织关系。工作之间由于组织安排需要或资源(人力、材料、机械设备和资金等)调配需要而确定的先后顺序关系称为组织关系。

网络图必须正确地表达整个工程或任务的工艺流程和各工作开展的先后顺序,以及它们之间相互依赖和相互制约的逻辑关系。因此,绘制网络图时必须遵循一定的基本规则和要求。

(二)绘图规则

(1) 双代号网络图必须正确表达已确定的逻辑关系。网络图中常见的各种工作逻辑关系的表示方法如表 6-1 所示。

表 6-1 网络图中常见的各种工作逻辑关系的表示方法

序号	工作之间的逻辑关系	网络图中的表示方法
1	A 完成后进行 B 和 C	
2	A、B 均完成后进行 C	
3	A、B 均完成后同时进行 C 和 D	
4	A 完成后进行 C, A、B 均完成后进行 D	

续表

序号	工作之间的逻辑关系	网络图中的表示方法
5	A、B 均完成进行 D， A、B、C 均完成进行 E， D、E 均完成进行 F	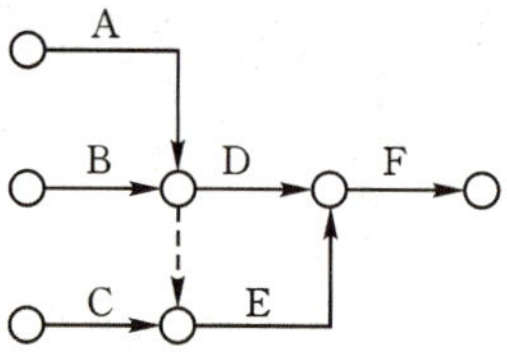
6	A、B 均完成后进行 C， B、D 均完成后进行 E	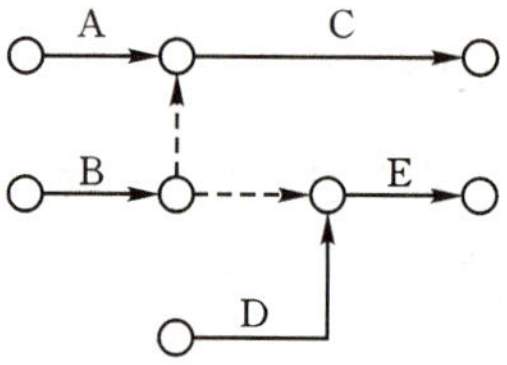
7	A、B、C 均完成后进行 D， B、C 均完成后进行 E	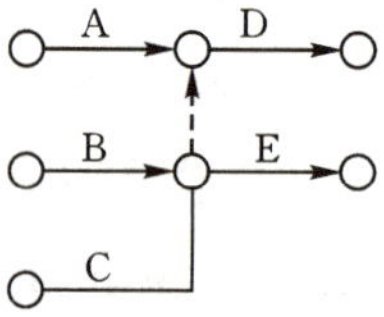
8	A 完成后进行 C， A、B 均完成后进行 D， B 完成后进行 E	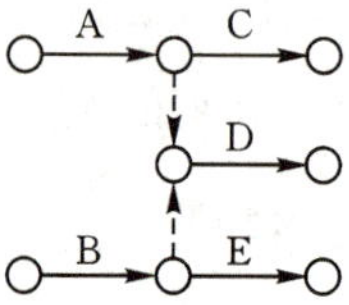
9	A、B 两项工作分为三个施工阶段，分段流水施工：A_1 完成后进行 A_2、B_1，A_2 完成后进行 A_3、B_2，A_2、B_1 均完成后进行 B_2，A_3、B_2 均完成后进行 B_3	有两种表示方法 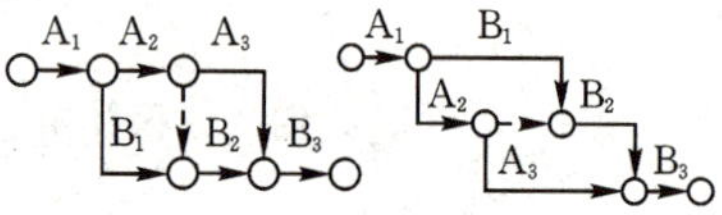

(2) 在双代号网络图中，不允许出现循环回路。所谓循环回路是指从网络图中的某一个节点出发，顺着箭线方向又回到原出发点的线路。

(3) 在双代号网络图中，在节点之间不能出现带双向箭头或无箭头的连线。

(4) 在双代号网络图中，不能出现没有箭头的节点或没有箭尾节点的箭线。

(5) 当双代号网络图的某些节点有多条外向箭线或多条内向箭线时，为使图形简洁，可使用母线法绘制（但应满足一项工作用一条箭线和相应的一对节点标识的要求），如图6-5所示。

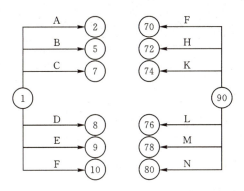

图 6-5 母线法绘图

(6)绘制网络图时,箭线不宜交叉。当交叉不可避免时,可采用过桥法或指向法,如图6-6所示。

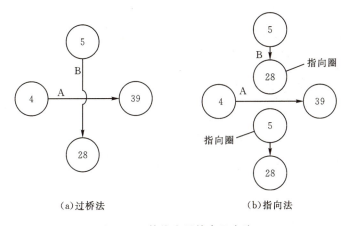

(a)过桥法　　　　　　　(b)指向法

图 6-6 箭线交叉的表示方法

(7)双代号网络图中应只有一个起点节点和一个终点节点(多目标网络计划除外),而其他所有节点均应是中间节点。

(8)双代号网络图应条理清楚,布局合理。例如,网络图中的工作箭线不宜画成任意方向或曲线形状,应尽可能用水平线或斜线;关键线路、关键工作尽可能安排在图面中心位置,其他工作分散在两边;避免倒回箭头等。

二、单代号网络计划

单代号网络图是以节点及其编号表示工作,以箭线表示工作之间逻辑关系的网络图,并在节点中加注工作代号、名称和持续时间,以形成单代号网络计划,如图6-7所示。

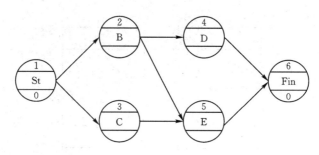

图 6-7 单代号网络计划图

（一）单代号网络图的特点

单代号网络图与双代号网络图相比，具有以下特点：
(1)工作之间的逻辑关系容易表达，且不用虚箭线，故绘图较简单；
(2)网络图便于检查和修改；
(3)由于工作持续时间表示在节点之中，没有长度，故不够直观；
(4)表示工作之间逻辑关系的箭线可能产生较多的纵横交叉现象。

（二）单代号网络图的基本符号

1. 节点

单代号网络图中的每一个节点表示一项工作，节点宜用圆圈或矩形表示。节点所表示的工作名称、持续时间和工作代号等应标注在节点内，如图 6-8 所示。

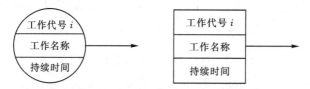

图 6-8 单代号网络图工作的表示方法

单代号网络图中的节点必须编号，编号标注在节点内，其号码可间断，但严禁重复。箭线的箭尾节点编号应小于箭头节点的编号。一项工作必须有唯一的一个节点及相应的一个编号。

2. 箭线

单代号网络图中的箭线表示紧邻工作之间的逻辑关系，既不占用时间，也不消耗资源。箭线应画成水平直线、折线或斜线。箭线水平投影的方向应自左向右，表示工作的行进方向。工作之间的逻辑关系包括工艺关系和组织关系，在网络图中均表现为工作之间的先后顺序。

3. 线路

在单代号网络图中，各条线路应用该线路上的节点编号从小到大依次表述。

（三）单代号网络图的绘图规则

(1)单代号网络图必须正确表达已确定的逻辑关系。

(2)在单代号网络图中,不允许出现循环回路。

(3)在单代号网络图中,不能出现双向箭头或无箭头的连线。

(4)在单代号网络图中,不能出现没有箭尾节点的箭线和没有箭头节点的箭线。

(5)绘制网络图时,箭线不宜交叉。当交叉不可避免时,可采用过桥法或指向法绘制。

(6)单代号网络图中应只有一个起点节点和一个终点节点。当网络图中有多个起点节点或终点节点时,应在网络图的两端分别设置一项虚工作,作为该网络图的起点节点(St)和终点节点(Fin)。

单代号网络图的绘图规则大部分与双代号网络图的绘图规则相同,故不再进行解释。

双代号时标
网络计划

单代号搭接
网络计划

第四节 工程网络计划时间参数的计算

一、双代号网络计划时间参数的计算

双代号网络计划时间参数计算的目的在于通过计算各项工作的时间参数,确定网络计划的关键工作、关键线路和计算工期,为网络计划的优化、调整和执行提供明确的时间参数。双代号网络计划时间参数的计算方法很多,一般常用的有按工作计算和按节点计算两种。以下只讨论按工作计算在图上进行计算的方法。

(一)时间参数的概念及其符号

1. 工作持续时间(D_{i-j})

工作持续时间是一项工作从开始到完成的时间。

2. 工期(T)

工期泛指完成任务所需要的时间,一般有以下三种:

(1)计算工期,根据网络计划时间参数计算出来的工期,用 T_c 表示。

(2)要求工期,任务委托人所要求的工期,用 T_r 表示。

(3)计划工期,根据要求工期和计算工期所确定的作为实施目标的工期,用 T_p 表示。

网络计划的计划工期 T_p 应按下列情况分别确定:

①当已规定了要求工期 T_r 时:

$$T_p \leqslant T_r$$

②当未规定要求工期时,可令计划工期等于计算工期:

$$T_p = T_c$$

3. 网络计划中工作的六个时间参数

(1)最早开始时间(ES_{i-j}),是指在各紧前工作全部完成后,工作 $i-j$ 有可能开始的最早时刻。

(2)最早完成时间(EF_{i-j}),是指在各紧前工作全部完成后,工作 $i-j$ 有可能完成的最早时刻。

(3)最迟开始时间(LS_{i-j}),是指在不影响整个任务按期完成的前提下,工作 $i-j$ 必须开始的最迟时刻。

(4)最迟完成时间(LF_{i-j}),是指在不影响整个任务按期完成的前提下,工作 $i-j$ 必须完成的最迟时刻。

(5)总时差(TF_{i-j}),是指在不影响总工期的前提下,工作 $i-j$ 可以利用的机动时间。

(6)自由时差(FF_{i-j}),是指在不影响其紧后工作最早开始的前提下,工作 $i-j$ 可以利用的机动时间。

按工作计算法计算网络计划中各时间参数,其计算结果应标注在箭线之上,如图 6-9 所示。

图 6-9 按工作计算法的标注内容

(二)双代号网络计划时间参数计算

按工作计算法在网络图上计算六个工作时间参数,必须在清楚计算顺序和计算步骤的基础上,列出必要的公式,以加深对时间参数计算的理解。时间参数的计算步骤如下。

1. 最早开始时间和最早完成时间的计算

工作最早时间参数受到紧前工作的约束,故其计算顺序应从起点节点开始,顺着箭线方向依次逐项计算。

以网络计划的起点节点为开始节点的工作最早开始时间为零,如果网络计划起点节点的编号为1,则:

$$ES_{i-j} = 0 \quad (i=1)$$

最早完成时间等于最早开始时间加上其持续时间:

$$EF_{i-j}=ES_{i-j}+D_{i-j}$$

最早开始时间等于各紧前工作的最早完成时间 EF_{h-i} 的最大值：

$$ES_{i-j}=\max\{EF_{h-i}\}$$

或

$$ES_{i-j}=\max\{ES_{h-i}+D_{h-i}\}$$

2. 确定计算工期 T_c

计算工期等于以网络计划的终点节点为箭头节点的各个工作的最早完成时间的最大值。当网络计划终点节点的编号为 n 时，计算工期：

$$T_c=\max\{EF_{i-n}\}$$

当无要求工期的限制时，取计划工期等于计算工期，即取 $T_P=T_c$。

3. 最迟开始时间和最迟完成时间的计算

工作最迟时间参数受到紧后工作的约束，故其计算顺序应从终点节点起，逆着箭线方向依次逐项计算。

以网络计划的终点节点（$j=n$）为箭头节点的工作的最迟完成时间等于计划工期，即：

$$LF_{i-n}=T_P$$

最迟开始时间等于最迟完成时间减去其持续时间：

$$LS_{i-j}=LF_{i-j}-D_{i-j}$$

最迟完成时间等于各紧后工作的最迟开始时间 LS_{j-k} 的最小值：

$$LF_{i-j}=\min\{LS_{j-k}\}$$

或

$$LF_{i-j}=\min\{LF_{j-k}-D_{j-k}\}$$

4. 计算工作总时差

总时差等于其最迟开始时间减去最早开始时间，或等于最迟完成时间减去最早完成时间，即：

$$TF_{i-j}=LS_{i-j}-ES_{i-j}$$

或

$$TF_{i-j}=LF_{i-j}-EF_{i-j}$$

5. 计算自由时差

当工作 $i-j$ 有紧后工作 $j-k$ 时，其自由时差应为

$$FF_{i-j}=ES_{j-k}-EF_{i-j}$$

或

$$FF_{i-j}=ES_{j-k}-ES_{i-j}-D_{i-j}$$

以网络计划的终点节点（$j=n$）为箭头节点的工作，其自由时差 EF_{i-n} 应按网络计划的计划工期 T_p 确定，即：

$$FF_{i-n}=T_p-EF_{i-n}$$

（三）关键工作和关键线路的确定

1. 关键工作

网络计划中总时差最小的工作是关键工作。

2. 关键线路

自始至终全部由关键工作组成的线路为关键线路，或线路上总的工作持续时间最长的线路为关键线路。网络图上的关键线路可用双线或粗线标注。

二、单代号网络计划时间参数的计算

单代号网络计划时间参数的计算应在确定各项工作的持续时间之后进行。时间参数的计算顺序和计算方法基本上与双代号网络计划时间参数的计算相同。单代号网络计划时间参数的标注形式如图6-10所示。

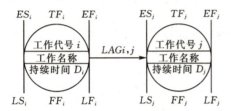
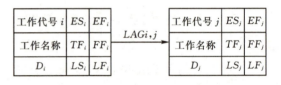

图6-10　单代号网络计划时间参数的标注形式

1. 计算最早开始时间和最早完成时间

网络计划中各项工作的最早开始时间和最早完成时间的计算应从网络计划的起点节点开始，顺着箭线方向依次逐项计算。

网络计划的起点节点的最早开始时间为零。如果起点节点的编号为1，则：

$$ES_i = 0 (i=1)$$

工作最早完成时间等于该工作最早开始时间加上其持续时间，即：

$$EF_i = ES_i + D_i$$

工作最早开始时间等于该工作的各个紧前工作的最早完成时间的最大值，如工作 j 的紧前工作的代号为 i，则：

$$ES_j = \max\{EF_i\}$$

或

$$ES_j = \max\{ES_i + D_i\}$$

式中 ES_j——工作 j 的各项紧前工作的最早开始时间。

2. 网络计划的计算工期 T_c

T_c 等于网络计划的终点节点 n 的最早完成时间 EF_n，即：

$$T_c = EF_n$$

3. 计算相邻两项工作之间的时间间隔 $LAG_{i,j}$

相邻两项工作 i 和 j 之间的时间间隔 $LAG_{i,j}$ 等于紧后工作 j 的最早开始时间 ES_j 和本工作的最早完成时间 EF_i 之差,即:

$$LAG_{i,j} = ES_j - EF_i$$

4. 计算工作总时差 TF_i

工作 i 的总时差 TF_i 应从网络计划的终点节点开始,逆着箭线方向依次逐项计算。网络计划终点节点的总时差 TF_n,如计划工期等于计算工期,其值为零,即:

$$TF_n = 0$$

其他工作的总时差 TF_i 等于该工作的各个紧后工作 j 的总时差 TF_j 加该工作与其紧后工作之间的时间间隔 $LAG_{i,j}$ 之和的最小值,即:

$$TF_i = \min\{TF_j + LAG_{i,j}\}$$

5. 计算工作自由时差

工作 i 若无紧后工作,其自由时差 FF_i 等于计划工期 T_p 减该工作的最早完成时间 EF_n,即:

$$FF_n = T_p - EF_n$$

当工作 i 有紧后工作 j 时,其自由时差 FF_i 等于该工作与其紧后工作 j 之间的时间间隔 $LAG_{i,j}$ 的最小值,即:

$$FF_i = \min\{LAG_{i,j}\}$$

6. 计算工作的最迟开始时间和最迟完成时间

工作 i 的最迟开始时间 LS_i 等于该工作的最早开始时间 ES_i 与其总时差 TF_i 之和,即:

$$LS_i = ES_i + TF_i$$

工作 i 的最迟完成时间 LF_i 等于该工作的最早完成时间 EF_i 与其总时差 TF_i 之和,即:

$$LF_i = EF_i + TF_i$$

7. 关键工作和关键线路的确定

(1)总时差最小的工作是关键工作。

(2)从起点节点开始到终点节点均为关键工作,且所有工作的时间间隔为零的线路为关键线路。

第五节 进度计划的调整

(一)网络计划调整的对象

(1)调整关键线路的长度。

（2）调整非关键工作时差。

（3）增、减工作项目。

（4）调整逻辑关系。

（5）重新估计某些工作的持续时间。

（6）对资源的投入做相应调整。

Project 编制
进度计划

（二）网络计划调整的具体方法

1. 调整关键线路的方法

（1）当关键线路的实际进度比计划进度拖后时，应在尚未完成的关键工作中，选择资源强度小或费用低的工作缩短其持续时间，并重新计算未完成部分的时间参数，将其作为一个新计划实施。

（2）当关键线路的实际进度比计划进度提前时，若不拟提前工期，应选用资源占用量大或者直接费用高的后续关键工作，适当延长其持续时间，以降低其资源强度或费用；当确定要提前完成计划时，应将计划尚未完成的部分作为一个新计划，重新确定关键工作的持续时间，按新计划实施。

2. 非关键工作时差的调整方法

非关键工作时差的调整应在其时差的范围内进行，以便更充分地利用资源、降低成本或满足施工的需要。每一次调整后都必须重新计算时间参数，观察该调整对计划全局的影响。可采用以下几种调整方法：

（1）将工作在其最早开始时间与最迟完成时间范围内移动。

（2）延长工作的持续时间。

（3）缩短工作的持续时间。

3. 增、减工作项目时的调整方法

增、减工作项目时应符合下列规定：

（1）不打乱原网络计划的逻辑关系，只对局部逻辑关系进行调整。

（2）在增、减工作后应重新计算时间参数，分析对原网络计划的影响；当对工期有影响时，应采取调整措施，以保证计划工期不变。

4. 调整逻辑关系

逻辑关系的调整只有当实际情况要求改变施工方法或组织方法时才可进行。调整时应避免影响原定计划工期和其他工作的顺利进行。

5. 调整工作的持续时间

当发现某些工作的原持续时间估计有误或实现条件不充分时，应重新估算其持续时间，并重新计算时间参数,尽量使原计划工期不受影响。

6.调整资源的投入

当资源供应发生异常时,应采用资源优化方法对计划进行调整,或采取应急措施,使其对工期的影响最小。

网络计划的调整,可以定期进行,亦可根据计划检查的结果在必要时进行。

第六节　进度控制

一、基础知识

（一）进度控制的措施

1.组织措施

正如前文所述,组织是目标能否实现的决定性因素,为实现项目的进度目标,应充分重视健全项目管理的组织体系。在项目组织结构中应有专门的工作部门和符合进度控制岗位资格的专人负责进度控制工作。

进度控制的主要工作环节包括分析和论证进度目标、编制进度计划、定期跟踪进度计划的执行情况、采取纠偏措施以及调整进度计划。这些工作任务和相应的管理职能应在项目管理组织设计的任务分工表和管理职能分工表中标示并落实。

应编制项目进度控制的工作流程,如：

（1）定义项目进度计划系统的组成；

（2）各类进度计划的编制程序、审批程序和计划调整程序等。

进度控制工作包含了大量的组织和协调工作,而会议是组织和协调的重要手段,应进行有关进度控制会议的组织设计,以明确：

（1）会议的类型；

（2）各类会议的主持人及参加单位和人员；

（3）各类会议的召开时间；

（4）各类会议文件的整理、分发和确认等。

2.管理措施

建设工程项目进度控制的管理措施涉及管理的思想、管理的方法、管理的手段、承发包模式、合同管理和风险管理等。在理顺组织的前提下,科学和严谨的管理显得十分重要。建设工程项目进度控制在管理观念方面存在的主要问题是：

（1）缺乏进度计划系统的观念,分别编制各种独立而互不联系的计划,形成不了计划系统；

（2）缺乏动态控制的观念,只重视计划的编制,而不重视及时地进行计划的动态调整。

(3)缺乏进度计划多方案比较和选优的观念,合理的进度计划应体现资源的合理使用、工作面的合理安排,且有利于提高建设质量,有利于文明施工和有利于合理地缩短建设周期。

用工程网络计划的方法编制进度计划必须严谨地分析和考虑工作之间的逻辑关系,通过工程网络的计算可发现关键工作和关键线路,也可知道非关键工作可使用的时差。工程网络计划的方法有利于实现进度控制的科学化。

承发包模式的选择直接关系到工程实施的组织和协调。为了实现进度目标,应选择合理的合同结构,以避免产生过多的合同交界面而影响工程的进展。工程物资的采购模式对进度也有直接的影响,对此应做比较分析。

为实现进度目标,不但应进行进度控制,还应注意分析影响工程进度的风险,并在分析的基础上采取风险管理措施,以减少进度失控的风险量。影响工程进度的常见风险有:

(1)组织风险;

(2)管理风险;

(3)合同风险;

(4)资源(人力、物力和财力)风险;

(5)技术风险等。

重视信息技术(包括相应的软件、局域网、互联网以及数据处理设备)在进度控制中的应用。虽然信息技术对进度控制而言只是一种管理手段,但它的应用有利于提高进度信息处理的效率,有利于提高进度信息的透明度,有利于促进进度信息的交流和项目各参与方的协同工作。

3. 经济措施

建设工程项目进度控制的经济措施涉及资金需求计划、资金供应的条件和经济激励措施等。为确保进度目标的实现,应编制与进度计划相适应的资源需求计划(资源进度计划),包括资金需求计划和其他资源(人力和物力资源)需求计划,以反映工程实施各时段所需要的资源。通过资源需求的分析,可发现所编制的进度计划实现的可能性,若资源条件不具备,则应调整进度计划。资金需求计划也是工程融资的重要依据。

资金供应条件包括可能的资金总供应量、资金来源(自有资金和外来资金),以及资金供应的时间。在工程预算中应考虑加快工程进度所需要的资金,其中包括为实现进度目标将要采取的经济激励措施所需要的费用。

4. 技术措施

建设工程项目进度控制的技术措施涉及对实现进度目标有利的设计技术和施工技术的选用。不同的设计理念、设计技术路线、设计方案会对工程进度产生不同的影响。在设计工作的前期,特别是在设计方案评审和选用时,应对设计技术与工程进度的关系做分析比较。在工程进度受阻时,应分析是否存在设计技术的影响因素,为实现进度目标有无设计变更的可能性。

施工方案对工程进度有直接的影响,在决策其是否选用时,不仅应分析技术的先进性和经济合理性,还应考虑其对进度的影响。在工程进度受阻时,应分析是否存在施工技术的影响因素,为实现进度目标有无改变施工技术、施工方法和施工机械的可能性。

(二)进度滞后的措施

1. 基本策略

对已产生的进度拖延有如下的基本策略:

(1)采取积极措施赶工,调整后期计划,以弥补或部分地弥补已经产生的拖延。

(2)不采取特别的措施,在目前进度状态的基础上,仍按照原计划安排后期工作。但通常情况下,拖延的影响会越来越大。有时刚开始仅一两周的拖延,到最后会导致数月拖延。这是一种消极的办法,最终结果必然损害工期目标和经济效益,如被罚款,因不能及时投产无法实现预期收益等。

策略的选择应符合项目的总目标与总战略。

2. 工期压缩问题

在实际工程中,工期压缩一般在以下情况下发生。

(1)在计划阶段,当计划总工期大于限定总工期,或计算机网络分析结果出现负时差的情况下,必须进行计划的调整,压缩关键线路的工期。

(2)在实施阶段出现工期拖延情况,按照拖延责任不同又可以分为:

①由于承包商自身责任造成工期的拖延,其有责任采取赶工措施,使工程按原计划竣工;

②由于业主责任,或业主风险,或不可抗力影响导致工程拖延,但业主或上级要求承包商采取措施弥补或部分弥补拖延的工期;

(3)工程正常进行,但由于市场变化,或业主和上层组织目标的变化,在项目实施过程中要求项目提前竣工,则必须采取措施压缩工期。

3. 可以采取的赶工措施

在上述情况下,都必须进行工期计划的调整,压缩关键线路的工期。这是一项十分复杂且计算机也无法取代的技术性工作。在实际工程中经常采用以下赶工措施。

(1)增加资源投入,如增加劳动力、材料、周转材料和设备的投入量以缩短关键活动的持续时间。这是最常用的办法。它会带来以下问题:

①造成费用的增加,如增加人员的调遣费用、周转材料一次性费用、设备的进出场费。所以常常要权衡如何在尽量少增加费用的前提下最大限度地缩短项目所需时间。

②因增加资源造成资源使用效率的降低。

③加剧资源供应的困难,如有些资源不具有增加的可能性,因此将加剧企业多项目之间或工序之间对资源的激烈竞争。

(2)重新分配资源,重新进行劳动组合,如在条件允许的情况下,减少非关键线路活动资源的投入强度,而将它们向关键线路集中。非关键线路在时差范围内适当延长不影响总工期,而关键线路由于增加了投入,缩短了持续时间,进而缩短了总工期。例如,将服务部门的人员投入到生产中去,投入风险准备资源等。

(3)采用多班制施工,或延长工作时间。这会受到法定劳动时间的限制。另外,人们在加班期间的劳动效率降低,又需对他们进行高额补偿,导致成本大幅度增加。

(4)减少工作范围,包括减少工程量或删去一些工作包(或分项工程)。采用该方法时,应注意以下两点。

①对工程的完整性,以及经济、安全、高效率运行是否产生影响。

②必须经过上层管理者,如投资者、业主的批准。

(5)通过培训员工,改善工具、器具,优化工作过程等措施,提高劳动生产率。

①加强培训,它将增加费用,且需要时间,通常培训应尽可能地提前。

②注意劳动力组合中工人级别与工人技能的协调。

③建立工作激励机制,例如发放奖金、激励团队精神、实行个人负责制、明确目标等。

④改善工作环境及项目的公用设施。

⑤避免项目组织中的矛盾,多沟通。

(6)将原计划由自己承担的某些分项工程分包给其他单位,将原计划由自己生产的结构件改为外购等。当然这不仅有风险,产生新的费用,还增加了控制和协调工作。

(7)改变网络计划中工程活动的逻辑关系,具体措施如下。

①将正常情况下的前后顺序工作(如设计阶段与施工阶段)改为并行工作。

②流水作业能够很明显地缩短工期,所以在场地允许的情况下,应尽可能采用流水施工的方法。

③合理地搭接。例如,平整场地和设备进场在关键线路上,如果采用-3天的搭接(图6-11),则比不搭接(即 $FTS=0$)节约3天时间。

图 6-11 合理搭接

但是,上述这些安排可能产生以下问题。

①工程活动逻辑上的矛盾性。

②资源的限制,平行施工要增加资源的投入强度,尽管投入总量不变。

③工作面限制及由此产生的现场混乱和低效率等问题。

(8)修改实施方案,采用技术措施,如将占用工期时间长的现场制造方案改为场外预制,场内拼装;采用外加剂,以缩短混凝土的凝固时间,缩短拆模期等。这样可加快施工速度,同时将自己的人力、物力集中到关键线路活动上。当然,不仅要保证有可用的资源,也要考虑可能造成的成本超支。

例如,在一个国际工程中,原施工方案为现浇混凝土,工期较长。进一步调查发现该国技术木工缺乏,劳动力的素质和可培训性较差,无法保证原工期。后来采用预制构件,现场装配施工方案,则大大缩短了工期。

(9)将一些工作包合并,特别是在关键线路上按先后顺序实施的工作包合并,与实施者共同研究,通过局部地调整实施过程和人力、物力的分配,达到缩短工期的目的。

通常,A_1、A_2 两项工作如果由两个单位分包按顺序施工(图 6-12),则它的持续时间较长。而若将它们合并为 A,由一个单位来完成,则持续时间就会大大缩短。主要原因如下所示。

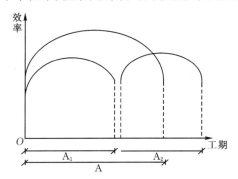

图 6-12 分开施工与合并施工的效率比较

①两个单位分别承担 A_1、A_2 两项工作,它们都经过前期准备、正常施工和后期检查等过程,则平均效率很低。

②由于由两个单位分别承担这两项工作,中间有一个对 A_1 工作的检查、场地打扫和交接,以及对 A_2 分开施工与合并施工的效率比较工作的准备过程,将使工期延长,这是由分包合同或工作任务单所决定的。

③如果合并为一个单位完成,则平均效率会较高,而且许多工作能够穿插进行。

④实践证明,采用"设计-施工"总承包,或项目管理总承包,比采用分阶段、分专业平行承包的工期大大缩短。

从上述分析可见,解决进度拖延有许多方法,但每种方法都有其适用和限制条件,且都将带来一些负面影响,如导致劳动效率降低,资源投入增加,出现逻辑关系矛盾,工程成本增加,质量降低和安全事故等。管理者在选择时应做出周密的考虑和权衡,将其作为一个新的综合的计划过程来处理,必须明确对项目其他目标可能产生的影响。

从总体上说,赶工措施应该是有效的、可以实现的,而且费用比较省,对项目的实施和对承包商、供应商等的影响较小。

4. 压缩对象的合理选择

压缩对象的选择，即被压缩的工程活动的选择，是工期压缩的又一个复杂问题。当然，只有直接压缩关键线路上活动（或时差小于 0 的活动）的持续时间，才能压缩总工期（或消除负时差）。在许多计算机网络分析程序中，事先由管理者定义工程活动的优先级，计算机再按优先级顺序压缩工期。

压缩对象的选择（或优先级的定义）一般应考虑如下因素。

(1) 首先选择持续时间较长的活动。相同的压缩量对持续时间长的活动相对压缩比小，则通常影响较小。

(2) 选择压缩成本低的活动。工程活动持续时间的变化会引起该活动资源投入量和劳动效率的变化，最终会引起该活动成本的变化。某活动因压缩单位时间所需增加的成本称为该活动的压缩成本（图 6-13）。通常由于原来的持续时间是经过优化的，所以一般压缩工期都会造成成本的增加。而且，同一活动如果继续压缩，其压缩成本会不断上升，即在图 6-13 中，$\Delta C_1 < \Delta C_2$。这种成本的高速增加有十分复杂的原因，最主要的原因是资源投入量的增加和劳动效率的降低。

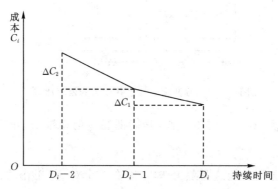

图 6-13 工程活动的工期压缩成本

例如，D 和 H 两个工程的劳动力投入量都是 10 人，则 D 压缩 2 周须增加劳动力为

$$\Delta L = 10 \text{人} \times 10 \text{周}/8 \text{周} - 10 \text{人} = 2.5 \text{人}$$

而 H 压缩 2 周须增加劳动力为

$$\Delta L = 10 \text{人} \times 5 \text{周}/3 \text{周} - 10 \text{人} = 6.7 \text{人}$$

显然，在劳动力费用方面 H 的压缩成本要高于 D。如果再将 D 由 8 周压缩到 6 周，假定劳动效率没有变化，则需要投入的人数为

$$\Delta L = 10 \text{人} \times 10 \text{周}/6 \text{周} - 12.5 \text{人} = 16.7 - 12.5 = 4.2 \text{人}$$

即 D 第一次压缩 2 周需增加 2.5 人，而第二次压缩 2 周需增加 4.2 人。而且在实际工程中，第二次压缩会造成劳动效率大幅度降低，需增加的人数会超过 4.2 人。

(3) 在压缩所引起的资源的变化中，应考虑资源的增加量，必须增加的资源的种类、范围、可获得性等,尽量不要增加大型设备数量和难以采购的材料(如进口材料),也不要对计划进行过大的修改。

(4)可压缩性。无论是一个工程项目的总工期,还是一个活动的持续时间都存在可压缩性或工期弹性问题。在不缩小项目范围的条件下,有些活动由于技术规范要求、资源限制、法律限制是不可压缩的,或经过压缩(优化)以后渐渐变成不可压缩的,它的工期弹性越来越小,接近最短工期限制。

(5)考虑其他方面的影响。例如在定义优先级时,对需要较长前期准备时间的活动、持续时间长的活动、关键活动赋予较高的优先级。

选择压缩(调整)对象时,经常会遇到这个问题:选择前期(近期)活动还是选择后期活动。

①选择前期(近期)活动,则以后工期需要再作调整(压缩)时则仍有余地。但近期活动压缩的影响面较大,这可以从网络上看出来。项目初期活动的变化,会使后面许多活动都要提前,则与这些活动相关的供应计划、劳动力安排、分包合同等都要变动。

②选择后期(远期)的活动(如结束节点)则影响面较小。但以后如果再要压缩工期将很困难,因为活动持续时间的可压缩性是有限的。

一般在计划期,由于工程活动都未作明确的安排(如尚未签订合同、订购材料),可以考虑压缩前期活动;而在实施中尽量考虑压缩后期活动,以减小影响面。

5.实际赶工中应注意的问题

在实际工作中,人们常常采取了许多事先认为有效的赶工措施,但实际效果却不好,常常达不到预期的缩短工期的效果,其原因如下。

(1)这些赶工计划是在无正常计划期的状态下做出的,常常是不周全的。

(2)缺少沟通协调,没有将加速的要求、措施、新的计划,以及可能引发的问题通知到和项目相关的各方,如其他分包商、供应商、运输单位和设计单位等。因此,应将调整后的进度计划及时通知和项目相关的各方。若进度调整对其他方有影响,或需要其配合,则应让其参与进度调整的决策和计划过程。

(3)人们对此前造成的拖延问题的影响认识不清。例如,由于外界干扰,到目前为止已造成两周的拖延,实质上这些影响是有惯性的,还会继续扩大。因此,即使现在采取了措施,在一段时间内,其效果可能不明显,工期拖延的影响仍会继续扩大。

(4)人们在分析情况和采取措施时,常常都将重点放在时间问题上,而忽视其他问题。

二、项目案例

港珠澳大桥项目将计划进度管理纳入建设项目管理的核心要素之一,通过制订工期及进度目标,构建健全的计划进度管理体系,制订专项管理制度和办法,明确各参建单位计划管控职责,严格进度计划编制与资源配置,加强计划落实与监督,切实保障项目按照预定目标有序实施。对于10个合同段同时参战的超大规模项目,施工组织上明确了岛隧工程作为关键线路,同时依次展开桥梁工程、铺装工程、交通工程共4条战线。在各条战线中,通过招标明确了各标段工期与里程碑节点,作为合同履约的重要内容,10个合同段里程碑的完成状态是决定项目总体工期控制成败的关键。表6-3显示了港珠澳大桥主体工程实施的施工进度情况。

通过项目前期规划和控制措施的实施,港珠澳大桥主体工程于2017年底全线亮灯,标志着主体工程具备通车条件,实现了调整后的项目工期目标。

表 6-3　港珠澳大桥主体工程施工进度情况

年度		2010	2011	2012	2013	2014	2015	2016	2017	2018
季度		四	一二三四	一二三四	一二三四	一二三四	一二三四	一二三四	一二三四	一
1	岛隧工程 岛隧工程标（沉管隧道、人工岛，结合部桥）	合同工期									
		实际工期									
2	桥梁工程 CB01标（钢箱梁制造、运输）	合同工期									
		实际工期									
3	CB02标（钢箱梁制造、运输）	合同工期									
		实际工期									
4	CB03标（基础、下部结构及钢结构安装）	合同工期									
		实际工期									
5	CB04标（基础、下部结构及钢结构安装）	合同工期									
		实际工期									
6	CB05标（基础、下部结构及钢结构安装）	合同工期									
		实际工期									

续表

年度	2010	2011				2012				2013				2014				2015				2016				2017				2018	
季度	四	一	二	三	四	一	二	三	四	一	二	三	四	一	二	三	四	一	二	三	四	一	二	三	四	一	二	三	四	一	二
7	铺装工程	CB06标（桥面铺装）	合同工期																												
			实际工期																												
8		CB07标（桥面铺装）	合同工期																												
			实际工期																												
9	交通工程及其他	CA01标（房屋建筑工程及附属工程）	合同工期																												
			实际工期																												
10		CA02标（交通安全设施、收费、通信等）	合同工期																												
			实际工期																												
交工验收																														★	

任务二　工程项目成本管理

第一节　成本管理的内涵与任务

一、成本管理的内涵

施工成本是指在建设工程项目的施工过程中所发生的全部生产费用的总和,包括:所消耗的原材料、辅助材料、构配件等费用;周转材料的摊销费或租赁费;施工机械的使用费或租赁费;支付给生产工人的工资、奖金、工资性质的津贴,以及进行施工组织与管理所发生的全部费用支出等。建设工程项目施工成本由直接成本和间接成本组成。

直接成本是指施工过程中耗费的构成工程实体或有助于工程实体形成的各项费用支出,是可以直接计入工程对象的费用,包括人工费、材料费和施工机具使用费等。

间接成本是指准备、组织和管理施工生产的全部费用支出,是非直接用于工程对象也无法直接计入工程对象,但为进行工程施工所必须发生的费用,包括管理人员的工资、办公费、差旅交通费等。

成本管理就是要在保证工期和质量满足要求的情况下,采取相应的管理措施,包括组织措施、经济措施、技术措施、合同措施,把成本控制在计划范围内,并争取最大限度地节约成本。

二、成本管理的任务

成本管理的任务包括成本计划编制、成本控制、成本核算、成本分析、成本考核等。

1. 成本计划编制

成本计划是以货币形式编制施工项目在计划期内的生产费用、成本水平、成本降低率,以及为降低成本所采取的主要措施和规划的书面方案。它是建立施工项目成本管理责任制、开展成本控制和核算的基础。此外,它还是项目降低成本的指导文件,是设立目标成本的依据,即成本计划是目标成本的一种形式。项目成本计划一般由施工单位编制。施工单位应围绕施工组织设计或相关文件进行编制,以确保对施工项目成本控制的适宜性和有效性。具体可按成本组成(如直接费、间接费、其他费用等)、项目结构(如各单位工程或单项工程)和工程实施阶段(如基础、主体、安装、装修等或月、季、年等)进行编制,也可以将几种方法结合使用。

为了编制出能够发挥积极作用的成本计划,在编制成本计划时应遵循以下原则。

1)从实际情况出发

编制成本计划必须根据国家的方针政策,从企业的实际情况出发,充分挖掘企业内部潜力,使降低成本的指标既积极可靠,又切实可行。施工项目管理部门降低成本的潜力在于:正确选择施工方案,合理组织施工;提高劳动生产率;改善材料供应;降低材料消耗;提高机械利用率;节约施工管理费用等。但必须注意避免以下情况发生:①为了降低成本而偷工减料,忽视质量;②不顾机械的维护修理而过度、不合理使用机械;③片面增加劳动强度,加班加点;④忽视安全工作,未给职工办理相应的保险等。

2)与其他计划相结合

成本计划必须与施工项目的其他计划,如施工方案、生产进度计划、财务计划、材料供应及消耗计划等密切结合,保持平衡。一方面,成本计划要根据施工项目的生产、技术组织措施、劳动工资、材料供应和消耗等计划来编制;另一方面,其他各项计划指标又影响着成本计划,所以其他各项计划在编制时应考虑降低成本的要求,与成本计划密切配合,而不能单纯考虑单一计划的要求。

3)采用先进技术经济指标

成本计划必须以各种先进的技术经济指标为依据,并结合工程的具体特点,采取切实可行的技术组织措施作保证。只有这样,才能编制出既有科学依据,又切实可行的成本计划,从而发挥成本计划的积极作用。

4)统一领导、分级管理

编制成本计划时应采用统一领导、分级管理的原则,同时应树立全员进行成本控制的理念。在项目经理的领导下,以财务部门和计划部门为主体,发动全体职工共同参与,总结降低成本的经验,找出降低成本的正确途径,使成本计划的制订与执行更符合项目的实际情况。

5)适度弹性

成本计划应留有一定的余地,保持计划的弹性。在计划期内,项目管理机构的内部或外部环境都有可能发生变化,尤其是材料供应、市场价格等具有很大的不确定性,这给拟定计划带来困难。因此在编制计划时应充分考虑这些情况,使计划具有一定的适应环境变化的能力。

2. 成本控制

成本控制是指在施工过程中,对影响成本的各种因素加强管理,并采取各种有效措施,将实际发生的各种消耗和支出严格控制在成本计划范围内;通过动态监控并及时反馈,严格审查各项费用是否符合标准,计算实际成本和计划成本之间的差异并进行分析,进而采取多种措施,减少或消除损失浪费。

建设工程项目施工的成本控制应贯穿于项目从投标阶段开始直至保证金返还的全过程,它是企业全面成本管理的重要环节。成本控制可分为事先控制、事中控制(过程控制)和事后控制。

3. 成本核算

项目管理机构应根据项目成本管理制度明确项目成本核算的原则、范围、程序、方法、内容、责任及要求,健全项目核算台账。

施工成本核算包括两个基本环节:一是按照规定的成本开支范围对施工成本进行归集和分配,计算出施工成本的实际发生额;二是根据成本核算对象,采用适当的方法,计算出该施工项目的总成本和单位成本。

施工成本核算一般以单位工程为对象,但也可以按照承包工程项目的规模、工期、结构类型、施工组织和施工现场等情况,结合成本管理要求,灵活划分成本核算对象。

项目管理机构应按规定的会计周期进行项目成本核算。

项目管理机构应编制项目成本报告。

对竣工工程的成本核算,应区分为竣工工程现场成本和竣工工程完全成本,分别由项目管理机构和企业财务部门进行核算分析,其目的在于分别考核项目管理绩效和企业经营效益。

4. 成本分析

成本分析是在成本核算的基础上,对成本的形成过程和影响成本升降的因素进行分析,以寻求进一步降低成本的途径,包括有利偏差的挖掘和不利偏差的纠正。成本分析贯穿于成本管理的全过程,它是在成本的形成过程中,主要利用项目的成本核算资料(成本信息),与目标成本、预算成本,以及类似项目的实际成本等进行比较,了解成本的变动情况;同时要分析主要技术经济指标对成本的影响,系统地研究成本变动的因素,检查成本计划的合理性,并通过成本分析,深入研究成本变动的规律,寻找降低项目成本的途径,以便有效地进行成本控制。在成本偏差的控制中,分析是关键,纠偏是核心,因此要针对分析得出的偏差发生的原因,采取切实措施,加以纠正。

5. 成本考核

成本考核是指在项目完成后,对项目成本形成中的各责任者,按项目成本目标责任制的有关规定,将成本的实际指标与计划、定额、预算进行对比和考核,评定施工项目成本计划的完成情况和各责任者的业绩,并以此给予相应的奖励和处罚。通过成本考核,做到有奖有惩,赏罚分明,才能有效地调动每一位员工在各自施工岗位上努力完成目标成本的积极性,从而降低施工项目成本,提高企业的效益。

成本管理的每一个环节都是相互联系和相互作用的。成本预测是成本决策的前提,成本计划是成本决策所确定目标的具体化。成本计划控制则是对成本计划的实施进行控制和监督,保证决策的成本目标的实现,而成本核算又是对成本计划是否实现的最后检验,它所提供的成本信息又将为下一个施工项目成本预测和决策提供基础资料。成本考核是实现成本目标责任制的保证和实现决策目标的重要手段。

三、成本管理的程序

项目成本管理应遵循下列程序。

(1) 掌握生产要素的价格信息。

(2) 确定项目合同价。

(3) 编制成本计划,确定成本实施目标。

(4) 进行成本控制。

(5) 进行项目过程成本分析。

(6) 进行项目过程成本考核。

(7) 编制项目成本报告。

(8) 项目成本管理资料归档。

四、成本管理的措施

为了取得成本管理的理想成效,应当从多方面采取措施实施管理,通常可以将这些措施归纳为组织措施、技术措施、经济措施和合同措施。

1. 组织措施

组织措施是从成本管理的组织方面采取的措施。成本控制是全员的活动,如果实行项目经理责任制,则需要落实成本管理的组织机构和人员,明确各级成本管理人员的任务和职能分工、权力和责任。成本管理不仅是专业成本管理人员的工作,各级项目管理人员都负有成本控制责任。

组织措施的另一方面是编制成本控制的工作计划、确定合理详细的工作流程。要做好施工采购计划,通过生产要素的优化配置、合理使用、动态管理,有效控制实际成本;加强施工定额管理和施工任务单管理,控制活劳动和物化劳动的消耗;加强施工调度,避免因施工计划不周和盲目调度造成窝工损失、机械利用率降低、物料积压等问题。成本控制工作只有建立在科学管理的基础之上,具备合理的管理体制、完善的规章制度、稳定的作业秩序、完整准确的信息传递,才能取得成效。组织措施是其他各类措施的前提和保障,而且一般不需要增加额外的费用,运用得当可以取得良好的效果。

2. 技术措施

施工过程中降低成本的技术措施包括：进行技术经济分析，确定最佳的施工方案；结合施工方法，进行材料使用的比较和选择，在满足功能要求的前提下，通过代用、改变配合比、使用外加剂等方法降低材料消耗的费用；确定最合适的施工机械和设备的使用方案；结合项目的施工组织设计及自然地理条件，降低材料的库存成本和运输成本；应用先进的施工技术，运用新材料，使用先进的机械设备等。在实践中，也要避免仅从技术角度选定方案而忽视对其经济效果的分析论证。

技术措施不仅对解决成本管理过程中的技术问题是不可缺少的，而且对纠正成本管理目标偏差也有相当重要的作用。因此，运用技术纠偏措施的关键，一是要能提出多个不同的技术方案；二是要对不同的技术方案进行技术经济分析比较，选择最佳方案。

3. 经济措施

经济措施是最易为人们所接受和采用的措施。管理人员应编制资金使用计划，确定、分解成本管理目标。对成本管理目标进行风险分析，并制订防范性对策。在施工中严格控制各项开支，及时准确地记录、收集、整理、核算实际支出的费用。对各种变更，应及时做好增、减账，落实业主签证并结算工程款。通过偏差分析和未完工程预测，发现一些潜在的可能引起未完工程成本增加的问题，及时采取预防措施。因此，经济措施的运用绝不仅仅是财务人员的事情。

4. 合同措施

采用合同措施控制成本，应贯穿整个合同周期，包括从合同谈判开始到合同终结的全过程。对于分包项目，首先是选用合适的合同结构，对各种合同结构模式进行分析、比较，在合同谈判时，要争取选用适合工程规模、性质和特点的合同结构模式。其次，在合同的条款中应仔细考虑一切影响成本和效益的因素，特别是潜在的风险因素。通过对引起成本变动的风险因素的识别和分析，采取必要的风险对策，如通过合理的方式增加承担风险的个体数量以降低损失发生的比例，并最终将这些策略体现在合同的具体条款中。在合同执行期间，既要密切注视对方合同执行的情况，以寻求合同索赔的机会，也要密切关注自己履行合同的情况，以防被对方索赔。

第二节 成本计划

一、基础知识

（一）成本计划的类型

对于施工项目而言，成本计划的编制是一个不断深化的过程。在这一过程的不同阶段形成深度和作用不同的成本计划，若按照其发挥的作用可以分为竞争性成本计划、指导性成本计划和实施性成本计划，也可以按成本组成、项目结构和工程实施阶段分别编制项目成本计划。成本计划的编制以成本预测为基础，关键是确定目标成本。计划的制订需结合施工组织设计的编制过程，通过不断优化施工技术方案和合理配置生产要素，进行工、料、机消耗的分析，制订一系列节约成本的措施，确定成本计划。一般情况下，成本计划总额应控制在目标成本的范围内，并建立在切实可行的基础上。施工总成本目标确定之后，还需通过编制详细的实施性成本计划把目标成本层层分解，落实到施工过程的每个环节，有效地进行成本控制。

1. 竞争性成本计划

竞争性成本计划是施工项目投标及签订合同阶段的估算成本计划。这类成本计划以招标文件中的合同条件、投标者须知、技术规范、设计图纸和工程量清单为依据，以有关价格条件说明为基础，结合调研、现场踏勘、答疑等情况，根据施工企业自身的工料消耗标准、水平、价格资料和费用指标等，对本企业完成投标工作所需要支出的全部费用进行估算。在投标报价过程中，虽也着重考虑降低成本的途径和措施，但总体上比较粗略。

2. 指导性成本计划

指导性成本计划是选派项目经理阶段的预算成本计划，是项目经理的责任成本目标。它是以合同价为依据，按照企业的预算定额标准制订的设计预算成本计划，且一般情况下以此确定责任总成本目标。

3. 实施性成本计划

实施性成本计划是项目施工准备阶段的施工预算成本计划，它是以项目实施方案为依据，以落实项目经理责任目标为出发点，采用企业的施工定额通过施工预算的编制而形成的实施性成本计划。

以上三类成本计划相互衔接、不断深化，构成了整个工程项目成本的计划过程。其中，竞争性成本计划带有成本战略的性质，是施工项目投标阶段商务标书的基础，而有竞争力的商务标书又是以其先进合理的技术标书为支撑的。因此，竞争性成本计划奠定了成本的基本框架和水平。指导性成本计划和实施性成本计划都是战略性成本计划的进一步开展和深化，是对战略性成本计划的战术安排。

（二）成本计划的编制依据和编制步骤

1. 成本计划编制依据

编制成本计划需要广泛收集相关资料并进行整理，作为成本计划编制的依据。在此基础上，根据有关设计文件、工程承包合同、施工组织设计、成本预测资料等，按照项目应投入的生产要素,结合各种因素变化的预测和拟采取的各种措施,估算项目生产费用支出的总水平,进而提出项目的成本计划控制指标,确定目标总成本。目标总成本确定后,应将总目标分解落实到各级部门,以便有效地进行控制。最后,通过综合平衡,编制完成成本计划。

成本计划编制依据应包括下列内容:

(1)合同文件;

(2)项目管理实施规划;

(3)相关设计文件;

(4)价格信息;

(5)相关定额;

(6)类似项目的成本资料。

2. 成本计划编制程序

项目管理机构应通过系统的成本策划,按成本组成、项目结构和工程实施阶段分别编制项目成本计划。

成本计划编制应符合下列规定:

(1)由项目管理机构负责组织编制;

(2)项目成本计划对项目成本控制具有指导性;

(3)各成本项目指标和降低成本指标明确。

项目成本计划编制应符合下列程序:

(1)预测项目成本;

(2)确定项目总体成本目标;

(3)编制项目总体成本计划;

(4)项目管理机构与组织的职能部门根据其责任成本范围,分别确定自己的成本目标,并编制相应的成本计划;

(5)针对成本计划制定相应的控制措施;

(6)由项目管理机构与组织的职能部门负责人分别审批相应的成本计划。

(三)按成本组成编制成本计划

按照成本构成要素划分,建筑安装工程费由人工费、材料(包含工程设备)费、施工机具使用费、企业管理费、利润、规费和增值税组成。其中人工费、材料费、施工机具使用费、企业管理费和利润包含在分部分项工程费、措施项目费、其他项目费中,如图 6-14 所示。

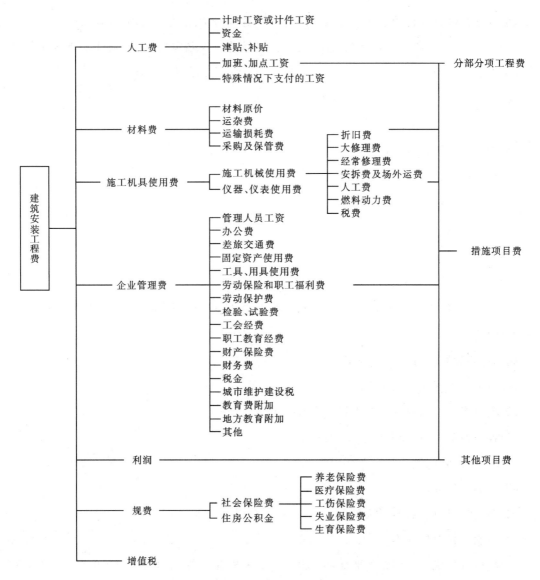

图 6-14 按成本构成要素划分的建筑安装工程费用的项目组成

施工成本可以按成本构成分解为人工费、材料费、施工机具使用费和企业管理费等,如图 6-15 所示。在此基础上,编制按成本构成分解的成本计划。

图 6-15 按成本构成分解的施工成本

（四）按项目结构编制成本计划

大中型工程项目通常是由若干个单项工程构成的，而每个单项工程包括了多个单位工程，每个单位工程又是由若干个分部、分项工程所构成的。因此，首先要把项目总成本分解到单项工程和单位工程中，再进一步分解到分部工程和分项工程中，如图 6-16 所示。

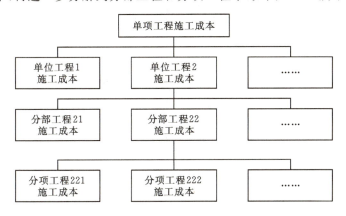

图 6-16　按项目结构分解单项工程施工成本

在完成项目成本目标分解之后，接下来就要具体地分配成本，编制分项工程的成本支出计划，从而形成详细的成本计划表，如表 6-4 所示。

表 6-4　分项工程成本计划表

分项工程编码	工程内容	计量单位	工程数量	计划成本	本分项总计

在编制成本支出计划时，要在项目总体层面上考虑总的预备费，也要在主要的分项工程中安排适当的不可预见费，避免在具体编制成本计划时，发现个别单位工程或工程量表中某项内容的工程量计算有较大出入，偏离原来的成本预算。因此，应在项目实施过程中对其尽可能地采取一些措施。

（五）按工程实施阶段编制成本计划

按工程实施阶段编制成本计划，可以按实施阶段，如基础、主体、安装、装修等或按月、季、年等实施进度进行编制。按实施阶段编制的成本计划，通常可在控制项目进度的网络图的基础上进一步扩充得到，即在建立网络图时，一方面确定完成各项工作所需花费的时间，另一方面确定完成这一工作合适的成本支出计划。

通过对成本目标按时间进行分解，在网络计划基础上，可获得项目进度计划的横道图，并在此基础上编制成本计划。其表示方式有两种：一种是在时标网络图上按月编制的成本计划直方图,如图 6-17 所示;另一种是用时间-成本累积曲线(S 形曲线)表示,如图 6-18 所示。

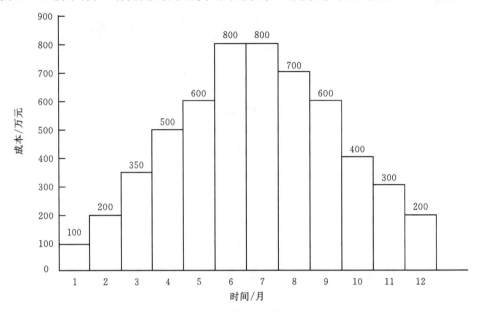

图 6-17 时标网络图上按月编制的成本计划

时间-成本累积曲线的绘制步骤如下:

(1)确定工程项目进度计划,编制进度计划的横道图。

(2)根据每单位时间内完成的实物工程量或投入的人力、物力和财力,计算单位时间(月或季度)的成本,在时标网络图上按时间编制成本支出计划,如图 6-17 所示。

(3)计算规定时间 t 内计划累积支出的成本额。其计算方法为,将各单位时间计划完成的成本额累加求和,可按式(6-1)计算:

$$Q_t = \sum_{n=1}^{t} q_n \tag{6-1}$$

式中:Q_t——某时间的计划累积支出成本额;

q_n——单位时间 n 的计划支出成本额;

t——某规定计划时刻。

(4)按各规定时间的 Q_t 值绘制 S 形曲线,如图 6-18 所示。

Project 编制
成本计划

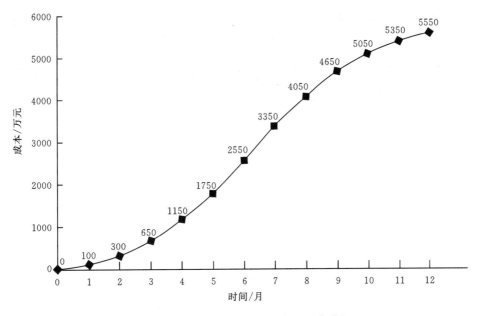

图 6-18 时间-成本累积曲线（S 形曲线）

每一条 S 形曲线都对应某一特定的工程进度计划。因为在进度计划的非关键路线中存在许多有时差的工序或工作，因而 S 形曲线必然在由全部工作都按最早开始时间开始和全部工作都按最迟必须开始时间开始的曲线所组成的"香蕉图"内。项目经理可根据编制的成本支出计划来合理安排资金，同时项目经理也可以根据筹措的资金来调整 S 形曲线，即通过调整非关键路线上的工序项目的最早或最迟开工时间，力争将实际的成本支出控制在计划的范围内。

一般而言，所有工作都按最迟开始时间开始，对节约资金贷款利息是有利的，但同时降低了项目按期竣工的保证率。因此项目经理必须合理地确定成本支出计划，达到既节约成本支出，又能控制项目工期的目的。

以上三种编制成本计划的方式并不是相互独立的。在实践中，往往是将这几种方式结合起来使用，从而可以取得扬长避短的效果。例如，将按项目分解总成本与按成本构成分解总成本两种方式相结合，横向按成本构成分解，纵向按子项目分解，或相反。这种分解方式有助于检查各分部、分项工程的成本构成是否完整，有无重复计算或漏算；同时有助于检查各项具体的成本支出的对象是否明确或落实，并且可以从数字上校核分解的结果有无错误。还可将按子项目分解项目总成本计划与按时间分解项目总成本计划结合起来，一般纵向按子项目分解，横向按时间分解。

【例6-1】已知某施工项目的数据资料如表6-5所示，绘制该项目的时间-成本累积曲线。

表6-5　工程数据资料

编码	项目名称	最早开始时间/月份	工期/月	成本强度/(万元/月)
11	场地平整	1	1	20
12	基础施工	2	3	15
13	主体工程施工	4	5	30
14	砌筑工程施工	8	3	20
15	屋面工程施工	10	2	30
16	楼地面施工	11	2	20
17	室内设施安装	11	1	30
18	室内装饰	12	1	20
19	室外装饰	12	1	10
20	其他工程		1	10

【解】

(1) 确定施工项目进度计划，编制进度计划的横道图，如图6-19所示。

(2) 在横道图上按时间编制成本计划，如图6-20所示。

(3) 计算规定时间计划累积支出的成本额。

编码	项目名称	时间/月	费用强度/(万元/月)	工程进度/月											
				1	2	3	4	5	6	7	8	9	10	11	12
11	场地平整	1	20	▬											
12	基础施工	3	15		▬▬▬										
13	主体工程施工	5	30				▬▬▬▬▬								
14	砌筑工程施工	3	20								▬▬▬				
15	屋面工程施工	2	30										▬▬		
16	楼地面施工	2	20											▬▬	
17	室内设施安装	1	30											▬	
18	室内装饰	1	20												▬
19	室外装饰	1	10												▬
20	其他工程	1	10												…

图6-19　进度计划横道图

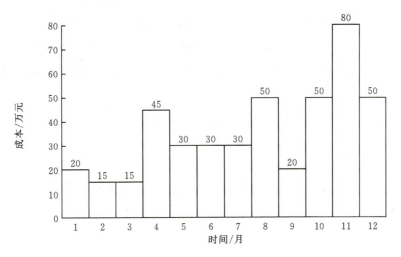

图 6-20 横道图上按时间编制的成本计划

根据公式：$Q_t = \sum_{n=1}^{t} q_n$，可得如下结果：

$Q_1 = 20, Q_2 = 35, Q_3 = 50, \cdots, Q_{10} = 305, Q_{11} = 385, Q_{12} = 435$

(4) 绘制 S 形曲线，如图 6-21 所示。

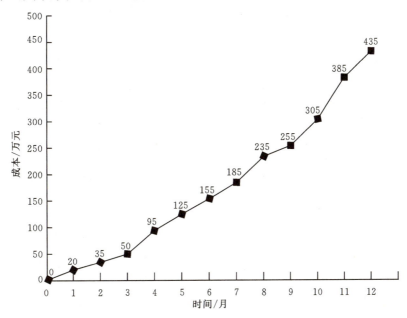

图 6-21 时间-成本累积曲线(S形曲线)

二、项目案例

港珠澳大桥岛隧工程的投资费用主要由总则、勘察设计、施工三方面组成。总则费用包括保险费、HSE技术措施费、优质优价专项基金、竣工文件编制费、为监理人和咨询人提供交通服务、第三方检测和风险包干基金；勘察设计费包括总体设计、外业勘察、施工图设计（包括桥梁、隧道、东人工岛、西人工岛、交通及附属设施，以及临时工程）、专题研究和设计综合服务费；施工费用包括建设桥梁、隧道、东人工岛、西人工岛、交通及附属设施和临时工程的工程费、工艺试验费和其他项目。

港珠澳大桥岛隧工程总投资费用为132亿元，其中总则费用为13.5亿元、勘察设计费为1.8亿元、施工费为116.7亿元。

港珠澳大桥岛隧工程费用清单如表6-6。

表6-6 港珠澳大桥岛隧工程费用清单表

单元名称	单位	数量	单价/万元	合计/万元	比例
总则				135,000	10.23%
保险费	总额	1	12,000	12,000	0.91%
HSE技术措施费	总额	1	29,000	29,000	2.20%
优质优价专项基金	总额	1	27,000	27,000	2.05%
竣工文件编制费	总额	1	1,500	1,500	0.11%
为监理人和咨询人提供交通服务	总额	1	6,500	6,500	0.49%
第三方监测	总额	1	10,000	10,000	0.76%
风险包干基金	总额	1	49,000	49,000	3.71%
勘察设计				18,000	1.36%
总体设计	项	1	800	800	0.06%
外业勘察	项	1	3,300	3,300	0.25%
施工图设计	项	1	7,200	7,200	0.55%
专题研究	项	1	3,400	3,400	0.26%
设计综合服务	项	1	3,300	3,300	0.25%
施工费				1,167,000	88.41%

续表

单元名称	单位	数量	单价/万元	合计/万元	比例
桥梁	项	1	19,500	19,500	1.48%
隧道	项	1	739,800	739,800	56.05%
东人工岛	项	1	150,500	150,500	11.40%
西人工岛	项	1	129,600	129,600	9.82%
交通及附属设施	项	1	18,500	18,500	1.40%
临时工程	项	1	107,800	107,800	8.17%
工艺试验	项	1	400	400	0.03%
其他	项	1	900	900	0.07%
合计				1,320,000	100%

第三节　成本控制

一、成本控制的依据

项目管理机构实施成本控制的依据包括合同文件、成本计划、进度报告、工程变更与索赔资料、各种资源的市场信息。

1. 合同文件

成本控制要以合同为依据，围绕降低工程成本这个目标，从预算收入和实际成本两方面，研究节约成本、增加收益的有效途径，以求获得最大的经济效益。

2. 成本计划

成本计划是根据项目的具体情况制订的成本控制方案，既包括预定的具体成本控制目标，又包括实现控制目标的措施和规划，是成本控制的指导文件。

3. 进度报告

进度报告提供了对应时间节点的工程实际完成量，工程成本实际支出情况等重要信息。成本控制工作是通过实际情况与成本计划相比较，找出二者之间的差别，分析偏差产生的原因，从而采取改进措施的工作。此外，进度报告还有助于管理者及时发现工程实施中存在的隐患，并在可能造成重大损失之前采取有效措施，尽量避免损失。

4. 工程变更与索赔资料

在项目的实施过程中，由于各方面的原因，工程变更与索赔是很难避免的。工程变更一般包括设计变更、进度计划变更、施工条件变更、技术规范与标准变更、施工次序变更、工程量变更等。一旦出现变更，工程量、工期、成本都有可能发生变化，从而使得成本控制工作变得更加复杂和困难。因此，成本管理人员应当通过对变更与索赔中各类数据的计算、分析，及时掌握变更情况，包括已发生的工程量、将要发生的工程量、工期是否拖延、支付情况等重要信息，判断变更与索赔可能带来的成本变化。

5. 各种资源的市场信息

根据各种资源的市场价格信息和项目的实施情况，计算项目的成本偏差，估计成本的发展趋势。

二、成本控制的程序

1. 确定成本管理分层次目标

在工程开工之初，项目管理机构应根据公司与项目签订的《项目承包合同》确定项目的成本管理目标，并根据工程进度计划确定月度成本计划目标。

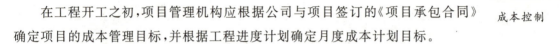
成本控制

2. 采集成本数据，监测成本的形成过程

在施工过程中要定期收集反映成本支出情况的数据，并将实际发生情况与目标计划进行对比，从而保证有效控制成本的整个形成过程。

3. 找出偏差，分析原因

施工过程是一个多工种、多方位立体交叉作业的复杂活动，成本的发生和形成是很难按预定的目标进行的，因此，需要及时分析偏差产生的原因，分清是客观因素（如市场调价）还是人为因素（如管理行为失控）。

4. 制订对策，纠正偏差

过程控制的目的就在于不断纠正成本形成过程中的偏差，保证成本项目的发生是在预定范围之内。针对产生偏差的原因及时制订对策并予以纠正。

5. 调整改进成本管理方法

用成本指标考核管理行为，用管理行为来保证成本指标。管理行为的控制程序和成本指标的控制程序是对项目成本进行过程控制的主要内容，这两个程序在实施过程中，是相互交叉、相互制约又相互联系的。只有把成本指标的控制程序和管理行为的控制程序相结合，才能保证成本管理工作有序地、富有成效地进行。图6-22是成本指标控制程序图。

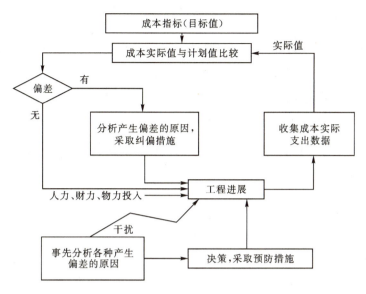

图 6-22 成本指标控制程序图

三、成本控制的方法

(一)成本的过程控制方法

施工阶段是成本发生的主要阶段,这个阶段的成本控制主要是通过确定成本目标并按计划成本组织施工,合理配置资源,对施工现场发生的各项成本费用进行有效控制,其具体的控制方法如下。

1. 人工费的控制

人工费的控制实行"量价分离"的方法,将作业用工及零星用工的用工数量与单价按定额工日的一定比例综合确定,通过劳务合同进行控制。

1)人工费的影响因素

(1)社会平均工资水平。建筑安装工人的人工单价必须和社会平均工资水平趋同。社会平均工资水平取决于经济发展水平。由于我国改革开放以来经济迅速增长,社会平均工资也有大幅增长,从而导致人工单价大幅提高。

(2)生产消费指数。生产消费指数的提高会导致人工单价的提高。生活消费指数的变动取决于物价的变动,尤其是生活消费品物价的变动。

(3)劳动力市场供需变化。劳动力市场如果供不应求,人工单价就会提高;如果供过于求,人工单价就会下降。

(4)政府推行的社会保障和福利政策也会影响人工单价的变动。

(5)经会审的施工图、施工定额、施工组织设计等决定人工的消耗量。

2)控制人工费的方法

加强劳动定额管理、提高劳动生产率、降低工程耗用的人工工日是控制人工费支出的主要手段。

(1)制订先进合理的企业内部劳动定额,严格执行劳动定额,并将安全生产、文明施工及零星用工下达到作业队进行控制。全面推行全额计件的劳动管理办法和单项工程集体承包的经济管理办法,以不超出施工图预算人工费指标为控制目标,实行工资包干制度。认真执行按劳分配的原则,使职工个人所得与劳动贡献相一致,充分调动广大职工的劳动积极性,以提高劳动力效率。把工程项目的进度、安全、质量等指标与定额管理结合起来,提高劳动者的综合能力,实行奖励制度。

(2)提高生产工人的技术水平和作业队的组织管理水平,根据施工进度、技术要求,合理搭配各工种工人的数量,减少和避免无效劳动。不断地改善劳动组织,创造良好的工作环境,改善工人的劳动条件,提高劳动效率。合理调节各工序人数安排情况,安排劳动力时,尽量做到技术工不做普通工的工作,高级工不做低级工的工作,避免技术上的浪费,既要加快工程进度,又要节约人工费用。

(3)加强职工的技术培训和多种施工作业技能的培训,不断提高职工的业务技术水平和操作熟练程度,培养一专多能的技术工人,提高作业工效。提倡技术革新和推广新技术,提高技术装备水平和工厂化生产水平,提高企业的劳动生产率。

(4)实行弹性需求的劳务管理制度。施工生产各环节上的业务骨干和基本的施工力量要保持相对稳定。对短期需要的施工力量,要做好预测、计划管理,对企业内部的劳务市场及外部协作队伍进行调剂。严格做到项目部的定员随工程进度要求及时调整,进行弹性管理。要打破行业、工种界限,提倡一专多能,提高劳动力的利用效率。

2. 材料费的控制

材料费控制同样按照"量价分离"原则,控制材料用量和材料价格。

1)材料用量的控制

在保证符合设计要求和质量标准的前提下,合理使用材料,通过定额控制、指标控制、计量控制、包干控制等手段有效控制物资材料的消耗,具体方法如下。

(1)定额控制。对于有消耗定额的材料,以消耗定额为依据,实行限额领料制度。

①限额领料的形式。

a. 按分项工程实行限额领料。它是以施工班组为对象进行的限额领料,如钢筋绑扎、混凝土浇筑、砌筑、抹灰等。

b. 按工程部位实行限额领料。它是以施工专业队为对象进行的限额领料。

c. 按单位工程实行限额领料。它是以项目管理机构或分包单位为对象开展的限额领料。

② 限额领料的依据。

a. 准确的工程量。它是按工程施工图纸计算的正常施工条件下的数量,是计算限额领料量的基础。

b. 现行的施工预算定额或企业内部消耗定额,是制订限额用量的标准。

c. 施工组织设计,是计算和调整非实体性消耗材料的基础。

d. 施工过程中发包人认可的变更洽商单,它是调整限额量的依据。

③ 限额领料的实施。

a. 确定限额领料的形式。施工前,根据工程的分包形式,与使用单位确定限额领料的形式。

b. 签发限额领料单。根据双方确定的限额领料形式,根据有关部门编制的施工预算和施工组织设计,将所需材料数量汇总后编制材料限额数量,经双方确认后下发。

c. 限额领料单的应用。限额领料单一式三份,一份交保管员作为控制发料的依据;一份交使用单位,作为领料的依据;一份由签发单位留存,作为考核的依据。

d. 限额量的调整。在限额领料的执行过程中,会有许多因素影响材料的使用,如工程量的变更、设计更改、环境因素等。限额领料的主管部门在限额领料的执行过程中要深入施工现场,了解用料情况,根据实际情况及时调整限额数量,以保证施工生产的顺利进行和限额领料制度的连续性、完整性。

e. 限额领料的核算。根据限额领料形式,工程完工后,双方应及时办理结算手续,检查限额领料的执行情况,对用料情况进行分析,按双方约定的合同,对节约用料和过量用料进行奖罚兑现。

(2) 指标控制。对于没有消耗定额的材料,则实行计划管理和按指标控制的办法。根据以往项目的实际耗用情况,结合具体施工项目的内容和要求,制订领用材料指标,以控制发料。超过指标的材料,必须经过一定的审批手续才可领用。

(3) 计量控制。准确做好材料物资的收发计量检查和投料计量检查。

(4) 包干控制。在材料使用过程中,对部分小型及零星材料(如钢钉、钢丝等)根据工程量计算出所需材料量,将其折算成费用,由作业者包干使用。

2) 材料价格的控制

材料价格主要由材料采购部门控制。材料价格是由买价、运杂费、运输中的合理损耗等组成的,因此,主要是通过掌握市场信息,应用招标和询价等方式控制材料、设备的采购价格。

施工项目的材料物资,包括构成工程实体的主要材料和结构件,以及有助于工程实体形成的周转使用材料和低值易耗品。从价值角度看,材料物资的价值约占建筑安装工程造价的

60%甚至70%以上,因此,对材料价格的控制非常重要。由于材料物资的供应渠道和管理方式各不相同,所以控制的内容和所采取的控制方法也有所不同。

3. 施工机械使用费的控制

合理使用施工机械设备对成本控制具有十分重要的意义,尤其是高层建筑施工。据某些工程实例统计,高层建筑地面以上部分的总费用中,垂直运输机械费用占6%～10%。由于不同的起重运输机械有不同的特点,因此在选择起重运输机械时,首先应根据工程特点和施工条件确定采取的起重运输机械的组合方式。在确定采用何种组合方式时,首先应满足施工需要,其次要考虑费用的高低和综合经济效益。

施工机械使用费主要由台班数量和台班单价两方面决定,因此为有效控制施工机械使用费支出,应主要从以下两个方面进行控制:

1)台班数量

(1)根据施工方案和现场实际情况,选择适合项目施工特点的施工机械,制订设备需求计划,合理安排施工生产,充分利用现有机械设备,加强内部调配,提高机械设备的利用率。

(2)保证施工机械设备的作业时间,安排好生产工序的衔接,尽量避免停工、窝工,尽量减少施工中所消耗的机械台班数量。

(3)核定设备台班定额产量,实行超产奖励办法,加快施工生产进度,提高机械设备单位时间的生产效率和利用率。

(4)加强设备租赁计划管理,减少不必要的设备闲置和浪费,充分利用社会闲置机械资源。

2)台班单价

(1)加强现场设备的维修、保养工作。降低大修、经常性修理等各项费用的开支,提高机械设备的完好率,最大限度地提高机械设备的利用率,避免因使用不当造成机械设备的停置。

(2)加强机械操作人员的培训工作。不断提高操作技能,提高施工机械台班的生产效率。

(3)加强配件的管理。建立健全配件领发料制度,严格按油料消耗定额控制油料消耗,做到修理有记录,消耗有定额,统计有报表,损耗有分析。通过经常分析总结,提高修理质量,降低配件消耗,减少修理费用的支出。

(4)降低材料成本。做好施工机械配件和工程材料采购计划,降低材料成本。

(5)成立设备管理领导小组,负责设备调度、检查、维修、评估等具体事宜。对主要部件及其保养情况建立档案,分清责任,便于尽早发现问题,找到解决问题的办法。

4. 施工分包费用的控制

分包工程价格的高低,必然对项目管理机构的施工项目成本产生一定的影响。因此,施工项目成本控制的重要工作之一是对分包价格的控制。项目管理机构应在确定施工方案的初期确定需要分包的工程范围,决定分包范围的因素主要是施工项目的专业性和项目规模。对分包费用的控制方法主要有做好分包工程的询价、订立平等互利的分包合同、建立稳定的分包关系网络、加强施工验收和分包结算等工作。

(二)赢得值(挣值)法

赢得值法(earned value management,EVM)作为一项先进的项目管理技术,最初是由美国国防部于1967年确立的。目前,国际上先进的工程公司已普遍采用赢得值法进行工程项目的费用、进度综合分析控制。

1.赢得值法的三个基本参数

1)已完工作预算费用

已完工作预算费用为BCWP(budgeted cost for work performed),是指在某一时间已经完成的工作(或部分工作),以批准认可的预算为标准所需要的资金总额,由于发包人正是根据这个值为承包人完成的工作量支付相应的费用,也就是承包人获得(挣得)的金额,故称赢得值或挣值。

$$已完工作预算费用(BCWP)=已完成工作量×预算单价$$

2)计划工作预算费用

计划工作预算费用简称BCWS(budgeted cost for work scheduled),即根据进度计划,在某一时刻应当完成的工作(或部分工作),以预算为标准所需要的资金总额。一般来说,除非合同有变更,BCWS在工程实施过程中应保持不变。

$$计划工作预算费用(BCWS)=计划工作量×预算单价$$

3)已完工作实际费用

已完工作实际费用简称ACWP(actual cost for work performed),即到某一时刻为止,已完成的工作(或部分工作)所实际花费的总金额。

$$已完工作实际费用(ACWP)=已完成工作量×实际单价$$

2.赢得值法的四个评价指标

在这三个基本参数的基础上,可以确定赢得值法的四个评价指标,它们都是时间的函数。

1)费用偏差CV(cost variance)

$$费用偏差(CV)=已完工作预算费用(BCWP)-已完工作实际费用(ACWP)$$

当费用偏差CV为负值时,即表示项目运行超出预算费用;当费用偏差CV为正值时,表示项目运行节支,实际费用没有超出预算费用。

2)进度偏差SV(schedule variance)

进度偏差(SV)＝已完工作预算费用(BCWP)－计划工作预算费用(BCWS)

当进度偏差 SV 为负值时,表示进度延误,即实际进度落后于计划进度;当进度偏差 SV 为正值时,表示进度提前,即实际进度快于计划进度。

3. 费用绩效指数(CPI)

费用绩效指数(CPI)＝已完工作预算费用(BCWP)÷已完工作实际费用(ACWP)

当费用绩效指数(CPI)＜1 时,表示超支,即实际费用高于预算费用;当费用绩效指数(CPI)＞1时,表示节支,即实际费用低于预算费用。

4. 进度绩效指数(SPI)

进度绩效指数(SPI)＝已完工作预算费用(BCWP)÷计划工作预算费用(BCWS)

当进度绩效指数(SPI)＜1 时,表示进度延误,即实际进度比计划进度慢;当进度绩效指数(SPI)＞1 时,表示进度提前,即实际进度比计划进度快。

费用(进度)偏差反映的是绝对偏差,结果很直观,有助于费用管理人员了解项目费用出现偏差的绝对数额,并依此采取一定措施,制订或调整费用支出计划和资金筹措计划。但是,绝对偏差有其不容忽视的局限性。例如,同样是 10 万元的费用偏差,对于总费用为 1 000 万元的项目和总费用为 1 亿元的项目而言,其严重性显然是不同的。因此,费用(进度)偏差仅适合于对同一项目作偏差分析。费用(进度)绩效指数反映的是相对偏差,它不受项目层次的限制,也不受项目实施时间的限制,因而在同一项目和不同项目比较中均可采用。

在项目的费用、进度综合控制中引入赢得值法,可以克服过去进度、费用分开控制的缺点,即当发现费用超支时,很难立即知道是由于费用超出预算,还是由于进度提前。相反,当发现费用低于预算时,也很难立即知道是由于费用节省,还是由于进度拖延。而引入赢得值法即可定量地判断进度、费用的执行效果。

(三)偏差分析的表达方法

偏差分析可以采用不同的表达方法,常用的有横道图法、表格法和曲线法。

1. 横道图法

用横道图法进行费用偏差分析,是用不同的横道标识已完工作预算费用(BCWP)、计划工作预算费用(BCWS)和已完工作实际费用(ACWP),横道的长度与其金额成正比例,如图 6-23 所示。

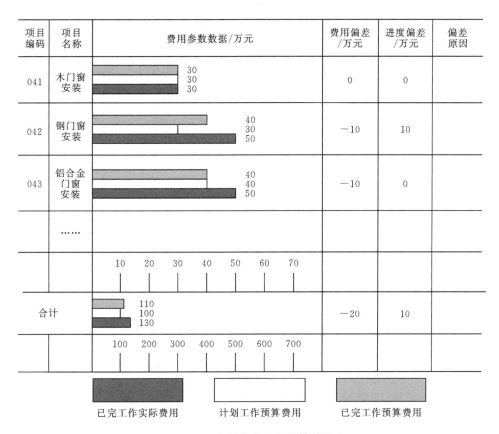

图 6-23 费用偏差分析的横道图法

横道图法具有形象、直观等优点，它能够准确表达出费用的绝对偏差，而且能直观地表明偏差的严重性。但这种方法反映的信息量少，一般在项目的较高管理层中应用。

2. 表格法

表格法是进行偏差分析最常用的一种方法。它将项目编号、名称、各费用参数，以及费用偏差数综合归纳入一张表格中，并且直接在表格中进行比较。由于各偏差参数都在表中列出，使得费用管理者能够综合地了解并处理这些数据。

用表格法进行偏差分析具有如下优点：

(1) 灵活、适用性强。可根据实际需要设计表格，进行增减项。

(2) 信息量大。可以反映偏差分析所需的资料，从而有利于费用控制人员及时采取针对性措施，加强控制。

(3) 表格处理可借助于计算机，从而节约大量数据处理所需的人力，并大大提高速度。

表 6-7 是用表格法进行偏差分析的例子。

表 6-7 费用偏差分析表

项目编码	(1)	041	042	043
项目名称	(2)	木门窗安装	钢门窗安装	铝合金门窗安装
单位	(3)			
预算(计划)单件	(4)			
计划工作量	(5)			
计划工作预算费用(BCWS)	(6)=(5)×(4)	30	30	30
已完成工作量	(7)			
已完工作预算费用(BCWP)	(8)=(7)×(4)	30	40	40
实际单价	(9)			
其他款项	(10)			
已完工作实际费用(ACWP)	(11)=(7)×(9)+(10)	30	50	50
费用局部偏差	(12)=(8)−(11)	0	−10	−10
费用绩效指数(CPI)	(13)=(8)÷(11)	1	0.8	0.8
费用累计偏差	(14)=∑(12)		−20	
进度局部偏差	(15)=(8)−(6)	0	10	0
进度绩效指数(SPI)	(16)=(8)÷(6)	1	1.33	1
进度累计偏差	(17)=∑(15)		10	

3. 曲线法

在项目实施过程中,赢得值法的三个参数可以形成三条曲线,即计划工作预算费用(BCWS)曲线、已完工作预算费用(BCWP)曲线、已完工作实际费用(ACWP)曲线,如图 6-24 所示。

模块六 施工过程中的项目管理

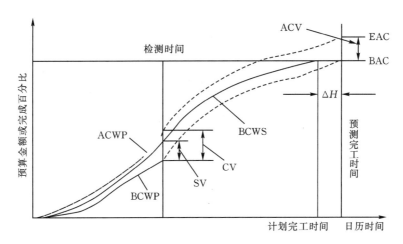

图 6-24 赢得值法评价曲线

图中：CV＝BCWP－ACWP，由于两项参数均以已完工作为计算基准，所以两项参数之差，反映项目进展的费用偏差。

SV＝BCWP－BCWS，由于两项参数均以预算值（计划值）作为计算基准，所以两者之差，反映项目进展的进度偏差。

采用赢得值法进行费用、进度综合控制，还可以根据当前的进度、费用偏差情况，通过原因分析，对趋势进行预测，预测项目结束时的进度、费用情况。图 6-24 中：

BAC（budget at completion）——项目完工预算，指编计划时预计的项目完工费用。

EAC（estimate at completion）——预测的项目完工估算，指计划执行过程中根据当前的进度、费用偏差情况预测的项目完工总费用。

ACV（at completion variance）——预测项目完工时的费用偏差。

$$ACV＝BAC－EAC$$

（四）偏差原因分析与纠偏措施

1. 偏差原因分析

在实际执行过程中，最理想的状态是已完工作实际费用（ACWP）曲线、计划工作预算费用（BCWS）曲线、已完工作预算费用（BCWP）曲线三条曲线靠得很近、平稳上升，表示项目按预定计划目标进行。如果三条曲线的离散度不断增加，则可能出现较大的投资偏差。

偏差分析的一个重要目的就是要找出引起偏差的原因，从而采取有针对性的措施，减少或避免相同问题再次发生。在进行偏差原因分析时，首先应当将已经导致和可能导致偏差的各种原因逐一列举出来。导致不同工程项目产生费用偏差的原因具有一定共性，可以通过对已建项目的费用偏差原因进行归纳、总结，为该项目采取的预防措施提供依据。

一般来说，产生费用偏差的原因有以下几种，如图 6-25 所示。

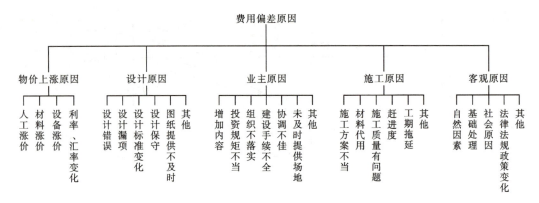

图 6-25 费用偏差原因

2. 纠偏措施

通常要压缩已经超支的费用,而不影响其他目标是十分困难的,一般只有当给出的措施比原计划已选定的措施更为有利时,比如使工程范围减少或生产效率提高等,成本才能降低。例如:

(1)寻找新的、效率更高的设计方案。

(2)购买部分产品,而不是完全采用由自己生产的产品。

(3)重新选择供应商,但会产生供应风险,选择需要时间。

(4)改变实施过程。

(5)变更工程范围。

(6)索赔,例如向业主、承(分)包商、供应商索赔以弥补费用超支。

表 6-8 为赢得值法参数分析与对应措施表。

表 6-8 赢得值法参数分析与对应措施表

序号	图形	三参数关系	分析	措施
1		ACWP>BCWS>BCWP SV<0,CV<0	效率低 进度较慢 投入超前	用工作效率更高的人员更换一批工作效率低的人员
2		BCWP>BCWS>ACWP SV>0,CV>0	效率高 进度较快 投入延后	若偏离不大则维持现状

续表

序号	图形	三参数关系	分析	措施
3	BCWP、ACWP、BCWS	BCWP>ACWP>BCWS SV>0,CV>0	效率较高 进度快 投入延后	抽出部分人员放慢进度
4	ACWP、BCWP、BCWS	ACWP>BCWP>BCWS SV>0,CV<0	效率较低 进度较快 投入超前	抽出部分人员增加少量骨干人员
5	BCWS、ACWP、BCWP	BCWS>ACWS>BCWP SV<0,CV<0	效率较低 进度慢 投入超前	增加高效人员投入
6	BCWS、BCWP、ACWP	BCWS>BCWP>ACWP SV<0,CV>0	效率较高 进度较慢 投入延后	迅速增加人员投入

第四节 成本核算与分析

一、成本核算

成本核算的依据包括：

(1)各种财产物资的收发、领退、转移、报废、清查、盘点资料。做好各项财产物资的收发、领退、清查和盘点工作，是正确计算成本的前提条件。

(2)与成本核算有关的各项原始记录和工程量统计资料。

(3)工时、材料、费用等各项内部消耗定额，以及材料、结构件、作业、劳务的内部结算指导价。

成本核算

二、成本分析

（一）成本分析的依据

项目成本分析的依据包括项目成本计划，项目成本核算资料，项目的会计核算、统计核算和业务核算的资料。成本分析的主要依据是会计核算、业务核算和统计核算所提供的资料。

1. 会计核算

会计核算主要是价值核算。会计是对一定单位的经济业务进行计量、记录、分析和检查，做出预测、参与决策、实行监督，旨在实现最优经济效益的一种管理活动。它通过设置账户、复式记账、填制和审核凭证、登记账簿、成本计算、财产清查和编制会计报表等一系列有组织、有系统的方法，记录企业的一切生产经营活动，然后据此提出一些用货币来反映的有关各种综合性经济指标的数据，如资产、负债、所有者权益、收入、费用和利润等。由于会计记录具有连续性、系统性、综合性等特点，所以它是成本分析的重要依据。

2. 业务核算

业务核算是各业务部门根据业务工作的需要建立的核算制度，它包括原始记录和计算登记表，如单位工程及分部、分项工程进度登记，质量登记，工效、定额计算登记，物资消耗定额记录，测试记录等。业务核算的范围比会计、统计核算要广。会计和统计核算一般是对已经发生的经济活动进行核算，而业务核算不但可以核算已经完成的项目是否达到原定的目的、取得预期的效果，而且可以对尚未发生或正在发生的经济活动进行核算，以确定该项经济活动是否有经济效果，是否有执行的必要。它的特点是对个别的经济业务进行单项核算，例如各种技术措施、新工艺等项目。业务核算的目的在于迅速取得资料，以便在经济活动中及时采取措施进行调整。

3. 统计核算

统计核算是利用会计核算资料和业务核算资料，把企业生产经营活动客观现状的大量数据，按统计方法加以系统整理，以发现其规律性。它的计量尺度比会计宽，可以用货币计算，也可以用实物或劳动量计量。它通过全面调查和抽样调查等特有的方法，不仅能提供绝对数指标，还能提供相对数和平均数指标，可以计算当前的实际水平，还可以确定变动速度以预测发展的趋势。

（二）成本分析的步骤

成本分析方法应遵循下列步骤：

(1) 选择成本分析方法。

(2) 收集成本信息。

(3) 进行成本数据处理。

(4) 分析成本形成原因。

(5) 确定成本结果。

(三) 成本分析的方法

由于项目成本涉及的范围很广,需要分析的内容较多,因此应该在不同的情况下采取不同的分析方法,除了基本的分析方法外,还有综合成本的分析方法、成本项目的分析方法和专项成本的分析方法等。

成本分析的基本方法包括比较法、因素分析法、差额计算法、比率法等。

1. 比较法

比较法又称"指标对比分析法",是指对比技术经济指标,检查目标的完成情况,分析产生差异的原因,进而挖掘降低成本的方法。这种方法通俗易懂、简单易行、便于掌握,因而得到了广泛的应用,但在应用时必须注意各技术经济指标的可比性。比较法的应用通常有以下几种形式。

1) 将实际指标与目标指标对比

以此检查目标完成情况,分析影响目标完成的积极因素和消极因素,以便及时采取措施,保证成本目标的实现。在进行实际指标与目标指标对比时,还应注意目标本身有无问题,如果目标本身出现问题,则应调整目标,重新评价实际工作。

2) 本期实际指标与上期实际指标对比

通过本期实际指标与上期实际指标对比,可以看出各项技术经济指标的变动情况,反映施工管理水平的提高程度。

3) 与本行业平均水平、先进水平对比

通过这种对比,可以反映本项目的技术和经济管理水平与行业的平均及先进水平的差距,进而采取措施提高本项目的管理水平。

以上三种对比,可以在一张表中同时反映。例如,某项目本年计划节约"三材"100 000 元,实际节约 120 000 元,上年节约 95 000 元,本企业先进水平节约 130 000 元。根据上述资料编制表 6-9。

表 6-9 实际指标与上期指标、先进水平对比表   单位:元

指标	本年计划数	上年实际数	企业先进水平	本年实际数	差异数		
					与计划比	与上年比	与先进比
"三材"节约额	100 000	95 000	130 000	120 000	20 000	25 000	−10 000

2. 因素分析法

因素分析法又称连环置换法,可用来分析各种因素对成本的影响程度。在进行分析时,假

定众多因素中的一个因素发生了变化,而其他因素不变,然后逐个替换,分别比较其计算结果,以确定各个因素的变化对成本的影响程度。因素分析法的计算步骤如下:

(1)确定分析对象,计算实际与目标数的差异。

(2)确定该指标是由哪几个因素组成的,并按其相互关系进行排序(排序规则:先实物量,后价值量;先绝对值,后相对值)。

(3)以目标数为基础,将各因素的目标数相乘,作为分析替代的基数。

(4)将各个因素的实际数按照已确定的排列顺序进行替换计算,并将替换后的实际数保留下来。

(5)将每次替换计算所得的结果,与前一次的计算结果相比较,两者的差异即为该因素对成本的影响程度。

(6)各个因素的影响程度之和,应与分析对象的总差异相等。

【例 6-2】商品混凝土目标成本为 443 040 元,实际成本为 473 697 元,比目标成本增加 30 657元,资料见表 6-10,分析成本增加的原因。

表 6-10　商品混凝土目标成本与实际成本对比表

项目	单位	目标	实际	差额
产品	m^2	600	630	+30
单价	元	710	730	+20
损耗值	%	4	3	-1
成本	元	443 040	473 697	+30 657

【解】

(1)分析对象是商品混凝土的成本,实际成本与目标成本的差额为 30 657 元,该指标是由产量、单价、损耗率三个因素组成的。

(2)以目标数 443 040 元($=600×710×1.04$)为分析替代的基础。

第一次替代产量因素,以 630 替代 600:

$$630×710×1.04=465\ 192\ 元$$

第二次替代单价因素,以 730 替代 710,并保留上次替代后的值:

$$630×730×1.04=478\ 296\ 元$$

第三次替代损耗率因素,以 1.03 替代 1.04,并保留上两次替代后的值:

$$630×730×1.03=473\ 697\ 元$$

(3)计算差额。

第一次替代与目标数的差额$=465\ 192-443\ 040=22\ 152$ 元

第二次替代与第一次替代的差额$=478\ 296-465\ 192=13\ 104$ 元

第三次替代与第二次替代的差额＝473 697－478 296＝－4 599元

(4)产量增加使成本增加了22 152元,单价提高使成本增加了13 104元,而损耗率下降使成本减少了4 599元。

(5)各因素的影响程度之和＝22 152＋13 104－4 599＝30 657元,与实际成本与目标成本的总差额相等。

为了使用方便,企业也可以通过运用因素分析表来求出各因素变动对实际成本的影响程度,其具体形式见表6－11。

表6－11　商品混凝土成本变动因素分析表

顺序	连环替代计算	差异/元	因素分析
目标数	600×710×1.04		
第一次替代	630×710×1.04	22 152	由于产量增加30m²,成本增加22 152元
第二次替代	630×730×1.04	13 104	由于单价提高20元,成本增加22 152元
第三次替代	630×730×1.03	－4 599	由于损耗率下降1％,成本减少4 599元
合计	22 152＋13 104－4 599＝30 657	30 657	

3.差额计算法

差额计算法是因素分析法的一种简化形式,它利用各个因素的目标值与实际值的差额来计算其对成本的影响程度。

【例6-3】某施工项目某月的实际成本降低额比计划提高了2.40万元,见表6-12。

表6－12　降低成本计划与实际对比表

项目	单位	计划	实际	差额
预算成本	万元	300	320	＋20
成本降低率	％	4	4.5	＋0.5
成本降低额	万元	12	14.40	＋2.4

根据表6-12,应用"差额计算法"分析预算成本和成本降低率对成本降低额的影响程度。

【解】

(1)预算成本增加对成本降低额的影响程度。

$$(320-300)\times 4\% = 0.80 \text{ 万元}$$

(2)成本降低率提高对成本降低额的影响程度。

$$(4.5\% - 4\%)\times 320 = 1.60 \text{ 万元}$$

以上两项合计：0.80＋1.60 ＝2.40万元

4. 比率法

比率法是指用两个以上的指标的比例进行分析的方法。它的基本特点为先把对比分析的数值变成相对数,再观察其相互之间的关系。常用的比率法有以下几种。

1) 相关比率法

由于项目经济活动的各个方面是相互联系、相互依存、相互影响的,因而可以将两个性质不同但相关的指标加以对比,求出比率,并以此来考查经营成果的好坏。例如:产值和工资是两个不同的概念,但他们是投入与产出的关系。在一般情况下,都希望以最少的工资支出完成最大的产值。因此,用产值工资率指标来考核人工费的支出水平,可以很好地分析人工成本。

2) 构成比率法

又称比重分析法或结构对比分析法。通过构成比率,可以考查成本总量的构成情况及各成本项目占总成本的比重,同时也可看出预算成本、实际成本和降低成本的比例关系,从而寻求降低成本的途径,见表 6-13。

表 6-13 成本构成比例分析表

成本项目	预算成本		实际比例		降低成本		
	金额	比重	金额	比重	金额	占本项(%)	占总量(%)
一、直接成本	1 263.79	93.2	1 200.31	92.38	63.48	5.02	4.68
1. 人工费	113.36	8.36	119.28	9.18	-5.92	-1.09	-0.44
2. 材料费	1 006.56	74.23	939.67	73.32	66.89	6.65	4.93
3. 机具使用费	87.6	6.46	89.65	6.9	-2.05	-2.34	-0.15
4. 措施费	56.27	4.15	51.71	3.98	4.56	8.1	0.34
二、间接成本	92.21	6.8	99.01	7.62	-6.8	-7.37	0.5
总成本	1 356	100	1 299.32	100	56.68	4.18	4.18
比例(%)	100	—	95.82	—	4.18	—	—

3) 动态比率法

动态比率法是将同类指标不同时期的数值进行对比,求出比率,以分析该项指标的发展方向和发展速度。动态比率的计算,通常采用基期指数和环比指数两种方法,见表 6-14。

表 6-14 指标动态比较表

指标	第一季度	第二季度	第三季度	第四季度
降低成本	45.60	47.80	52.50	64.30
基期指数(%)(第一季度=100)		104.82	115.13	141.01
环比指数(%)(上一季度=100)		104.82	109.83	122.48

任务三 工程项目质量管理

第一节 质量管理的内涵

一、项目质量控制相关概念、目标与任务

(一)质量和工程项目质量

根据我国国家标准《质量管理体系 基础和术语》(GB/T 19000—2016)的定义,质量是指客体的一组固有特性满足要求的程度。

客体是指可感知或可想象的任何事物,可能是物质的、非物质的或想象的,包括产品、服务、过程、人员、组织、体系、资源等。固有特性是指本来就存在的,尤其是那种永久的特性。质量由与要求有关的、客体的固有特性,即质量特性来表征;而要求是指明示的、通常隐含的或必须履行的需求或期望。质量差、好或优秀,以其质量特性满足质量要求的程度来衡量。

建设工程项目质量是指通过项目实施形成的工程实体的质量,是反映建设工程满足法律、法规的强制性要求和合同约定的要求,包括在安全、使用功能,以及在耐久性能、环境保护等方面满足要求的明显和隐含能力的特性总和。其质量特性主要体现在适用性、安全性、耐久性、可靠性、经济性及与环境的协调性六个方面。

1. 质量管理和工程项目质量管理

质量管理就是关于质量的管理,是在质量方面指挥和控制组织的协调活动,包括建立和确定质量方针和质量目标,并在质量管理体系中通过质量策划、质量保证、质量控制和质量改进等手段来实施全部质量管理职能,从而实现质量目标的所有活动。

工程项目质量管理是指在工程项目实施过程中,指挥和控制项目参与各方关于质量的相互协调的活动,是围绕着使工程项目满足质量要求而开展的策划、组织、计划、实施、检查、监督和审核等所有管理活动的总和。它是工程项目的建设、勘察、设计、施工、监理等单位的共同职责。项目参与各方的项目经理必须调动与项目质量有关的所有人员的积极性,共同做好本职工作,才能完成工程项目质量管理的任务。

2. 质量控制与工程项目质量控制

质量控制是质量管理的一部分,是致力于满足质量要求的一系列相关活动,这些活动主要包括以下几方面。

(1)设定目标:按照质量要求,确定需要达到的标准和控制的区间、范围、区域。

(2)测量检查:测量实际成果满足所设定目标的程度。

(3)评价分析:评价控制的能力和效果,分析偏差产生的原因。

(4)纠正偏差:对不满足设定目标的偏差,及时采取针对性措施尽量纠正偏差。

质量控制是在具体的条件下围绕着明确的质量目标,通过行动方案和资源配置的计划、实施、检查和监督,进行事前预控、事中控制和事后控制,致力于实现预期质量目标的系统过程。

工程项目的质量要求主要是由业主方提出的。项目的质量目标,是业主的建设意图通过项目策划,包括项目的定义及建设规模、系统构成、使用功能和价值、规格、档次、标准等的定位策划和目标决策确定的。项目承包方为了实现较高的顾客满意度,可以提出更高的质量目标,满足业主方既没有明示,又不是通常隐含或必须履行的期望。工程项目质量控制,就是在项目实施整个过程中,包括项目的勘察设计、招标采购、施工安装、竣工验收等各个阶段,项目各参与方致力于实现项目质量总目标的一系列活动。

工程项目质量控制包括项目的建设、勘察、设计、施工、监理各方的质量控制活动。

(二)项目质量控制的责任和义务

《中华人民共和国建筑法》和《建设工程质量管理条例》规定,建设工程项目的建设单位、勘察单位、设计单位、施工单位、工程监理单位都要依法对建设工程质量负责。

二、项目质量的形成过程和影响因素分析

建筑产品的多样性和生产方式的单件性,决定了各个建设工程项目质量特性的差异,但影响项目质量的因素却有共同的规律。

项目质量控制的责任和义务

(一)建设工程项目的基本质量特性

建设工程项目从本质上说是一项拟建或在建的建筑产品,它和一般产品具有同样的质量内涵,即其固有特性满足需要的程度。这些质量特性是指产品的适用性、安全性、耐久性、可靠性、经济性及与环境的协调性等。由于建筑产品一般是采用单件性筹划、设计和施工的生产组织方式,因此,其具体的质量特性指标是在各建设工程项目的策划、决策和设计过程中进行定义的。建设工程项目的基本质量特性可以概括如下。

1. 有关使用功能的质量特性

工程项目的功能性质量,主要表现为反映项目使用功能需求的一系列特性指标,如房屋建筑工程的平面空间布局,通风、采光性能;工业建筑工程的生产能力和工艺流程;道路交通工程的路面等级、通行能力等。按照现代质量管理理念,功能性质量必须以顾客的关注点为焦点,满足顾客的需求或期望。

2. 有关安全可靠的质量特性

建筑产品不仅要满足使用功能和用途的要求,而且要在正常的使用条件下达到安全可靠的

标准,如建筑结构自身安全可靠、使用过程防腐蚀、防坠、防火、防盗、防辐射,以及设备系统运行与使用安全等。可靠性质量必须在满足功能性质量需求的基础上,结合技术标准、规范(特别是强制性条文)的要求进行确定与实施。

3. 有关文化艺术的质量特性

建筑产品具有深刻的社会文化背景,历来人们都把具有某种特定历史文化内涵的建筑产品视同艺术品。其个性的艺术效果,包括建筑造型、立面外观、文化内涵、时代表征,以及装修装饰、色彩视觉等,不仅使用者关注,而且社会也关注;不仅现在关注,而且未来的人们也会关注和评价。工程项目艺术文化特性的质量来自设计者的设计理念、创意和创新,以及施工者对设计意图的领会与精益施工。

4. 有关工程环境的质量特性

建设工程环境质量主要是指在项目建设与使用过程中对周边环境的影响,包括项目的规划布局、交通组织、绿化景观、节能环保,及其与周边环境的协调性或适宜性。

(二)项目质量的影响因素分析

建设工程项目质量的影响因素,主要是指在项目质量目标策划、决策和实现过程中影响质量形成的各种客观因素和主观因素,包括人的因素、机械因素、材料(含设备)因素、方法因素和环境因素(简称人、机、料、法、环)等。

1. 人的因素

在工程项目质量管理中,人的因素起决定性作用。项目质量控制应以控制人的因素为基本出发点。影响项目质量的人的因素,包括两个方面:一是直接履行项目质量职能的决策者、管理者和作业者个人的质量意识及质量活动能力;二是承担项目策划、决策或实施的建设单位、勘察设计单位、咨询服务机构、工程承包企业等实体组织的质量管理体系及其管理能力。前者是个体的人,后者是群体的人。我国实行建筑业企业经营资质管理制度、市场准入制度、执业资格注册制度、作业及管理人员持证上岗制度等,从本质上说,都是对从事建设工程活动的人的素质和能力进行必要的控制。人作为控制对象,工作应避免失误;作为控制动力,应充分调动积极性,发挥人的主导作用。因此,必须有效控制项目各参与方的人员素质,不断提高人的质量活动能力,才能保证项目质量。

2. 机械因素

机械主要是指施工机械和各类工、器具,包括施工过程中使用的运输设备、吊装设备、操作工具、测量仪器、计量器具,以及施工安全设施等。施工机械设备是所有施工方案和工法得以实施的重要物质基础,合理选择和正确使用施工机械设备是保证项目施工质量和安全的重要条件。

3. 材料（含设备）因素

材料包括工程材料和施工用料，又包括原材料、半成品、成品、构配件和周转材料等。各类材料是工程施工的基本物质条件，材料质量不符合要求，工程质量就不可能达到标准。这里说的设备是指工程设备，是组成工程实体的工艺设备和各类机具，如各类生产设备、装置和辅助配套的电梯、泵机，以及通风空调、消防、环保设备等，它们是工程项目的重要组成部分，其质量的优劣，直接影响到工程使用功能的发挥。所以，加强对材料（设备）的质量控制，是保证工程质量的基础。

4. 方法因素

方法因素也称技术因素，包括勘察、设计、施工所采用的技术和方法，以及工程检测、试验的技术和方法等。从某种程度上说，技术方案和工艺水平的高低，决定了项目质量的优劣。依据科学的理论，采用先进合理的技术方案和措施，按照规范进行勘察、设计、施工，必将对保证项目的结构安全和满足使用功能，对组成质量因素的产品精度、强度、平整度、清洁度、耐久性等物理、化学特性等方面，起到良好的推进作用。比如建设主管部门推广应用的建筑业10项新技术：地基基础和地下空间工程技术，钢筋与混凝土技术，模板及脚手架技术，装配式混凝土结构技术，钢结构技术，机电安装工程技术，绿色施工技术，防水与维护结构节能技术，抗震、加固与监测技术，信息化技术，对消除质量通病、保证建设工程质量都有积极作用。

5. 环境因素

影响项目质量的环境因素，又包括项目的自然环境因素、社会环境因素、管理环境因素和作业环境因素。

1）自然环境因素

自然环境因素主要指工程地质、水文、气象条件和地下障碍物，以及其他不可抗力等影响项目质量的因素。例如，复杂的地质条件必然对建设工程的地基处理和基础设计提出更高的要求，处理不当就会对结构安全造成不利影响；地下水位高的地区，若在雨期进行基坑开挖，遇到连续降雨或排水困难，就会发生基坑塌方或地基受水浸泡影响承载力等；寒冷地区若冬期施工措施不当，工程会因受到冻融而质量降低；在基层未干燥或大风天进行卷材屋面防水层的施工，就会出现粘贴不牢及空鼓等质量问题。

2）社会环境因素

社会环境因素主要是指会对项目质量造成影响的各种社会环境因素，包括国家建设行业法律法规的健全程度及其执法力度；建设工程项目法人决策的理性化程度及经营者的经营管理理念；建筑市场（包括建设工程交易市场和建筑生产要素市场）的发育程度及交易行为的规范程度；政府的工程质量监督及行业管理成熟程度；建设咨询服务业的发展程度及其服务水准的高低；廉政管理及作风建设的状况等。

3）管理环境因素

管理环境因素主要是指项目参建单位的质量管理体系、质量管理制度和各参建单位之间的协调等因素。比如,参建单位的质量管理体系是否健全、运行是否有效,决定了该单位的质量管理能力;在项目施工中根据承发包的合同结构,理顺管理关系,建立统一的现场施工组织系统和质量管理的综合运行机制,确保工程项目质量保证体系处于良好的状态,创造良好的质量管理环境和氛围,是施工顺利进行、施工质量提高的保证。

4）作业环境因素

作业环境因素主要指项目实施现场平面和空间环境条件,各种能源介质供应,如施工照明、通风、安全防护设施,施工场地给排水,以及交通运输和道路条件等因素。这些条件是否良好,直接影响到施工能否顺利进行,以及施工质量能否得到保证。

上述因素对项目质量的影响,具有复杂多变和不确定性的特点。对这些因素进行控制,是项目质量控制的主要内容。

三、项目质量风险分析和控制

建设工程项目质量的影响因素中,有可控因素,也有不可控因素;这些因素对项目质量的影响存在不确定性,这就造成了建设工程项目的质量风险。

建设工程项目质量风险通常是指某种因素对实现项目质量目标造成不利影响的不确定性,这些因素导致发生质量损害的概率和造成质量损害的程度都是不确定的。在项目实施的整个过程中,对质量风险进行识别、评估、响应及控制,减少风险源的存在,降低风险事故发生的概率,减少风险事故对项目质量造成的损害,把风险损失控制在可以接受的程度,是项目质量控制的重要内容。

(一)质量风险识别

项目质量风险的识别就是识别项目实施过程中存在哪些风险因素,以及可能产生哪些质量损害。

1. 项目实施过程中常见的质量风险

从风险产生的原因分析,常见的项目质量风险有以下几类。

1）自然风险

自然风险包括客观自然条件对项目质量的不利影响和突发自然灾害对项目质量造成的损害。软弱、不均匀的岩土地基,恶劣的水文、气象条件,是长期存在的可能损害项目质量的隐患;地震、暴风、雷电、暴雨,以及由此派生的洪水、滑坡、泥石流等突然发生的自然灾害,都可能对项目质量造成严重破坏。

2）技术风险

技术风险包括现有技术水平的局限性和项目实施人员对工程技术的掌握不够、应用不当对项目质量造成的不利影响。人类对自然规律的认识有一定的局限性,现有的科学技术水平不一定能够完全解决和正确处理工程实践中的所有问题;项目实施人员受自身技术水平的限制,在项目决策和设计、施工、监理过程中,可能发生技术上的错误。这两方面的问题都可能对项目质量造成不利影响,特别是在不够成熟的新结构、新技术、新工艺、新材料的应用上可能存在的风险更大。

3) 管理风险

工程项目的建设、设计、施工、监理等工程质量责任单位的质量管理体系存在缺陷,组织结构不合理,工作流程组织不科学,任务分工和职能划分不恰当,管理制度不健全,或者各级管理者的管理能力不足和责任心不强,这些因素都可能对项目质量造成损害。

4) 环境风险

环境风险包括项目实施的社会环境和项目实施现场的工作环境可能对项目质量造成的不利影响。社会上的种种腐败现象和违法行为,都会给项目质量带来严重的隐患;项目现场的空气污染、水污染、光污染和噪声、固体废弃物等都可能对项目实施人员的工作质量和项目实体质量造成不利影响。

从风险损失责任承担的角度,项目质量风险可以分为以下几类。

1) 业主方的风险

项目决策的失误,设计、施工、监理单位选择错误,向设计、施工单位提供的基础资料不准确,项目实施过程中对项目各参与方的关系协调不当,对项目的竣工验收有疏忽等,由此对项目质量造成的不利影响都是业主方的风险。

2) 勘察设计方的风险

水文地质勘查的疏漏,设计的错误,造成项目的结构安全和主要使用功能方面不满足要求,是勘察设计方的风险。

3) 施工方的风险

在项目实施过程中,由于施工方管理松懈、混乱,施工技术错误、方法不对,或者材料、机械使用不当,导致发生安全、质量事故,是施工方的风险。

4) 监理方的风险

在项目实施过程中,由于监理方没有依法履行在工程质量和安全方面的监理责任,因而留下质量隐患,或发生安全、质量事故,是监理方的风险。

2. 质量风险识别的方法

项目质量风险具有广泛性,影响质量的各方面因素都可能存在风险,项目实施的各个阶段都有不同的风险。进行风险识别应在广泛收集质量风险相关信息的基础上,集合从事项目实施的各方面工作和具有各方面知识的人员参加。风险识别可按风险责任单位和项目实施阶段分别进行,如设计单位在设计阶段或施工阶段的质量风险识别、施工单位在施工阶段或保修阶段的质量风险识别等。识别可分三步进行。

(1)采用层次分析法画出质量风险结构层次图。可以按风险的种类列出各类风险因素可能造成的质量风险;也可以按项目结构图列出各个子项目可能存在的质量风险;还可以按工作流程图列出各个实施步骤(或工序)可能存在的质量风险。不要轻易否定或排除某些风险。

(2)分析每种风险的促发因素。分析的方法可以采用头脑风暴法、专家调查(访谈)法、经验判断法和因果分析图等。

(3)将风险识别的结果汇总成质量风险识别报告。报告没有固定格式,通常可以采用列表的形式,内容包括风险编号、风险的种类、促发风险的因素、可能发生的风险事故的简单描述,以及风险承担的责任方等。

(二)质量风险评估

质量风险评估包括两个方面:一是评估各种质量风险发生的概率;二是评估各种质量风险可能造成的损失量。

1.风险评估的方法

质量风险评估应采取定性与定量相结合的方法进行。通常可以采用经验判断法或德尔菲法,对各个风险事件发生的概率、事件后果对项目的结构安全和主要使用功能影响的严重性进行专家打分,然后进行汇总分析,以估算每一个风险事件的风险水平,进而确定其风险等级。

2.风险评估表

将风险评估的结果汇编成风险评估表,参见表6-15。

表6-15 项目质量风险评估表

编号	风险种类	风险因素	风险事件描述	发生概率	损失量	风险等级	备注

(三)质量风险响应

质量风险响应就是根据风险评估的结果,针对各种质量风险制订应对策略和编制风险管理计划。

1.质量风险应对策略

常用的质量风险应对策略包括风险规避、风险减轻、风险转移、风险自留及其组合等。

1) 风险规避

采取恰当的措施避免质量风险的发生。例如:依法进行招标投标,慎重选择有资质、有能力的项目设计、施工、监理单位,避免因这些质量责任单位选择不当而发生质量风险;正确进行项目的规划选址,避开不良地基或容易发生地质灾害的区域;不选用不成熟、不可靠的设计、施工技术方案;合理安排施工工期和进度计划,避开可能发生的水灾、风灾、冻害对工程质量的损害等。

2) 风险减轻

针对无法规避的质量风险,研究制订有效的应对方案,尽量把风险发生的概率和损失量降到最低程度,从而降低风险量和风险等级。例如,在施工中有针对性地制订和落实有效的施工质量保证措施和质量事故应急预案,可以降低质量事故发生的概率,减少事故损失量。

3) 风险转移

风险转移是指依法采用正确的方法把质量风险转移给其他方承担。转移的方法有:

(1) 分包转移——施工总承包单位依法把自己缺乏经验、没有足够把握的部分工程,通过签订分包合同,分包给有经验、有能力的单位施工;承包单位依法实行联合承包,也是分担风险的办法。

(2) 担保转移——建设单位在工程发包时,要求承包单位提供履约担保;工程竣工结算时,扣留一定比例的质量保证金等。

(3) 保险转移——质量责任单位向保险公司投保适当的险种,把质量风险全部或部分转移给保险公司等。

4) 风险自留

风险自留又称风险承担。当质量风险无法避免,或者估计可能造成的质量损害不会很严重而预防的成本很高时,风险自留也常常是一种有效的风险响应策略。风险自留有两种:无计划自留和有计划自留。无计划自留是指不知风险存在或虽预知有风险而未做预处理,一旦风险事件发生,再视造成的质量缺陷情况进行处理。有计划自留指明知有一定风险,经分析由自己承担风险更为合理,预先做好处理可能造成的质量缺陷和承担损失的准备。可以采取设立风险基金的办法,在损失发生后用基金弥补;在建筑工程预算价格中通常预留一定比例的不可预见费,一旦发生风险损失,由不可预见费支付。

2. 质量风险管理计划

质量风险应对策略应形成项目质量风险管理计划。其内容一般包括:

(1) 项目质量风险管理方针、目标。

(2) 质量风险识别和评估结果。

(3) 质量风险应对策略和具体措施。

(4)质量风险控制的责任分工。

(5)相应的资源准备计划。

为便于管理,项目质量风险管理计划的具体内容也可以采用一览表的形式表示,见表6-16。

表 6-16 项目质量风险管理计划一览表

编号	风险事件	风险等级	响应策略	主要监控措施	责任部门	责任人	备注

第二节 质量控制体系

一、基础知识

为了有效地进行系统、全面的质量控制,必须由项目实施的总负责单位负责建设工程项目质量控制体系的建立和运行,实施质量目标的控制。在项目质量管理过程中应依托 PDCA 循环基本方法,充分体现全面质量管理思想。

二、项目案例

(一)港珠澳大桥建设愿景和目标

质量控制体系

在港珠澳大桥管理局成立之前,大桥前期工作协调小组办公室于 2009 年底前编制完成了《港珠澳大桥建设项目管理总纲要》《港珠澳大桥建设项目质量管理纲要》,明确提出了港珠澳大桥的建设愿景、目标,描绘了港珠澳大桥建设的宏伟蓝图和保证体系。

(1)港珠澳大桥建设愿景:在"一国两制"三地的伶仃洋海域架设一座融合经济、文化和心理的桥梁,使得香港、广东、澳门成为世界级的区域中心。

(2)港珠澳大桥建设目标:建设世界级跨海通道,为用户提供优质服务,成为地标性建筑。

(3)港珠澳大桥质量目标:建成后的港珠澳大桥主体工程设计使用寿命达到 120 年,工程严格满足国家及港珠澳大桥主体工程专用标准体系要求,工程品质、质量管理、现场管理等方面均达到国际水准,确保将港珠澳大桥主体工程建设成为三地最优品质的跨海通道。

(二)港珠澳大桥质量管理实施策略

(1)对各参建单位的质量管理职责和管理体系进行系统规划,构建全面的质量管理体系。

(2) 按照高标准、严要求的原则,制定港珠澳大桥专用标准体系和建设项目管理制度体系,对项目工程质量和管理行为进行严格控制。

(3) 采用公开招标或公开选聘的采购方式,选择一流的勘察设计、咨询、施工、监理及试验检测单位,参与港珠澳大桥主体工程建设。

(4) 以合同管理为核心载体,落实参建各方的质量管理职责。

(5) 推行培训制度,做好从业人员的岗前培训,使参建人员与本项目的要求相匹配。

(6) 从源头抓起,对港珠澳大桥主体工程建设工序、勘察设计、采购、施工、检测及验收过程等各环节实行全程质量控制。

(7) 采用综合信息管理系统,实时掌握质量情况和数据信息,及时做好数据统计和对比分析,发现问题及时处理,使工程质量保持受控状态。

(三)港珠澳大桥质量管理制度建设

为规范港珠澳大桥质量管理工作,港珠澳大桥管理局广泛开展调研,吸收国内外工程建设项目的先进管理方法和理念,在《港珠澳大桥建设项目管理总纲要》《港珠澳大桥建设项目质量管理纲要》的指导下,进一步制定了16项质量管理制度和办法,将其纳入招标文件,要求各参建单位严格执行,并在此基础上进一步制定完善内部质量管理制度,严格认真做好质量管理工作。

(1) 质量管理体系实施办法:对质量管理体系的建立、运行、保持、审核及改进等做出相应的规定。

(2) 物资设备进场检验管理办法:对工程物资设备的采购、检验、存放、验收等做出相应的规定。

(3) 施工组织设计管理办法:对施工组织设计的分类、编制、审查、审批等做出相应的程序规定。

(4) 施工监理管理办法:对施工监理工作计划、程序、检查、考核等做出相应的规定。

(5) 停复工管理办法:对工程停复工的条件、不同类别停复工处理的具体操作流程等做出相应的规定和要求。

(6) 试验检测管理办法:对工地试验室建设和管理、试验抽检、委外试验管理及相关问题的处理做出相应的规定。

(7) 测量管理办法:对测控中心、监理人、承包人和第三方监测人等测量管理体系的建立,测量管理工作流程,相关测量工作的处理等做出相应的规定。

(8) 工程物资管理办法:对物资设备的分类、采购管理工作的流程做出相应的规定。

(9) 产品认证管理办法:参照香港和国内高铁做法,对搅拌站混凝土、混凝土预制构件实施产品质量认证,并对相关工作要求和流程做出相应的规定。

(10) 质量事故处理办法:对质量事故的定义、分类、上报、应急、调查、方案审查、处理、责任划分等做出相应的规定。

(11)技术管理办法:对技术标准管理、技术接口管理、设计技术管理、施工技术管理、重大技术决策与技术总结,以及科研管理、技术创新与推广、技术资料管理等做出相应的规定。

(12)地质勘查工作管理办法:对地质勘查的方案管理、现场管理、成果验收等工作流程和要求做出相应的规定。

(13)设计管理办法:对设计遵循原则、设计管理流程、设计接口管理、成果审查、成果发放等做出相应的规定和要求。

(14)档案管理办法:对档案资料的过程管理、收集、整理、建档、验收等做出相应的规定和要求。

(15)承包人信誉评价管理办法:对承包人质量信誉考核内容、频率、考核结果处理等做出相应的规定。

(16)质量验收管理办法:对不同类型的质量验收工作流程、职责分工做出相应的规定。

第三节　施工质量控制

一、基础知识

建设工程项目的施工质量控制,有两个方面的含义:一是指项目施工单位的施工质量控制,包括施工总承包、分包单位,综合的和专业的施工质量控制;二是指广义的施工阶段项目质量控制,即除了施工单位的施工质量控制外,还包括建设单位、设计单位、监理单位,以及政府质量监督机构,在施工阶段对项目施工质量所实施的监督管理和控制职能。因此,项目管理者应全面理解施工质量控制的内涵,掌握项目施工阶段质量控制的目标、依据与基本环节,以及施工质量计划的编制和施工生产要素、施工准备工作和施工作业过程的质量控制方法。

(一)施工质量控制的依据与基本环节

1.施工质量的基本要求

工程项目施工是实现项目设计意图形成工程实体的阶段,是最终形成项目质量和实现项目使用价值的阶段。项目施工质量控制是整个工程项目质量控制的关键和重点。

施工质量要达到的最基本要求:通过施工形成的项目工程实体质量经检查验收合格。建筑工程施工质量验收合格应符合下列规定:

(1)符合工程勘察、设计文件的要求。

(2)符合现行的《建筑工程施工质量验收统一标准》(GB 50300—2013)和相关专业验收规范的规定。

上述规定(1)是要符合勘察、设计方对施工提出的要求。工程勘察、设计单位针对本工程的水文地质条件,根据建设单位的要求,从技术和经济结合的角度,为满足工程的使用功能和安全性、经济性、与环境的协调性等要求,以图纸、文件的形式对施工提出要求,是针对每个工程项目的个性化要求。

规定(2)是要符合国家法律、法规的强制性要求。国家建设行政主管部门为了加强建筑工程质量管理,规范建筑工程施工质量的验收,保证工程质量,制定了相应的标准和规范。这些标准、规范是主要从技术的角度,为保证房屋建筑各专业工程的安全性、可靠性、耐久性而提出的一般性要求。

施工质量在合格的前提下,还应符合施工承包合同约定的要求。施工承包合同的约定具体体现了建设单位的要求和施工单位的承诺,全面反映了对施工形成的工程实体的适用性、安全性、耐久性、可靠性、经济性和与环境的协调性六个方面质量特性的要求。

为了达到上述要求,项目的建设单位、勘察单位、设计单位、施工单位、工程监理单位应切实履行法定的质量责任和义务,在整个施工阶段对影响项目质量的各项因素实行有效的控制,以保证项目实施过程的工作质量和项目工程实体的质量。

"合格"是对项目质量最基本的要求,国家鼓励采用先进的科学技术和管理方法,提高建设工程质量。全国和地方(部门)的建设主管部门或行业协会设立了"中国建筑工程鲁班奖(国家优质工程)""金钢奖""白玉兰奖"和以"某某杯"命名的各种优质工程奖等,都是为了鼓励项目参建单位创造更好的工程质量。

(二)施工质量控制的依据

1. 共同性依据

共同性依据指适用于施工质量管理有关的、通用的、具有普遍指导意义和必须遵守的基本法规。主要包括国家和政府有关部门颁布的与工程质量管理有关的法律法规性文件,如《中华人民共和国建筑法》《中华人民共和国招标投标法》和《建设工程质量管理条例》等。

2. 专业技术性依据

专业技术性依据指针对不同的行业、不同质量控制对象制定的专业技术规范文件,包括规范、规程、标准、规定等,如工程建设项目质量检验评定标准,有关建筑材料、半成品和构配件质量方面的专门技术法规性文件,有关材料验收、包装和标志等方面的技术标准和规定,施工工艺质量等方面的技术法规性文件,有关新工艺、新技术、新材料、新设备的质量规定和鉴定意见等。

3. 项目专用性依据

项目专用性依据指本项目的工程建设合同、勘察设计文件、设计交底及图纸会审记录、设计修改和技术变更通知,以及相关会议记录和工程联系单等。

(三)施工质量控制的基本环节

施工质量控制应贯彻全面、全员、全过程质量管理的思想,运用动态控制原理,进行质量的事前控制、事中控制和事后控制。

1. 事前质量控制

事前质量控制即在正式施工前进行的事前主动质量控制,通过编制施工质量计划,明确质量目标,制订施工方案,设置质量管理点,落实质量责任,分析可能导致质量目标偏离的各种影响因素,针对这些影响因素制订有效的预防措施,防患于未然。

事前质量预控要求针对质量控制对象的控制目标、活动条件、影响因素进行周密分析,找出薄弱环节,制订有效的控制措施和对策。

2. 事中质量控制

事中质量控制指在施工质量形成过程中,对影响施工质量的各种因素进行全面的动态控制。事中质量控制也称作业活动过程质量控制,包括质量活动主体的自我控制和他人监控的控制方式。自我控制是第一位的,即作业者在作业过程中对自己质量活动行为的约束和技术能力的发挥,以完成符合预定质量目标的作业任务;他人监控是对作业者的质量活动过程和结果,由来自企业内部管理者和企业外部有关方面进行监督检查,如工程监理机构、政府质量监督部门等的监控。

施工质量的自控和监控是相辅相成的系统过程。自控主体的质量意识和能力是关键,是施工质量的决定因素;各监控主体所进行的施工质量监控是对自控行为的推动和约束。因此,自控主体必须正确处理自控和监控的关系,在致力于施工质量自控的同时,还必须接受来自业主、监理等方面对其质量行为和结果所进行的监督管理,包括质量检查、评价和验收。自控主体不能因为监控主体的存在和监控职能的实施而减轻或推脱其质量责任。

事中质量控制的目标是确保工序质量合格,杜绝质量事故发生;控制的关键是坚持质量标准;控制的重点是工序质量、工作质量和质量控制点的控制。

3. 事后质量控制

事后质量控制也称事后质量把关,以使不合格的工序或最终产品(包括单位工程或整个工程项目)不流入下道工序、不进入市场。事后质量控制包括对质量活动结果的评价、认定;对工序质量偏差的纠正;对不合格产品进行整改和处理。控制的重点是发现施工质量方面的缺陷,并通过分析提出施工质量改进的措施,保证质量处于受控状态。

以上三大环节不是互相孤立的,它们共同构成了有机的系统过程,实质上也就是质量管理 PDCA 循环的具体化,在每一次滚动循环中不断提高,达到质量管理和质量控制的持续改进。

(二)施工质量计划的内容与编制方法

按照我国质量管理体系标准,施工质量计划是质量管理体系文件的组成内容。在合同环境下,施工质量计划是企业向顾客表明质量管理方针、目标及其具体实现的方法、手段和措施的文件,体现企业对质量责任的承诺和实施的具体步骤。

1. 施工质量计划的形式和内容

1)施工质量计划的形式

目前,我国已经建立质量管理体系的施工企业除了采用将施工质量计划作为一个独立文件的形式外,通常还采用在工程项目施工组织设计或施工项目管理实施规划中包含质量计划内容的形式。

施工组织设计或施工项目管理实施规划之所以能发挥施工质量计划的作用,是因为根据建筑生产的技术经济特点,每个工程项目都需要进行施工生产过程的组织与计划,包括施工质量、进度、成本、安全等目标的设定,实现目标的步骤和技术措施的安排等。因此,施工质量计划所要求的内容,理所当然地被包含在施工组织设计或项目管理实施规划中,而且能够充分体现施工项目管理目标(质量、工期、成本、安全)的关联性、制约性和整体性,这也和全面质量管理的思想方法相一致。

2)施工质量计划的基本内容

(1)工程特点及施工条件(合同条件、法规条件和现场条件等)分析。

(2)质量总目标及其分解目标。

(3)质量管理组织机构和职责,人员及资源配置计划。

(4)确定施工工艺与操作方法的技术方案和施工组织方案。

(5)施工材料、设备等物资的质量管理及控制措施。

(6)施工质量检验、检测、试验工作的计划安排及其实施方法与检测标准。

(7)施工质量控制点及其跟踪控制的方式与要求。

(8)质量记录的要求等。

2. 施工质量控制点的设置与管理

施工质量控制点的设置是施工质量计划的重要组成内容。施工质量控制点是施工质量控制的重点对象。

1)质量控制点的设置

质量控制点应选择那些技术要求高、施工难度大、对工程质量影响大或是发生质量问题时危害大的对象进行设置。一般选择下列部位或环节作为质量控制点。

(1)对工程质量形成过程产生直接影响的关键部位、工序、环节及隐蔽工程。

(2)施工过程中的薄弱环节,或者质量不稳定的工序、部位或对象。

(3)对下道工序有较大影响的上道工序。

(4)采用新技术、新工艺、新材料的部位或环节。

(5)对施工质量无把握的、施工条件困难的或技术难度大的工序或环节。

(6)用户反馈指出的和过去有过返工的不良工序。

2)质量控制点的重点控制对象

设置了质量控制点,还要根据对重要质量特性进行重点控制的要求,选择质量控制点的重点部位、重点工序和重点的质量因素作为质量控制点的重点控制对象,进行重点预控和监控。质量控制点的重点控制对象主要包括以下几个方面。

(1)人的行为。某些操作或工序,应以人为重点控制对象,如高空、高温、水下、易燃易爆、重型构件吊装作业,以及操作要求高的工序和技术难度大的工序等,都应从人的生理、心理、技术能力等方面进行控制。

(2)材料的质量与性能。这是直接影响工程质量的重要因素,在某些工程中应作为控制的重点。如钢结构工程中使用的高强度螺栓、某些特殊焊接使用的焊条,都应重点控制其材质与性能;又如水泥的质量是直接影响混凝土工程质量的关键因素,施工中就应对进场的水泥质量进行重点控制,必须检查核对其出厂合格证,并按要求进行强度、凝结时间和安定性的复验等。

(3)施工方法与关键操作。某些直接影响工程质量的关键操作应作为控制的重点,如预应力钢筋的张拉工艺操作过程及张拉力的控制,是可靠地建立预应力值和保证预应力构件质量的关键。同时,那些易对工程质量产生重大影响的施工方法,也应列为控制的重点,如大模板施工中模板的稳定和组装问题,液压滑模施工时支撑杆的稳定问题,装配式混凝土结构构件吊运、吊装过程中吊具、吊点、吊索的选择与设置问题等。

(4)施工技术参数。如混凝土的水胶比和外加剂掺量,回填土的含水量,砌体的砂浆饱满度,防水混凝土的抗渗等级,建筑物沉降与基坑边坡稳定监测数据,大体积混凝土内外温差及混凝土冬期施工受冻临界强度,装配式混凝土预制构件出厂时的强度等技术参数都是应重点控制的质量参数与指标。

(5)技术间歇。有些工序之间必须留有必要的技术间歇时间,如砌筑与抹灰之间,应在墙体砌筑后留 6~10 日时间,让墙体充分沉陷、稳定、干燥,然后再抹灰,抹灰层干燥后,才能喷白、刷浆;混凝土浇筑与模板拆除之间,应保证混凝土有一定的硬化时间,达到规定的拆模强度后才可拆除。

(6)施工顺序。某些工序之间必须严格控制施工的先后顺序,如对冷拉的钢筋应当先焊接后冷拉,否则会失去冷强;屋架的安装固定,应采取对角同时施焊方法,否则会由于焊接应力导致校正好的屋架发生倾斜。

(7)易发生或常见的质量通病。混凝土工程的蜂窝、麻面、空洞、墙、地面、屋面工程渗水、漏水、空鼓、起砂、裂缝等,都与工序操作有关,均应事先研究对策,提出预防措施。

(8)新技术、新材料及新工艺的应用。由于缺乏经验,施工时应将其作为重点进行控制。

(9)产品质量不稳定和不合格率较高的工序应列为重点,认真分析,严格控制。

(10)特殊地基或特种结构。对于湿陷性黄土、膨胀土、红黏土等特殊土地基的处理,以及大跨度结构、高耸结构等技术难度较大的施工环节和重要部位,均应予以特别的重视。

3.质量控制点的管理

对施工质量控制点的控制,首先要做好质量控制点的事前质量预控工作,包括明确质量控制的目标与控制参数;编制作业指导书和质量控制措施;确定质量检查、检验方式及抽样的数量与方法;明确检查结果的判断标准及质量记录与信息反馈要求等。

其次,要向施工作业班组进行认真交底,使每一个控制点上的作业人员明白施工作业规程及质量检验评定标准,掌握施工操作要领;在施工过程中,相关技术管理和质量控制人员要在现场进行重点指导和检查验收。

同时,还要做好施工质量控制点的动态设置和动态跟踪管理。所谓动态设置,是指在工程开工前、设计交底和图纸会审时,可确定项目的一批质量控制点,随着工程的展开、施工条件的变化,随时或定期进行控制点的调整和更新。动态跟踪是应用动态控制原理,落实专人负责跟踪和记录控制点质量控制的状态和效果,并及时向项目管理组织的高层管理者反馈质量控制信息,保持施工质量控制点的受控状态。

对于危险性较大的分部、分项工程或特殊施工过程,除按一般过程质量控制的规定执行外,还应由专业技术人员编制专项施工方案或作业指导书,经施工单位技术负责人、项目总监理工程师、建设单位项目负责人审阅签字后执行。超过一定规模的、危险性较大的分部、分项工程,还要组织专家对专项施工方案进行论证。作业前施工员、技术员做好交底和记录,使操作人员在明确工艺标准、质量要求的基础上进行作业。为保证质量控制点的目标实现,应严格按照三级检查制度进行检查控制。在施工中发现质量控制点有异常时,应立即停止施工,召开分析会,查找原因,采取对策予以解决。

施工单位应积极主动地支持、配合监理工程师的工作,应根据现场工程监理机构的要求,对施工作业质量控制点按照不同的性质和管理要求,细分为"见证点"和"待检点",进行施工质量的监督和检查。凡属"见证点"的施工作业,如重要部位、特种作业、专门工艺等,施工方必须在该项作业开始前,书面通知现场监理机构到位旁站,见证施工作业过程;凡属"待检点"的施工作业,如隐蔽工程等,施工方必须在完成施工质量自检的基础上,提前通知项目监理机构进行检查验收,然后才能进行工程隐蔽或下道工序的施工。未经过项目监理机构检查验收合格,不得进行工程隐蔽或下道工序的施工。

(三)施工生产要素的质量控制

施工生产要素是施工质量形成的物质基础,其质量的含义:作为劳动主体的施工人员,即直接参与施工的管理者、作业者的素质及其组织效果;作为劳动手段的施工机械、设备、工具、模具等的技术性能;作为劳动对象的建筑材料、构件、半成品、工程设备等的质量;作为劳动方法的施工工艺及技术措施的水平;施工环境——现场水文、地质、气象等自然条件,通风、照明、安全等作业环境设置,以及协调配合的管理水平。

1. 施工人员的质量控制

施工人员的质量包括参与工程施工的各类人员的施工技能、文化素养、生理体能、心理行为等方面的个体素质,以及经过合理组织和激励发挥个体潜能综合形成的群体素质。因此,企业应通过择优录用、加强思想道德及技能方面的教育培训,合理组织、严格考核,并辅以必要的激励机制,使企业员工的潜在能力得到充分的发挥和最好的组合,使施工人员在质量控制系统中发挥自控主体作用。

施工企业必须坚持执业资格注册制度和作业人员持证上岗制度;对所选派的施工项目领导者、组织者进行教育和培训,使其质量意识和组织管理能力能满足施工质量控制的要求;对所属施工队伍进行全员培训,加强质量意识的教育和技术训练,提高每个作业者的质量活动能力和自控能力;对分包单位和施工人员进行严格的资质考核,其资质必须符合相关法规的规定,与其分包的工程相适应。

2. 施工机械的质量控制

施工机械设备是所有施工方案和工法得以实施的重要物质基础,合理选择和正确使用施工机械设备是保证施工质量的重要措施。

(1)对施工所用的机械设备,应根据工程需要从设备选型、主要性能参数及使用操作要求等方面加以控制,符合安全、适用、经济、可靠和节能、环保等方面的要求。

(2)对施工中使用的模具、脚手架等施工设备,除可按适用的标准定型选用之外,一般需按设计及施工要求进行专项设计,对其设计方案及制作质量的控制及验收应作为重点进行控制。

(3)混凝土预制构件吊运应根据构件的形状、尺寸、重量和作业半径等要求选择吊具和起重设备,预制柱的吊点数量、位置应经计算确定,吊索水平夹角不宜小于60°且不应小于45°。

(4)按现行施工管理制度要求,工程所用的施工机械、模板、脚手架,特别是危险性较大的现场安装的起重机械设备,在安装前要编制专项安装方案并经过审批后实施,安装完毕不仅必须经过自检和专业检测机构检测,而且要经过相关管理部门验收合格后方可使用。同时,在使用过程中尚需落实相应的管理制度,以确保其安全正常使用。

3. 材料设备的质量控制

对原材料、半成品及工程设备进行质量控制的主要内容:控制材料设备的性能、标准、技术参数与设计文件的相符性;控制材料、设备各项技术性能指标、检验测试指标与标准规范要求的相符性;控制材料、设备进场验收程序的正确性及质量文件资料的完备性;优先采用节能低碳的新型建筑材料和设备,禁止使用国家明令禁用或淘汰的建筑材料和设备等。

施工单位应按照现行的《建筑工程检测试验技术管理规范》(JGJ 190—2010),在施工过程中贯彻执行企业质量程序文件中关于材料和设备封样、采购、进场检验、抽样检测及质保资料提交等方面明确规定的一系列控制程序和标准。

对装配式混凝土预制构件的原材料质量、钢筋加工和连接的力学性能、混凝土强度、构件结构性能、装饰材料、保温材料及拉结件的质量等,均应根据国家现行的有关标准进行检查和检验,并应具有生产操作规程和质量检验记录。混凝土预制构件出厂时的混凝土强度不宜低于设计混凝土强度等级值的75%。

4. 工艺技术方案的质量控制

对施工工艺技术方案的质量控制主要包括以下几个内容:

(1)深入正确地分析工程特征、技术关键及环境条件等资料,明确质量目标、验收标准、控制的重点和难点。

(2)制订合理有效的有针对性的施工技术方案和组织方案,前者包括施工工艺、施工方法,后者包括施工区段划分、施工流向及劳动组织等。

(3)合理选用施工机械设备和设置施工临时设施,合理布置施工总平面图和各阶段施工平面图。

(4)根据施工工艺技术方案选用和设计保证质量和安全的模具、脚手架等施工设备;成批生产的混凝土预制构件模具应具有足够的强度、刚度和整体稳固性。

(5)编制工程所采用的新材料、新技术、新工艺的专项技术方案和质量管理方案。

(6)针对工程具体情况,分析气象、地质等环境因素对施工的影响,制订应对措施。

5. 施工环境因素的控制

环境因素对工程质量的影响,具有复杂多变和不确定性的特点,具有明显的风险特性。要减少其对施工质量的不利影响,主要是采取预测、预防的风险控制方法。

1)对施工现场自然环境因素的控制

对地质、水文等方面的影响因素,应根据设计要求,分析工程岩土地质资料,预测不利因素,并会同设计等方面制订相应的措施,采取如基坑降水、排水、加固围护等技术控制方案。对天气气象方面的影响因素,应在施工方案中制订专项紧急预案,明确在不利条件下的施工措施,落实人员、器材等方面的准备,加强施工过程中的预警与监控。

2)对施工质量管理环境因素的控制

要根据工程承发包的合同结构,理顺管理关系,建立统一的现场施工组织系统和质量管理的综合运行机制,确保质量保证体系处于良好的状态,创造良好的质量管理环境和氛围,使施工顺利进行,保证施工质量。

3)对施工作业环境因素的控制

要认真实施经过审批的施工组织设计和施工方案,落实相关管理制度,严格执行施工平面规划和施工纪律,保证各种施工条件良好,制订应对停水、停电、火灾、食物中毒等方面的应急预案。

（四）施工准备的质量控制

1. 施工技术准备工作的质量控制

施工技术准备是指在正式开展施工作业活动前进行的技术准备工作。这类工作内容繁多，主要在室内进行，例如：熟悉施工图纸，组织设计交底和图纸审查；进行工程项目检查验收的项目划分和编号；审核相关质量文件，细化施工技术方案和施工人员、机具的配置方案，编制施工作业技术指导书，绘制各种施工详图（如测量放线图、大样图及配筋、配板、配线图表等），进行必要的技术交底和技术培训。如果施工准备工作出错，必然影响施工进度和作业质量，甚至直接导致质量事故的发生。

技术准备工作的质量控制，包括对上述技术准备工作成果的复核审查，检查这些成果是否符合设计图纸和施工技术标准的要求；依据经过审批的质量计划，审查、完善施工质量控制措施；针对质量控制点，明确质量控制的重点对象和控制方法；尽可能地提高上述工作成果对施工质量的保证程度等。

2. 现场施工准备工作的质量控制

1）计量控制

这是施工质量控制的一项重要的基础工作。施工过程中的计量，包括施工生产时的投料计量、施工测量、监测计量，以及对项目、产品或过程的测试、检验、分析计量等。开工前要建立和完善施工现场计量管理的规章制度；明确计量控制责任者和配置必要的计量人员；严格按规定对计量器具进行维修和校验；统一计量单位，组织量值传递，保证量值统一，从而保证施工过程中计量的准确。

2）测量控制

工程测量放线是建设工程产品由设计转化为实物的第一步。施工测量质量的好坏，直接决定工程的定位和标高是否正确，并且制约施工过程有关工序的质量。因此，施工单位在开工前应编制测量控制方案，经项目技术负责人批准后实施。要对建设单位提供的原始坐标点、基准线和水准点等测量控制点、线进行复核，并将复测结果上报监理工程师审核，批准后施工单位才能建立施工测量控制网，进行工程定位和标高基准的控制。

3）施工平面图控制

建设单位应按照合同约定并充分考虑施工的实际需要，事先划定并提供施工用地和现场临时设施用地的范围，协调平衡和审查批准各施工单位的施工平面设计。施工单位要严格按照批准的施工平面布置图，科学合理地使用施工场地，正确安装设置施工机械设备和其他临时设施，维护现场施工道路畅通无阻和通信设施完好，合理控制材料的进场与堆放，保持良好的防洪排水能力，保证充分的给水和供电。建设（监理）单位应会同施工单位制订严格的施工场地管理制度、施工纪律和相应的奖惩措施，严禁乱占场地和擅自断水、断电、断路，及时制止和处理各种违纪行为,并做好施工现场的质量检查记录。

3. 工程质量检查验收的项目划分

一个建设工程项目从施工准备开始到竣工交付使用,要经过若干工序、工种的配合施工。施工质量的优劣,取决于各个施工工序、工种的管理水平和操作质量。因此,为了便于控制、检查、评定和监督每个工序和工种的工作质量,就要把整个项目逐级划分为若干个子项目,并分级进行编号,在施工过程中据此来进行质量控制和检查验收。这是进行施工质量控制的一项重要准备工作,应在项目施工开始之前进行。项目划分越合理、明细,越有利于分清质量责任,便于施工人员进行质量自控和检查监督人员检查验收,也有利于质量记录等资料的填写、整理和归档。

根据《建筑工程施工质量验收统一标准》(GB 50300—2013)(以下简称《统一标准》)的规定,建筑工程施工质量验收应划分为单位工程、分部工程、分项工程和检验批。

(1)单位工程的划分应按下列原则确定:①具备独立施工条件并能形成独立使用功能的建筑物及构筑物为一个单位工程。②对于建筑规模较大的单位工程,可将其能形成独立使用功能的部分划分为一个子单位工程。

(2)分部工程的划分应按下列原则确定:①可按专业性质、工程部位确定,例如,一般的建筑工程可划分为地基与基础、主体结构、建筑装饰装修、建筑屋面、建筑给排水及供暖、建筑电气、智能建筑、通风与空调、建筑节能、电梯等分部工程。②当分部工程较大或较复杂时,可按材料种类、施工特点、施工程序、专业系统及类别等划分为若干子分部工程。

(3)分项工程可按主要工种、材料、施工工艺、设备类别等进行划分。

(4)检验批可根据施工质量控制和专业验收需要,按工程量、楼层、施工段、变形缝等进行划分。

(5)建筑工程的分部、分项工程划分宜按《统一标准》附录B的规定划分。

(6)室外工程可根据专业类别和工程规模按《统一标准》附录C的规定划分单位工程、分部工程。

(五)施工过程的质量控制

施工过程的质量控制(一般可称为过程控制),是在工程项目质量实际形成过程中的事中质量控制。

建设工程项目施工是由一系列相互关联、相互制约的作业过程(工序)构成,因此施工质量控制,必须对全部作业过程,即各道工序的作业质量持续进行控制。从项目管理的立场看,工序作业质量的控制,首先是质量生产者即作业者的自控,在施工生产要素合格的条件下,作业者能力及其发挥的状况是决定作业质量的关键。其次,是来自作业者外部的各种作业质量检查、验收和对质量行为的监督,也是不可缺少的设防和把关的管理措施。

1. 工序施工质量控制

工序是人、机械、材料设备、施工方法和环境因素对工程质量综合起作用的过程,所以对施工过程的质量控制,必须以工序作业质量控制为基础和核心。因此,工序的质量控制是施工阶段质量控制的重点。只有严格控制工序质量,才能确保施工项目的实体质量。工序施工质量控制主要包括工序施工条件质量控制和工序施工效果质量控制。

1)工序施工条件控制

工序施工条件是指从事工序活动的各生产要素质量及生产环境条件。工序施工条件控制就是控制工序活动的各种投入要素质量和环境条件质量。控制的手段包括检查、测试、试验、跟踪监督等。控制的依据:设计质量标准、材料质量标准、机械设备技术性能标准、施工工艺标准,以及操作规程等。

2)工序施工效果控制

工序施工效果是工序产品的质量特征和特性指标的反映。对工序施工效果的控制就是控制工序产品的质量特征和特性指标达到设计质量标准及施工质量验收标准的要求。工序施工效果控制属于事后质量控制,其控制的主要途径包括实测获取数据、统计分析所获取的数据、判断认定质量等级和纠正质量偏差。

施工过程质量检测试验的内容应依据国家现行相关标准、设计文件、合同要求和施工质量控制的需要确定。

2. 施工作业质量的自控

1)施工作业质量自控的意义

施工作业质量的自控,从经营的层面上说,强调的是作为建筑产品生产者和经营者的施工企业,应全面履行企业的质量责任,向顾客提供质量合格的工程产品;从生产的过程来说,强调的是施工作业者的岗位质量责任,向后道工序提供合格的作业成果(中间产品)。因此,施工方是施工阶段质量自控主体。《中华人民共和国建筑法》和《建设工程质量管理条例》规定:施工单位对建设工程的施工质量负责;施工单位必须按照工程设计要求、施工技术标准和合同的约定,对建筑材料、建筑构配件和设备进行检验,不合格的不得使用。

2)施工作业质量自控的程序

施工作业质量的自控过程是由施工作业组织的成员进行的,其基本的控制程序包括作业技术交底、作业活动的实施和作业质量的自检自查、互检互查,以及专职管理人员的质量检查等。

(1)施工作业技术的交底。

技术交底是施工组织设计和施工方案的具体化,施工作业技术交底的内容必须具有可行性和可操作性。

从项目的施工组织设计到分部、分项工程的作业计划,在实施之前都必须逐级进行交底,其目的是使管理者的计划和决策意图为实施人员所理解。施工作业交底是最基层的技术和管理交底活动，施工总承包方和工程监理机构都要对施工作业交底进行监督。作业交底的内容包括作业范围、施工依据、作业程序、技术标准和要领、质量目标，以及其他与安全、进度、成本、环境等目标管理有关的要求和注意事项。

（2）施工作业活动的实施。

施工作业活动是由一系列工序组成的。为了保证工序质量的受控，首先要对作业条件进行再确认，即按照作业计划检查作业准备状态是否落实到位，其中包括对施工程序和作业工艺顺序的检查确认，在此基础上，严格按作业计划的程序、步骤和质量要求展开工序作业活动。

（3）施工作业质量的检验。

施工作业的质量检查，是贯穿整个施工过程的最基本的质量控制活动，包括施工单位内部的工序作业质量自检、互检、专检和交接检查，以及现场监理机构的旁站检查、平行检验等。施工作业质量检查是施工质量验收的基础，已完检验批及分部、分项工程的施工质量，必须在施工单位完成质量自检并确认合格之后，才能报请现场监理机构进行检查验收。

上道工序作业质量经验收合格后，才可进入下道工序施工。未经验收合格的工序，不得进入下道工序施工。

3）施工作业质量自控的要求

工序作业质量是直接形成工程质量的基础，为达到对工序作业质量控制的效果，在加强工序管理和质量目标控制方面应坚持以下要求。

（1）预防为主。

严格按照施工质量计划的要求，进行各分部、分项施工作业的部署。同时，根据施工作业的内容、范围和特点，制订施工作业计划，明确作业质量目标和作业技术要领，认真进行作业技术交底，落实各项作业技术组织措施。

（2）重点控制。

在施工作业计划中，一方面要认真贯彻实施施工质量计划中的质量控制点的控制措施，同时，要根据作业活动的实际需要，进一步建立工序作业控制点，深化工序作业的重点控制。

（3）坚持标准。

工序作业人员对工序作业过程应严格进行质量自检，通过自检不断改善作业，并创造条件开展作业质量互检，通过互检加强技术与经验的交流。对已完工序作业产品，即检验批或分部、分项工程，应严格坚持质量标准。对质量不合格的施工作业，不得进行验收签证，必须按照规定的程序进行处理。

《建筑工程施工质量验收统一标准》（GB 50300—2013）及配套使用的专业质量验收规范，是施工作业质量自控的合格标准。有条件的施工企业或项目经理部应结合自己的条件编制高于国家标准的企业内控标准或工程项目内控标准，或采用施工承包合同明确规定的更高标准，列入质量计划中,努力提升工程质量水平。

(4)记录完整。

施工图纸、质量计划、作业指导书、材料质保书、检验试验及检测报告、质量验收记录等,是形成可追溯性质量保证的依据,也是工程竣工验收所不可缺少的质量控制资料。因此,对工序作业质量,应有计划、有步骤地按照施工管理规范的要求进行填写记载,做到及时、准确、完整、有效,并具有可追溯性。

4)施工作业质量自控的制度

根据实践经验的总结,施工作业质量自控的有效制度有:

(1)质量自检制度。

(2)质量例会制度。

(3)质量会诊制度。

(4)质量样板制度。

(5)质量挂牌制度。

(6)每月质量讲评制度等。

3．施工作业质量的监控

1)施工作业质量的监控主体

为了保证项目质量,建设单位、监理单位、设计单位及政府的工程质量监督部门,在施工阶段依据法律法规和工程施工承包合同,对施工单位的质量行为和项目实体质量实施监督控制。

设计单位应当就审查合格的施工图纸设计文件向施工单位做出详细说明;应当参与建设工程质量事故分析,并对因设计造成的质量事故,提出相应的技术处理方案。

建设单位在领取施工许可证或者开工报告前,应当按照国家有关规定办理工程质量监督手续。

作为监控主体之一的项目监理机构,在施工作业实施过程中,根据其监理规划与实施细则,采取现场旁站、巡视、平行检验等形式,对施工作业质量进行监督检查,如发现工程施工有不符合工程设计要求、施工技术标准和合同约定的地方,有权要求施工单位改正。监理机构应进行检查,没有检查或没有按规定进行检查的监理机构给建设单位造成损失时应承担赔偿责任。

必须强调,施工质量的自控主体和监控主体,在施工全过程中是相互依存、各尽其责的,共同推动着施工质量控制过程的展开和工程项目质量总目标的最终实现。

2)施工作业质量的监控手段

现场质量检查是施工作业质量监控的主要手段。

(1)现场质量检查的内容。

①开工前的检查:主要检查是否具备开工条件,开工后是否能够保持连续正常施工,能否保

证工程质量。

②工序交接检查:对于重要的工序或对工程质量有重大影响的工序,应严格执行"三检"(即自检、互检、专检)制度,未经监理工程师(或建设单位本项目技术负责人)检查认可,不得进行下道工序施工。

③隐蔽工程的检查:施工中凡是隐蔽工程必须检查认证后才可进行隐蔽掩盖。

④停工后复工的检查:因客观因素停工或处理质量事故等停工复工时,经检查认可后才能复工。

⑤分项、分部工程完工后的检查:应经检查认可,并签署验收记录后,才能进行下一工程的施工。

⑥成品保护的检查:检查成品有无保护措施,以及保护措施是否有效可靠。

(2)现场质量检查的方法。

①目测法,即凭借感官进行检查,也称观感质量检验,其手段可概括为"看、摸、敲、照"四个字。

看——根据质量标准要求进行外观检查。例如,清水墙面是否洁净,喷涂的密实度和颜色是否良好、均匀,工人的操作是否正常,内墙抹灰的大面及口角是否平直,混凝土外观是否符合要求等。

摸——通过触摸手感进行检查、鉴别。例如,油漆的光滑度,浆活是否牢固、不掉粉等。

敲——运用敲击工具进行音感检查。例如,对地面工程、装饰工程中的水磨石、面砖、石材饰面等,均应进行敲击检查。

照——通过人工光源或反射光照射,检查难以看到或光线较暗的部位。例如,管道井、电梯井等内部管线、设备安装质量,装饰吊顶内连接及设备安装质量等。

②实测法。通过实测数据与施工规范、质量标准的要求及允许偏差值的对照,判断质量是否符合要求,其手段可概括为"靠、量、吊、套"四个字。

靠——用直尺、塞尺检查诸如墙面、地面、路面等的平整度。

量——用测量工具和计量仪表等检查断面尺寸、轴线、标高、湿度、温度等的偏差。例如,大理石板拼缝尺寸、摊铺沥青拌合料的温度、混凝土坍落度的检测等。

吊——利用托线板和线坠吊线检查垂直度。例如,砌体垂直度检查、门窗的安装等。

套——以方尺套方,辅以塞尺检查。例如,对阴阳角的方正、踢脚线的垂直度、预制构件的方正、门窗口及构件的对角线检查等。

③试验法,是指通过必要的试验手段对质量进行判断的检查方法。

a.理化试验。

工程中常用的理化试验包括物理力学性能方面的检验和化学成分及化学性能的测定两个方面。物理力学性能的检验,包括各种力学指标的测定,如抗拉强度、抗压强度、抗弯强度、抗折强度、冲击韧性、硬度、承载力等,以及各种物理性能方面的测定,如密度、含水量、凝结时间、安定性及抗渗、耐磨、耐热性能等。化学成分及化学性质的测定,如钢筋中的磷、硫含量,混凝土中粗骨料中的活性氧化硅成分,以及耐酸、耐碱、抗腐蚀性等。此外,根据规定有时还需进行现场试验,例如,对桩或地基的静载试验、下水管道的通水试验、压力管道的耐压试验、防水层的蓄水或淋水试验等。

b. 无损检测。

利用专门的仪器、仪表从表面探测结构物、材料、设备的内部组织结构或损伤情况。常用的无损检测方法有超声波探伤、X射线探伤等。

3)技术核定与见证取样送检

(1)技术核定。

在建设工程项目施工过程中,因施工方对施工图纸的某些要求不甚明白,或图纸内部存在某些矛盾,或工程材料的调整与代用,改变建筑节点构造、管线位置或走向等,需要通过设计单位明确或确认的,施工方必须以技术核定单的方式向监理工程师提出,报送设计单位核准确认。

(2)见证取样送检。

为了保证建设工程质量,我国规定对工程所使用的主要材料、半成品、构配件,以及施工过程留置的试块、试件等应实行现场见证取样送检。见证人员由建设单位及工程监理机构中有相关专业知识的人员担任;送检的试验室应具备经国家或地方工程检验检测主管部门核准的相关资质;见证取样送检必须严格按规定的程序进行,包括取样见证并记录样本编号、填单、封箱、送试验室、核对、交接、试验检测、报告等。

检测机构应当建立档案管理制度。检测合同、委托单、原始记录、检测报告应当按年度统一编号,编号应当连续,不得随意抽撤、涂改。

4. 隐蔽工程验收与成品质量保护

1)隐蔽工程验收

凡被后续施工所覆盖的施工内容,如地基基础工程、钢筋工程、预埋管线等均属隐蔽工程。在后续工序施工前必须进行质量验收。装配式混凝土建筑的后浇混凝土浇筑前亦应进行隐蔽工程验收。加强隐蔽工程质量验收,是施工质量控制的重要环节。其程序要求为施工方应首先完成自检并合格,然后填写专用的"隐蔽工程验收单",验收单所列的验收内容应与已完的隐蔽工程实物相一致;提前通知监理机构及有关方面,按约定时间进行验收。验收合格的隐蔽工程由各方共同签署验收记录;验收不合格的隐蔽工程,应按验收整改意见进行整改后重新验收。严格隐蔽工程验收的程序和记录,对于预防工程质量隐患,提供可追溯质量记录具有重要作用。

2)施工成品质量保护

建设工程项目已完施工的成品保护,目的是避免已完施工成品受到来自后续施工及其他方面的污染或损坏。已完施工的成品保护问题和相应措施,在工程施工组织设计与计划阶段就应该从施工顺序上进行考虑,防止施工顺序不当或交叉作业造成相互干扰、污染和损坏,成品形成后可采取防护、覆盖、封闭、包裹等相应措施进行保护。

装配式混凝土建筑施工过程中,应采取防止预制构件、预制构件上的建筑附件、预埋件、预埋吊件等损伤或污染的保护措施。

(六)施工质量与设计质量的协调

建设工程项目施工是按照工程设计图纸(施工图)进行的,施工质量离不开设计质量,优良的施工质量要靠优良的设计质量和周到的设计现场服务来保证。

1. 设计联络

项目建设单位或监理单位应组织施工单位到设计单位进行设计联络,其任务主要有以下几点。

(1)了解设计意图、设计内容和特殊技术要求,分析其中的施工重点和难点,以便有针对性地编制施工组织设计,及早做好施工准备;对于用现有的施工技术和装备水平实施有困难的设计,要及时提出意见,协商修改设计,或者探讨通过技术攻关提高技术装备水平来实施的可能性。同时向设计单位介绍和推荐先进的施工新技术、新工艺和工法,争取通过适当的设计,使这些新技术、新工艺和工法在施工中得到应用。

(2)了解设计进度,根据项目进度控制总目标、施工工艺顺序和施工进度安排,提出设计出图的时间和顺序要求,对设计和施工进度进行协调,使施工得以顺利进行。

(3)从施工质量控制的角度,提出合理化建议,优化设计,为保证和提高施工质量创造更好的条件。

2. 设计交底和图纸会审

建设单位和监理单位应组织设计单位向所有的施工实施单位进行详细的设计交底,使实施单位充分理解设计意图,了解设计内容和技术要求,明确质量控制的重点和难点;同时认真地进行图纸会审,深入发现和解决各专业设计之间可能存在的矛盾,消除施工图的差错。

3. 设计现场服务和技术核定

建设单位和监理单位应要求设计单位派出得力的设计人员到施工现场进行设计服务,解决施工中发现和提出的与设计有关的问题,及时做好相关设计核定工作。

4. 设计变更

在施工期间,无论是建设单位、设计单位或施工单位提出的需要进行局部设计变更的内容,都必须按照规定的程序,先将变更意图或请求报送监理工程师审查,经设计单位审核认可并签发设计变更通知书后,再由监理工程师下达变更指令。

二、项目案例

港珠澳大桥工程开工以来,各参建方能够按要求及时建立完善质量管理组织机构,制定相应的质量管理制度,做好质量管理工作,使工程质量处于受控状态。

1. 管理局

成立了质量管理委员会,建立了质量管理委员会领导下的工程管理部、交通工程部、钢结构办公室、总工办,各部门分工负责制的质量管理组织机构。各部门制定了相应的管理办法和制度,落实内部分工负责制,做好设计、施工的组织协调、检查、监督管理工作,定期进行检查考核,协调处理质量管理有关问题。

(1)质量管理委员会定期召开质量工作会议,了解质量管理工作情况,协调处理质量管理有关问题,大力推行施工标准化管理工作。

(2)针对已开工岛隧工程,工程管理部成立了岛隧组、质量体系组,做好日常管理工作。对现场施工不定期进行检查,会同质量顾问每周对人工岛、沉管预制场施工现场进行巡查,发现问题及时通知监理、承包人整改。按每季度一次的频率,对承包人、监理进行全面的检查考核,提出改进意见和要求。

对各参建方的质量管理体系进行了审核。根据工程进展情况,组织质量管理顾问开展质量专题培训。组织召开各种质量问题专题会议,协调解决现场施工中的质量问题。参加监理、试验检测中心组织召开的月度工作例会,提出意见和要求,督促各参建方做好质量管理工作,保证工程质量。积极配合监督站做好现场质量监督检查工作,根据监督检查情况、发现的问题、相关意见和要求,及时组织各方进行整改,并向监督站反馈整改落实情况。

(3)针对勘察设计工作,总工办、工程部制定了相应的管理办法,落实了内部分工负责制的管理制度,对工程地质勘查、设计工作情况进行检查监督,协调处理勘察设计过程中遇到的有关问题,及时组织成果评审会、验收会等,及时发放设计图纸。

2. 岛隧工程设计施工总承包

成立了岛隧工程项目总经理部,设立设计组、工程部、质检部、总工办、测量部、中心试验室等质量管理部门。对岛隧工程设计、施工和质量进行系统管理,下设Ⅰ工区、Ⅱ工区、Ⅲ工区、Ⅳ工区、Ⅴ工区5个工区,各自成立了工程部、质检部、总工办、测量组、试验检测部开展本工区质量管理和自检工作,体现了较强的管理能力。

(1)编制了质量计划、岛隧工程质量管理体系文件,以及系统的岛隧工程设计施工总承包内部管理制度,对岛隧工程设计施工总承包管理工作进行控制。

(2)能够按要求编制施工组织设计、开工报告,完善相关审批手续。

(3)能够按要求做好现场施工的组织管理、原材料采购和自检、测量控制、施工质量自检和报验等工作,并及时处理施工过程中发现的质量问题。

(4)建立了内部检查和审核制度,开展内部检查和审核工作。

3. 岛隧工程监理

成立了岛隧工程总监办,设立了工程部和试验检测、测量等质量管理部门,下设西人工岛驻地办、东人工岛驻地办、沉管预制驻地办、桥隧驻地办等现场监理机构。

(1)编制了监理计划及相关监理实施细则,并进行了技术交底,对监理管理工作进行控制。

(2)能够按要求履行现场监理职能,做好现场监督、检查、巡查、测量、试验抽检、验收等工作,对发现的问题,能够及时通知承包人处理。

(3)建立了内部检查考核制度,对监理工作实施内部检查考核管理。

4. 试验检测中心

完成了试验检测中心工地试验室的建设,履行试验检测及管理职能。

(1)编制了试验检测工作规划、试验检测工作管理实施细则、试验检测表格、台账记录等,协调统一试验检测管理工作。

(2)试验检测中心工地的试验室已通过管理局组织的验收,并通过了监督站的备案,正式启用。

(3)在试验检测中心工地的试验室建成之前,试验检测中心通过委托母体试验室、委外试验等办法完成监理送检和独立抽检试验,发现问题及时向监理和管理局报告。

(4)每月对监理、承包人的试验检测工作进行检查,发现问题及时通知有关各方整改,并定期召开试验检测工作月度例会。

5. 测量控制中心

成立了测量控制中心现场机构,能够按计划做好 HZMB-CORS 系统维护管理、测量控制网测设、施工测量抽检、测绘信息管理系统开发等工作。

6. 质量管理顾问

能够按计划组织人员进场,做好质量文件及体系审查、质量管理培训、现场巡查、首件工程跟踪检查等工作,及时提交书面咨询或评估报告,对管理局的质量管理工作起到了较好的支撑作用。

第四节 施工质量验收

建设工程项目的质量验收,主要是指工程施工质量的验收。建筑工程的施工质量验收应按照现行的《建筑工程施工质量验收统一标准》(GB 50300—2013)进行。该标准是建筑工程各专业工程施工质量验收规范的统一准则,各专业工程施工质量验收规范应与该标准配合使用。

根据上述施工质量验收统一标准,所谓"验收",是指建筑工程在施工单位自行质量检查评定的基础上,参与建设活动的有关单位共同对检验批、分项、分部、单位工程的质量进行抽样复验,根据相关标准以书面形式对工程质量是否达到合格做出确认。

正确地进行工程项目质量的检查评定和验收,是施工质量控制的重要环节。施工质量验收包括施工过程的质量验收及工程项目竣工质量验收两个部分。

一、施工过程的质量验收

如前所述,工程项目质量验收,应将项目划分为单位工程、分部工程、分项工程和检验批进行验收。施工过程质量验收主要是指检验批和分项、分部工程的质量验收。

(一)施工过程质量验收的内容

具体内容见二维码。

施工过程质量验收的内容

(二)施工过程质量验收不合格的处理

(1)施工过程的质量验收是以检验批的施工质量为基本验收单元。检验批质量不合格可能是由于使用的材料不合格,或施工作业质量不合格,或质量控制资料不完整等原因所致,其处理方法有:

①在检验批验收时,发现存在严重缺陷的应返工重做,有一般的缺陷可通过返修或更换器具、设备消除缺陷,返工或返修后应重新进行验收。

②个别检验批发现某些项目或指标(如试块强度等)不满足要求,难以确定是否验收时,应请有资质的检测机构检测鉴定,当鉴定结果能够达到设计要求时,应予以验收。

③当检测鉴定达不到设计要求,但经原设计单位核算认可能够满足结构安全和使用功能的检验批,可予以验收。

(2)严重质量缺陷或超过检验批范围的缺陷,经有资质的检测机构检测鉴定以后认为不能满足最低限度的安全储备和使用功能,则必须进行加固处理;经返修或加固处理的分项、分部工程,满足安全及使用功能要求时,可按技术处理方案和协商文件的要求予以验收,责任方应承担经济责任。

(3)通过返修或加固处理后仍不能满足安全或重要使用要求的分部工程及单位工程,严禁验收。

二、竣工质量验收

项目竣工质量验收是施工质量控制的最后一个环节,是对施工过程质量控制成果的全面检验,是从终端把关方面进行质量控制。未经验收或验收不合格的工程,不得交付使用。

(一)竣工质量验收的依据

工程项目竣工质量验收的依据有:

(1)国家相关法律法规和建设主管部门颁布的管理条例和办法。

(2)建筑工程施工质量验收统一标准。

(3)专业工程施工质量验收规范。

(4)经批准的设计文件、施工图纸及说明书。

(5)工程施工承包合同。

(6)其他相关文件。

(二)竣工质量验收的条件

(1)完成工程设计和合同约定的各项内容。

(2)施工单位在工程完工后对工程质量进行检查,确认工程质量符合有关法律、法规和工程建设强制性标准,符合设计文件及合同要求,并提出工程竣工报告。工程竣工报告应经项目经理和施工单位有关负责人审核签字。

(3)对于委托监理的工程项目,监理单位对工程进行了质量评估,具有完整的监理资料,并提出工程质量评估报告。工程质量评估报告应经总监理工程师和监理单位有关负责人审核签字。

(4)勘察、设计单位对勘察、设计文件及施工过程中由设计单位签署的设计变更通知书进行检查,并提出质量检查报告。质量检查报告应经该项目勘察、设计负责人和勘察、设计单位有关负责人审核签字。

(5)有完整的技术档案和施工管理资料。

(6)有工程使用的主要建筑材料、建筑构配件和设备的进场试验报告,以及工程质量检测和功能性试验资料。

(7)建设单位已按合同约定支付工程款。

(8)有施工单位签署的工程质量保修书。

(9)对于住宅工程,进行分户验收并验收合格,建设单位按户出具住宅工程质量分户验收表。

(10)建设主管部门及工程质量监督机构责令整改的问题全部整改完毕。

(11)法律、法规规定的其他条件。

(三)竣工质量验收的标准

单位工程是工程项目竣工质量验收的基本对象,单位工程质量验收合格应符合下列规定。

(1)所含分部工程的质量均应验收合格。

(2)质量控制资料应完整。

(3)所含分部工程有关安全、节能、环境保护和主要使用功能的检验资料应完整。

(4)主要使用功能的抽查结果应符合相关专业质量验收规范的规定。

(5)观感质量应符合要求。

(四)竣工质量验收程序和组织

单位工程中的分包工程完工后,分包单位应对所承包的工程项目进行自检,并应按规定的程序进行验收。验收时,总包单位应派人参加。

单位工程完工后,施工单位应组织有关人员进行自检。总监理工程师应组织各专业监理工程师对工程质量进行竣工预验收。存在施工质量问题时,应由施工单位及时整改。工程竣工质量验收由建设单位负责组织实施。建设单位组织单位工程质量验收时,分包单位负责人应参加验收。

竣工质量验收应当按以下程序进行。

(1)工程完工并对存在的质量问题整改完毕后,施工单位向建设单位提交工程竣工报告,申请工程竣工验收。实行监理的工程,工程竣工报告须经总监理工程师签署意见。

(2)建设单位收到工程竣工报告后,对符合竣工验收要求的工程,组织勘察、设计、施工、监理等单位组成验收组,制订验收方案。对于重大工程和技术复杂工程,根据需要可邀请有关专家加入验收组。

(3)建设单位应当在工程竣工验收 7 个工作日前将验收的时间、地点及验收组名单书面通知负责监督该工程的工程质量监督机构。

(4)建设单位组织工程竣工验收。

①建设、勘察、设计、施工、监理单位分别汇报工程合同履约情况和在工程建设各个环节执行法律、法规和工程建设强制性标准的情况。

②审阅建设、勘察、设计、施工、监理单位的工程档案资料。

③实地查验工程质量。

④对工程勘察、设计、施工、设备安装质量和各管理环节等方面做出全面评价,形成经验收组人员签署的工程竣工验收意见。参与工程竣工验收的建设、勘察、设计、施工、监理等各方不能形成一致意见时,应当协商提出解决的方法,待意见一致后,重新组织工程竣工验收。

第五节　施工质量不合格处理

一、工程质量问题和质量事故的分类

(一)工程质量不合格

1. 质量不合格和质量缺陷

根据我国国家标准《质量管理体系 基础和术语》(GB/T 19000—2016)的定义,工程产品未满足质量要求,即为质量不合格;而与预期或规定用途有关的质量不合格,称为质量缺陷。

2. 质量问题和质量事故

凡是工程质量不合格,影响使用功能或工程结构安全,造成永久质量缺陷或存在重大质量隐患,甚至直接导致工程倒塌或人身伤亡,必须进行返修、加固或报废处理,按照由此造成人员伤亡和直接经济损失的大小区分,在规定限额以下的为质量问题,在规定限额以上的为质量

事故。

二、工程质量事故

根据住房和城乡建设部《关于做好房屋建筑和市政基础设施工程质量事故报告和调查处理工作的通知》(建质[2010]111号),工程质量事故是指由于建设、勘察、设计、施工、监理等单位违反工程质量有关法律法规和工程建设标准,使工程产生结构安全、重要使用功能等方面的质量缺陷,造成人身伤亡或者重大经济损失的事故。

工程质量事故具有成因复杂、后果严重、种类繁多、往往与安全事故共生的特点,建设工程质量事故的分类有多种方法,不同专业工程类别对工程质量事故的等级划分也不尽相同。

1. 按事故造成损失的程度分级

上述建质[2010]111号文根据工程质量事故造成的人员伤亡或者直接经济损失,将工程质量事故分为4个等级:

(1)特别重大事故,是指造成30人以上死亡,或者100人以上重伤,或者1亿元以上直接经济损失的事故。

(2)重大事故,是指造成10人以上30人以下死亡,或者50人以上100人以下重伤,或者5 000万元以上1亿元以下直接经济损失的事故。

(3)较大事故,是指造成3人以上10人以下死亡,或者10人以上50人以下重伤,或者1 000万元以上5 000万元以下直接经济损失的事故。

(4)一般事故,是指造成3人以下死亡,或者10人以下重伤,或者100万元以上1 000万元以下直接经济损失的事故。

该等级划分所称的"以上"包括本数,所称的"以下"不包括本数。

2. 按事故责任分类

(1)指导责任事故:由于工程实施指导或领导失误而造成的质量事故。例如,由于工程负责人片面追求施工进度,放松或不按质量标准进行控制和检验,降低施工质量标准等。

(2)操作责任事故:在施工过程中,由于实施操作者不按规程和标准实施操作,而造成的质量事故。例如,浇筑混凝土时随意加水,或振捣疏漏造成混凝土质量事故等。

(3)自然灾害事故:由于突发的严重自然灾害等不可抗力造成的质量事故。例如,地震、台风、暴雨、雷电、洪水等对工程造成破坏甚至倒塌。这类事故虽然不是人为责任直接造成,但灾害事故造成的损失程度也往往与人们是否在事前采取了有效的预防措施有关,相关责任人员也可能负有一定责任。

二、施工质量事故的预防

建立健全施工质量管理体系,加强施工质量控制,就是为了预防施工质量问题和质量事故,在保证工程质量合格的基础上,不断提高工程质量。所以,施工质量控制的所有措施和方法,都是预防施工质量事故的措施。具体来说,施工质量事故的预防,应运用风险管理的理论和方法,从寻找和分析可能导致施工质量事故发生的原因入手,抓住影响施工质量的各种因素和施工质量形成过程的各个环节,采取针对性的预防控制措施。

1. 严格按照基本建设程序办事

首先要做好项目可行性论证,不可未经深入的调查分析和严格论证就盲目拍板定案;要彻底搞清工程地质水文条件才可以开工;杜绝无证设计、无图施工;禁止任意修改设计和不按图纸施工;工程竣工不进行试车运转、不经验收不得交付使用。

2. 认真做好工程地质勘查

地质勘查时要适当布置钻孔位置和设定钻孔深度。钻孔间距过大,不能全面反映地基实际情况;钻孔深度不够,难以查清地下软土层、滑坡、墓穴、孔洞等有害地质构造。地质勘查报告必须详细、准确,防止因根据不符合实际情况的地质资料而采用错误的基础方案,导致地基不均匀沉降、失稳,使上部结构及墙体开裂、破坏、倒塌。

3. 科学地加固处理好地基

对软弱土、冲填土、杂填土、湿陷性黄土、膨胀土、岩层出露、溶洞、土洞等不均匀地基要进行科学的加固处理。要根据不同地基的工程特性,按照地基处理与上部结构相结合使其共同工作的原则,从地基处理与设计措施、结构措施、防水措施、施工措施等方面综合考虑治理。

4. 进行必要的设计审查复核

要请具有合格专业资质的审图机构对施工图进行审查复核,防止因设计考虑不周、结构构造不合理、设计计算错误、沉降缝及伸缩缝设置不当、悬挑结构未通过抗倾覆验算等原因,导致质量事故的发生。

5. 严格把好建筑材料及制品的质量关

要从采购订货、进场验收、质量复验、存储和使用等几个环节,严格控制建筑材料及制品的质量,防止不合格或是变质、损坏的材料和制品用到工程上。

6. 对施工人员进行必要的技术培训

对施工人员进行必要的技术培训,使施工人员掌握基本的建筑结构和建筑材料知识,懂得遵守施工验收规范对保证工程质量的重要性,从而在施工中自觉遵守操作规程,不蛮干,不违章操作,不偷工减料。

7. 依法进行施工组织管理

施工管理人员要认真学习、严格遵守国家相关政策法规和施工技术标准,依法进行施工组织管理。施工人员首先要熟悉图纸,对工程的难点和关键工序、关键部位应编制专项施工方案并严格执行;施工作业必须按照图纸和施工验收规范、操作规程进行;施工技术措施要正确,施工顺序不可搞错;脚手架和楼面不可超载堆放构件和材料;要严格按照制度进行质量检查和验收。

8. 做好应对不利施工条件和各种灾害的预案

要根据当地气象资料的分析和预测,事先针对可能出现的风、雨雪、高温、严寒、雷电等不利施工条件,制订相应的施工技术措施;还要对不可预见的人为事故和严重自然灾害做好应急预案,并有相应的人力、物力储备。

9. 加强施工安全与环境管理

许多施工安全和环境事故都会连带发生质量事故,加强施工安全与环境管理,也是预防施工质量事故的重要措施。

三、施工质量问题和质量事故的处理

(一)施工质量事故处理的依据

1. 质量事故的实况资料

质量事故发生的时间、地点;质量事故状况的描述;质量事故发展变化的情况;有关质量事故的观测记录、事故现场状态的照片或录像;事故调查组调查研究所获得的第一手资料。

2. 有关合同及合同文件

工程承包合同、设计委托合同、设备与器材购销合同、监理合同及分包合同等。

3. 有关的技术文件和档案

有关的设计文件(如施工图纸和技术说明)、与施工有关的技术文件、档案和资料(如施工方案、施工计划、施工记录、施工日志、有关建筑材料的质量证明资料、现场制备材料的质量证明资料、质量事故发生后对事故状况的观测记录、试验记录或试验报告等)。

4. 相关的建设法规

主要有《中华人民共和国建筑法》《建设工程质量管理条例》和《关于做好房屋建筑和市政基础设施工程质量事故报告和调查处理工作的通知》(建质[2010]111号)等与工程质量及质量事故处理有关的法规,勘察、设计、施工、监理等单位资质管理和从业者资格管理方面的法规、建筑市场管理方面的法规,以及相关技术标准、规范、规程和管理办法等。

(二)施工质量事故报告和调查处理程序

具体内容见二维码。

施工质量事故报告和调查处理程序

（三）施工质量缺陷处理的基本方法

1. 返修处理

当项目的某些部分的质量虽未达到规范、标准或设计规定的要求，存在一定的缺陷，但经过采取整修等措施后可以达到要求的质量标准，又不影响使用功能或外观的要求时，可采取返修处理的方法。例如，某些混凝土结构表面出现蜂窝、麻面，或者混凝土结构局部出现损伤，如结构受撞击、局部未振实、冻害、火灾、酸类腐蚀、碱骨料反应等，当这些缺陷或损伤仅仅在结构的表面或局部，不影响其使用和外观，可进行返修处理。再比如当混凝土结构出现裂缝，经分析研究认为不影响结构的安全和使用功能时，也可采取返修处理。当裂缝宽度不大于 0.2 mm 时，可采用表面密封法；当裂缝宽度大于 0.3 mm 时，采用嵌缝密闭法；当裂缝较深时，则应采取灌浆修补的方法。

2. 加固处理

主要是针对危及结构承载力的质量缺陷的处理。通过加固处理，建筑结构恢复或提高承载力，重新满足结构安全性与可靠性的要求，能继续使用或改作其他用途。混凝土结构常用的加固方法有增大截面加固法、外包角钢加固法、粘钢加固法、增设支点加固法、增设剪力墙加固法、预应力加固法等。

3. 返工处理

当工程质量缺陷经过返修、加固处理后仍不能满足规定的质量标准要求，或不具备补救可能性时，则必须采取重新制作、重新施工的返工处理措施。例如，某防洪堤坝填筑压实后，其压实土的干密度未达到规定值，经核算将影响土体的稳定且不满足抗渗能力的要求，须挖除不合格土，重新填筑，重新施工；某公路桥梁工程预应力按规定张拉系数应为 1.3，而实际仅为 0.8，属严重的质量缺陷，也无法修补，只能重新制作。再比如某高层住宅施工中，有几层的混凝土结构误用了安定性不合格的水泥，无法采用其他补救办法，不得不爆破拆除重新浇筑。

4. 限制使用

当工程质量缺陷按修补方法处理后无法保证达到规定的使用要求和安全要求，而又无法返工处理的情况下，不得已时可做出如结构卸荷或减荷，以及限制使用的决定。

5. 不做处理

某些工程质量问题虽然达不到规定的要求或标准，但其情况不严重，对结构安全或使用功能影响很小，经过分析、论证、法定检测单位鉴定和设计单位等认可后可不作专门处理。一般可不作专门处理的情况有以下几种。

（1）不影响结构安全和使用功能的。例如，有的工业建筑物出现放线定位的偏差且严重超过规范标准规定，若要纠正会造成重大经济损失，但经过分析、论证其偏差不影响生产工艺和正常使用,在外观上也无明显影响,可不作处理。又如,某些部位的混凝土表面的裂缝,经检查分析,属于表面养护不够的干缩微裂,不影响安全和外观,也可不作处理。

(2)后道工序可以弥补的质量缺陷。例如,混凝土结构表面的轻微麻面,可通过后续的抹灰、刮涂、喷涂等措施弥补,也可不作处理。再比如,混凝土现浇楼面的平整度偏差达到10 mm,但由于后续垫层和面层的施工可以弥补,所以也可不作处理。

(3)法定检测单位鉴定合格的。例如,某检验批混凝土试块强度值不满足规范要求,强度不足,但经法定检测单位对混凝土实体强度进行实际检测后,其实际强度达到规范允许和设计要求值时,可不作处理。经检测未达到要求值,但相差不多,经分析论证,只要使用前经再次检测达到设计强度,也可不作处理,但应严格控制施工荷载。

(4)出现的质量缺陷,经检测鉴定达不到设计要求,但经原设计单位核算,仍能满足结构安全和使用功能的。例如,某一结构构件截面尺寸不足,或材料强度不足,影响结构承载力,但按实际情况进行复核验算后仍能满足设计要求的承载力时,可不进行专门处理。这种做法实际上是挖掘设计潜力或降低设计的安全系数,应谨慎处理。

6. 报废处理

出现质量事故的项目,经过分析或检测,采取上述处理方法后仍不能满足规定的质量要求或标准,则必须予以报废处理。

数理统计方法在施工质量管理中的应用

延伸 阅读三

拿着显微镜走钢丝的人——工匠精神之质量追求

精益求精的品质精神。顾名思义,精益求精,是指一件产品或一种工作,本来做得很好了,很不错了,但还不满足,还要做得更好,达到极致。"精益求精的品质精神"是"工匠精神"的核心,一个人之所以能够成为"工匠",就在于他对自己产品品质的追求,只有进行时,没有完成时,永远在路上。

在浩瀚的伶仃洋,一条雄伟壮阔的"跨海长虹"正在紧张有序地建设。这就是连接香港、珠海与澳门,集桥、岛、隧为一体的超级工程——著名的港珠澳大桥。它是世界上最长的跨海大桥,被英国《卫报》评为"新世界七大奇迹"。项目中,海上人工岛和海底沉管隧道是整个工程中实施难度最大的部分。其中,6 km的深埋沉管是我国建设的第一条外海沉管隧道,是目前世界上规模最大的公路沉管隧道和世界上唯一的深埋沉管隧道,是公认的"当今世界上最具挑战性的工程"。

直面这个"最具挑战性工程"的,是一支中国的交通建设队伍。队伍的举旗人,是中国交建总

工程师、港珠澳大桥岛隧工程项目总经理兼总工程师林鸣。林鸣带领这支建设队伍到荷兰历史最悠久的工程顾问公司进行技术经验交流时,荷兰公司升起中国国旗、奏响中国国歌以示敬重与欢迎。自1881年成立以来,到访这家公司的外国专家与客人不计其数,而林鸣却见证了这家"百年老店"第二次举办外国国旗的升旗仪式。站在国旗下,林鸣激动而感慨:"国旗升起的一刻,我为自己是一名中国的建设者而自豪,也更加深刻地明白,自己肩上有着一份举世瞩目的重任。"

林鸣的建设团队都深知他的工作特点:既"严"又"细"。这份"严"已达到"严苛",这份"细"也近乎"吹毛求疵"。

外海沉管隧道安装因其难度巨大而被称为"走钢丝工程",林鸣经常对港珠澳大桥海底沉管隧道的建设团队讲:"我们就是'走钢丝'的人,而且我们走的,是世界最长、行走难度最大的'钢丝',项目施工前后需要经过几百道工序,每一道工序都要做到零质量隐患;项目上有上千个岗位,每一名施工人员都不能懈怠。所以,这是一场上千人一起'走钢丝'的持久战,任何环节都不能有丝毫的大意,必须拿着显微镜去走,严之又严、细无止境。"

对建设团队而言,最紧张的时刻,就是林鸣亲临现场检查工作的时间,而这样的"紧张时刻"几乎每天都有。因为在建设现场,林鸣总是带着"显微镜"去检查工作。他不仅会详细了解工程推进的整体情况,也会认真查看混凝土、钢筋是否合乎项目建设要求,一旦有丝毫偏差,他都会现场安排即刻解决。林鸣的"合格"标准,永远比国际上最严格的标准还要严苛一分。隧道内部装饰设计,这个大体量工程中的一个小项目,常规的设计用2张图纸就足以表达。而为了贯彻"装配化、标准化、精细化"的先进设计理念,实现港珠澳大桥"成为地标性建筑"的总体建设目标,林鸣要求设计师们细化出了30多张图纸。一枚纽扣大小螺栓的增加或取消,都会经过反复比选,充分计算加以论证。沉管隧道中的管廊下隔墙的混凝土浇筑工作,国内最严格的规范允许的轴线偏差是8 mm,但是林鸣要求港珠澳大桥岛隧工程要将这个误差控制在了3 mm之内。

多年来,林鸣养成了一套独特的"望闻问切"式工地精细化管理方法。他常说,一个工地管理得好不好,首先是看员工的精神面貌,再看对场地清理能不能养成习惯,和员工聊聊天,就能听出工人们对生产工艺了解不了解、对设备操作流程熟知不熟知。在林鸣看来,工程管理不仅要有"内涵"、更要有"面子"。整洁的场地,清洁的设备,精益求精的工作规范,不仅能更高质集约施工,更能展示出中央企业"国家队"的形象、焕发出中国交通建设铁军的精、气、神。他每次前往工地,都会在兜里揣一副白色手套,检查设备的时候,他不只查看日常保养记录,更会戴上白手套,这里摸一摸,那里擦一擦,以确保设备的维护效果"名副其实"。他的"显微镜"不仅是放大表面,还会透视内里。工地的机械设备不仅要"常洗澡",而且还要每星期"称体重"。如果体重上升了,那便说明器械内部清洗不到位、存有残渣。一次,有客人来工地参观考察,看到10辆等待工作的混凝土运输车一字排开,车身一尘不染,连轮胎上都没有泥痕,不禁好奇地问:"这些车辆是不是昨天才买来,还没有投入使用?"殊不知,这些设备已在项目工地繁忙工作了三百多个日夜。

林鸣的"显微镜"凝聚出了一支高质效的建设团队,"世界级工程"在这支团队的建设中不断突破极限、扎实成长。沉降幅度是海底沉管隧道稳定性的重要考量指标,也是对勘测、设计工作精确性和科学性的有力验证。世界同类工程沉降一般在 15～25 cm。而在林鸣的建设团队精细勘测、精细设计、精细施工的质量追求中,港珠澳大桥海底沉管隧道已建部分的整体沉降不超过 7 cm,在中国深海创造了一项世界纪录。

而谈及自己的这份严之又严的工作要求和细无止境的工作追求,林鸣坦言:"其实我知道,大家私下常会抱怨我太严苛、不近人情,但是我们的工程建设就像'走钢丝'一样,在到达终点的过程中,迈出的每一步都直接关乎成败,都必须确保万无一失。我也不想每天拿着'显微镜',等待工程高质量完工的那一天,当我们一起走完这段世界最长的钢丝后,我想做的第一件事情,就是好好地睡一个踏实觉。"

任务四　工程项目职业健康安全与环境管理

第一节　职业健康安全与环境管理体系

职业健康安全与环境管理体系

一、基础知识

建设工程职业健康安全与环境管理体系有其自身特点,其建立需要遵循相应的国家标准。

二、项目案例

港珠澳大桥主体工程具有设计要求高、施工环境复杂、交叉作业多、环境敏感等特点,使得工程在施工组织设计、环保监测技术、开挖环保控制、施工风险管理、中华白海豚保护、应急管理、施工人员职业健康等方面的管理难度巨大。加之港珠澳大桥处于粤、港、澳三地跨境地区,"一国两制"三地的特殊性导致管理体系建设的合规性评价复杂和三地间工程管理的协调难度巨大。

然而传统的职业健康管理体系、质量安全管理体系和环境管理体系的管理要素相差较大,各体系的执行负责部门不同,实施中没有或很少有交叉,存在大量重复文件,工作和管理效率低下,无法有效应对港珠澳大桥主体工程的挑战。因此,港珠澳大桥主体工程构建并实施职业健康、安全、环境一体化管理体系是必然的举措。

在党和国家、部委、省市各级领导、技术专家组成员多次考察评估的基础上,管理局朱永灵局长等人决定引入比较系统、科学、严格的 HSE 管理体系,实施项目 HSE 管理。2010 年 12 月

1日,港珠澳大桥主体工程开始正式实施 HSE 管理体系。

港珠澳大桥主体工程 HSE 管理体系是以国际 ISO18001 职业健康安全管理体系和 ISO14001 环境管理体系的理论和思想为依据,结合复杂交通建设项目的管理特点组合而成。体系由 7 个一级管理要素和 19 个二级管理要素组成,遵循"预先分析、强化落实、事故前置、闭环管理"原则,确保实现 HSE 目标。

《港珠澳大桥主体工程建设 HSE 管理体系》文件由港珠澳大桥管理局组织编制、发布和实施,包括 1 个对外宣传与声明的导则,20 个规范各职能部门的 HSE 职责与权限的程序文件,34 个规范作业现场 HSE 行为与隐患整改的作业文件。

体系要求港珠澳大桥管理局,按照要求,建立、实施、保持和持续改进文件化的 HSE 管理体系;要求承包人在管理局 HSE 管理体系框架下,根据工程项目所涉及的危害因素和环境因素,按照《体系指南第二部分:规程》的要求,编制、发布 HSE 管理体系和 HSE 作业计划书,监督、指导施工作业队伍实施 HSE 管理;要求施工作业队伍执行管理局和承包人 HSE 管理体系文件要求,根据作业现场 HSE 风险,编制《HSE 风险控制方案》(包括 HSE 作业指导书、HSE 专项方案、HSE 作业许可方案等),实施作业现场 HSE 管理;要求监理单位及其他参建单位可建立与之匹配的 HSE 管理文件或 HSE 管理制度,落实 HSE 技术和管理措施。

港珠澳大桥 HSE 管理体系是 HSE 管理体系在我国复杂交通建设项目的首次应用,用来指导工程建设的各环节,因其集成化、持续改进、风险前置、责任清晰等特性,提升了项目建设期的职业健康、安全和环境管理水平,是在复杂交通建设项目中推动 HSE 管理体系的有效尝试。

第二节 安全生产管理制度

项目安全生产管理

一、基础知识

(一)安全生产管理制度

由于建设工程规模大、周期长、参与人数多、环境复杂多变,导致安全生产的难度很大。2017 年 2 月颁布的《中共中央国务院关于进一步加强城市规划建设管理工作的若干意见》和《国务院办公厅关于促进建筑业持续健康发展的意见》(国办发〔2017〕19 号)中强调,建设工程应完善工程质量安全管理制度,落实工程质量安全主体责任,强化工程质量安全监管,提高工程项目质量安全管理水平。因此,依据现行的法律法规,通过建立各项安全生产管理制度体系,规范建设工程各参与方的安全生产行为,在重大工程项目中进行风险评估或论证,在项目中将信息技术与安全生产深度融合,提高建设工程安全生产管理水平,防止和避免安全事故的发生是非常重要的。现阶段正在执行的主要安全生产管理制度包括安全生产责任制度、安全生产许可证制度、政府安全生产监督检查制度、安全生产教育培训制度、安全措施计划制度、特种作业人员持证上岗制度、专项施工方案专家论证制度、危及施工安全工艺、设备、材料淘汰制度、施工起重机械使用登记制度、安全检查制度、生产安全事故报告和调查处理制度、"三同时"制度、安全预评价制度、意外伤害保险制度等。

1. 安全生产责任制度

安全生产责任制是最基本的安全管理制度,是所有安全生产管理制度的核心。安全生产责任制是按照安全生产管理方针和"管生产的同时必须管安全"的原则,将各级负责人员、各职能部门及其工作人员和各岗位生产工人在安全生产方面应做的事情及应负的责任加以明确规定的一种制度。具体来说,就是将安全生产责任分解到相关单位的主要负责人、项目负责人、班组长,以及每个岗位的作业人员身上。

根据《建设工程安全生产管理条例》和《建筑施工安全检查标准》(JGJ 59—2011)的相关规定,安全生产责任制度的主要内容如下所示。

(1)安全生产责任制度主要包括企业主要负责人的安全责任,负责人或其他副职的安全责任,项目负责人(项目经理)的安全责任,生产、技术、材料等各职能管理负责人及其工作人员的安全责任,技术负责人(工程师)的安全责任、专职安全生产管理人员的安全责任,施工员的安全责任,班组长的安全责任和岗位人员的安全责任等。

(2)项目应对各级、各部门安全生产责任制规定检查和考核办法,并按规定期限进行考核,对考核结果及兑现情况应有记录。

(3)项目独立承包的工程在签订承包合同中必须有安全生产工作的具体指标和要求。工程由多单位施工时,总分包单位在签订分包合同的同时要签订安全生产合同(协议),签订合同前要检查分包单位的营业执照、企业资质证、安全资格证等。分包队伍的资质应与工程要求相符,在安全合同中应明确总分包单位各自的安全职责,原则上,实行总承包的由总承包单位负责,分包单位向总包单位负责,服从总包单位对施工现场的安全管理,分包单位在其分包范围内建立施工现场安全生产管理制度,并组织实施。

(4)项目的主要工种应有相应的安全技术操作规程,如砌筑、抹灰、混凝土、木工、电工、钢筋、机械、起重司机、信号指挥、脚手架、水暖、油漆、塔吊、电梯、电气焊等工种,特殊作业应另行补充。应将安全技术操作规程列为日常安全活动和安全教育的主要内容,并应悬挂在操作岗位前。

(5)工程项目部专职安全人员的配备人数应按住房和城乡建设部的规定,10 000 m^2 以下工程1人;10 000~50 000 m^2 的工程不少于2人;50 000 m^2 以上的工程不少于3人。

总之,企业实行安全生产责任制必须做到在计划、布置、检查、总结、评比生产的时候,同时计划、布置、检查、总结、评比安全工作。其内容大体分为两个方面:纵向方面是各级人员的安全生产责任制,即从最高管理者、管理者代表到项目负责人(项目经理)、技术负责人(工程师)、专职安全生产管理人员、施工员、班组长和岗位人员等各级人员的安全生产责任制;横向方面是各个部门的安全生产责任制,即各职能部门(如安全环保、设备、技术、生产、财务等部门)的安全生产责任制。只有这样,才能建立健全安全生产责任制,做到群防群治。

2.安全生产许可证制度

《安全生产许可证条例》规定国家对建筑施工企业实施安全生产许可证制度。其目的是为了严格规范安全生产条件,进一步加强安全生产监督管理,防止和减少生产安全事故。

国务院建设主管部门负责中央管理的建筑施工企业安全生产许可证的颁发和管理,其他企业由省、自治区、直辖市人民政府建设主管部门进行颁发和管理,并接受国务院建设主管部门的指导和监督。

企业取得安全生产许可证,应当具备下列安全生产条件。

(1)建立健全安全生产责任制,制订完备的安全生产规章制度和操作规程。

(2)安全投入符合安全生产要求。

(3)设置安全生产管理机构,配备专职安全生产管理人员。

(4)主要负责人和安全生产管理人员经考核合格。

(5)特种作业人员经有关业务主管部门考核合格,取得特种作业操作资格证书。

(6)从业人员经安全生产教育和培训合格。

(7)依法参加工伤保险,为从业人员缴纳保险费。

(8)厂房、作业场所和安全设施、设备、工艺符合有关安全生产法律、法规、标准和规程的要求。

(9)有职业危害防治措施,并为从业人员配备符合国家标准或者行业标准的劳动防护用品。

(10)依法进行安全评价。

(11)有重大危险源检测、评估、监控措施和应急预案。

(12)有生产安全事故应急救援预案、应急救援组织或者应急救援人员,配备必要的应急救援器材、设备。

(13)法律、法规规定的其他条件。

企业进行生产前,应当依照该条例的规定向安全生产许可证颁发管理机关申请领取安全生产许可证,并提供该条例第六条规定的相关文件、资料。安全生产许可证颁发管理机关应当自收到申请之日起45日内审查完毕,经审查符合该条例规定的安全生产条件的,颁发安全生产许可证;不符合该条例规定的安全生产条件的,不予颁发安全生产许可证,书面通知企业并说明理由。

安全生产许可证的有效期为3年。安全生产许可证有效期满需要延期的,企业应当于期满前3个月向原安全生产许可证颁发管理机关办理延期手续。

企业在安全生产许可证有效期内,严格遵守有关安全生产的法律法规,未发生死亡事故的,安全生产许可证有效期届满时,经原安全生产许可证颁发管理机关同意,不再审查,安全生产许可证有效期延期3年。

企业不得转让、冒用安全生产许可证或者使用伪造的安全生产许可证。

3. 政府安全生产监督检查制度

政府安全监督检查制度是指国家法律、法规授权的行政部门,代表政府对企业的安全生产过程实施监督管理。《建设工程安全生产管理条例》第五章"监督管理"对建设工程安全监督管理的规定内容如下所示。

(1)国务院负责安全生产监督管理的部门依照《中华人民共和国安全生产法》的规定,对全国建设工程安全生产工作实施综合监督管理。

(2)县级以上地方人民政府负责安全生产监督管理的部门依照《中华人民共和国安全生产法》的规定,对本行政区域内建设工程安全生产工作实施综合监督管理。

(3)国务院建设行政主管部门对全国的建设工程安全生产实施监督管理。国务院铁路、交通、水利等有关部门按照国务院规定的职责分工,负责有关专业建设工程安全生产的监督管理。

(4)县级以上地方人民政府建设行政主管部门对本行政区域内的建设工程安全生产实施监督管理。县级以上地方人民政府交通、水利等有关部门在各自的职责范围内,负责本行政区域内的专业建设工程安全生产的监督管理。

(5)县级以上人民政府负有建设工程安全生产监督管理职责的部门在各自的职责范围内履行安全监督检查职责时,有权纠正施工中违反安全生产要求的行为,责令施工方立即排除检查中发现的安全事故隐患,对重大隐患可以责令暂时停止施工。建设行政主管部门或者其他有关部门可以将施工现场安全监督检查委托给建设工程安全监督机构具体实施。

4. 安全生产教育培训制度

企业安全生产教育培训一般包括对管理人员、特种作业人员和企业员工的安全教育。

1)管理人员的安全教育

(1)企业领导的安全教育。

企业法定代表人安全教育的主要内容包括:

①国家有关安全生产的方针、政策、法律、法规及有关规章制度。

②安全生产管理职责、企业安全生产管理知识及安全文化。

③有关事故案例及事故应急处理措施等。

(2)项目经理、技术负责人和技术干部的安全教育。

项目经理、技术负责人和技术干部安全教育的主要内容包括:

①安全生产方针、政策和法律、法规。

②项目经理部安全生产责任。

③典型事故案例剖析。

④本系统安全及其相应的安全技术知识。

(3)行政管理干部的安全教育。

行政管理干部安全教育的主要内容包括：

①安全生产方针、政策和法律、法规。

②基本的安全技术知识。

③本职的安全生产责任。

(4)企业安全管理人员的安全教育。

企业安全管理人员安全教育内容应包括：

①国家有关安全生产的方针、政策、法律、法规和安全生产标准。

②企业安全生产管理、安全技术、职业病知识、安全文件。

③员工伤亡事故和职业病统计报告及调查处理程序。

④有关事故案例及事故应急处理措施。

(5)班组长和安全员的安全教育。

班组长和安全员的安全教育内容包括：

①安全生产法律、法规、安全技术及技能、职业病和安全文化的知识。

②本企业、本班组和工作岗位的危险因素、安全注意事项。

③本岗位安全生产职责。

④典型事故案例。

⑤事故抢救与应急处理措施。

2)特种作业人员的安全教育

特种作业人员必须经专门的安全技术培训并考核合格,取得《中华人民共和国特种作业操作证》后,方可上岗作业。

特种作业人员应当接受与其所从事的特种作业相应的安全技术理论培训和实际操作培训。已经取得职业高中、技工学校及中专以上学历的毕业生从事与其所学专业相应的特种作业时,持学历证明经考核发证机关同意,可以免予相关专业的培训。

跨省、自治区、直辖市从业的特种作业人员,可以在户籍所在地或者从业所在地参加培训。

3)企业员工的安全教育

企业员工的安全教育主要有新员工上岗前的三级安全教育、改变工艺和变换岗位安全教育、经常性安全教育三种形式。

(1)新员工上岗前的三级安全教育。

三级安全教育通常是指进厂、进车间、进班组三级,对建设工程来说,具体指企业(公司)、项目(或工区、工程处、施工队)、班组三级。

企业新员工上岗前必须进行三级安全教育,企业新员工须按规定通过三级安全教育和实际操作训练,并经考核合格后方可上岗。

①企业(公司)级安全教育由企业主管领导负责,企业职业健康安全管理部门会同有关部门组织实施,内容应包括安全生产法律、法规、通用安全技术、职业卫生和安全文化的基本知识,本企业安全生产规章制度及状况、劳动纪律和有关事故案例等。

②项目(或工区、工程处、施工队)级安全教育由项目级负责人组织实施,专职或兼职安全员协助,内容包括工程项目的概况,安全生产状况和规章制度,主要危险因素及安全事项,预防工伤事故和职业病的主要措施,典型事故案例及事故应急处理措施等。

③班组级安全教育由班组长组织实施,内容包括遵章守纪,岗位安全操作规程,岗位间工作衔接配合的安全生产事项,典型事故及发生事故后应采取的紧急措施,劳动防护用品(用具)的性能及正确使用方法等。

(2)改变工艺和变换岗位时的安全教育。

①企业(或工程项目)在实施新工艺、新技术或使用新设备、新材料时,必须对有关人员进行相应级别的安全教育,要按新的安全操作规程教育和培训参加操作的岗位员工和有关人员,使其了解新工艺、新设备、新产品的安全性能及安全技术,以适应新的岗位作业的安全要求。

②当组织内部员工发生从一个岗位调到另外一个岗位,或从某工种改变为另一工种,或因放长假离岗一年以上重新上岗时,企业必须进行相应的安全技术培训和教育,以使其掌握现岗位安全生产的特点和要求。

(3)经常性安全教育。

无论何种教育都不可能是一劳永逸的,安全教育同样如此,必须坚持不懈、经常不断地进行,这就是经常性安全教育。在经常性安全教育中,安全思想、安全态度教育最重要。进行安全思想、安全态度教育,要通过采取多种多样形式的安全教育活动,激发员工搞好安全生产的热情,促使员工重视和真正实现安全生产。经常性安全教育的形式包括每天的班前班后会上说明安全注意事项;安全活动日;安全生产会议;事故现场会;张贴安全生产海报、宣传标语及标志等。

5.安全措施计划制度

安全措施计划制度是指企业进行生产活动时,必须编制安全措施计划,它是企业有计划地改善劳动条件和安全卫生设施,防止工伤事故和职业病的重要措施之一,对企业加强劳动保护,改善劳动条件,保障职工的安全和健康,促进企业生产经营的发展都起着积极作用。

1)安全措施计划的范围

安全措施计划的范围应包括改善劳动条件、防止事故发生、预防职业病和职业中毒等内容。

(1)安全技术措施是预防企业员工在工作过程中发生工伤事故的各项措施,包括防护装置、保险装置、信号装置和防爆炸装置等。

(2)职业卫生措施是预防职业病和改善职业卫生环境的必要措施,包括防尘、防毒、防噪声、通风、照明、取暖、降温等措施。

(3)辅助用房间及设施是为了保证生产过程安全卫生所必需的房间及一切设施,包括更衣室、休息室、淋浴室、消毒室、妇女卫生室、厕所和冬期作业取暖室等。

(4)安全宣传教育措施是为了宣传普及有关安全生产法律、法规、基本知识所需要的措施,其主要内容包括安全生产教材、图书、资料,安全生产展览,安全生产规章制度,安全操作方法训练设施,劳动保护和安全技术的研究与实验等。

2)编制安全措施计划的依据

(1)国家发布的有关职业健康安全的政策、法规和标准。

(2)在安全检查中发现的尚未解决的问题。

(3)造成伤亡事故和职业病的主要原因和所采取的措施。

(4)生产发展需要所应采取的安全技术措施。

(5)安全技术革新项目和员工提出的合理化建议。

3)编制安全技术措施计划的一般步骤

(1)工作活动分类。

(2)危险源识别。

(3)风险确定。

(4)风险评价。

(5)制订安全技术措施计划。

(6)评价安全技术措施计划的充分性。

6. 特种作业人员持证上岗制度

《建设工程安全生产管理条例》第二十五条规定:"垂直运输机械作业人员、起重机械安装拆卸工、爆破作业人员、起重信号工、登高架设作业人员等特种作业人员,必须按照国家有关规定经过专门的安全作业培训,并取得特种作业操作资格证书后,方可上岗作业。"

专门的安全作业培训,是指由有关主管部门组织的专门针对特种作业人员的培训,也就是特种作业人员在独立上岗作业前,必须进行与本工种相适应的、专门的安全技术理论学习和实际操作训练。经培训考核合格,取得特种作业操作证后,才能上岗作业。特种作业操作证在全国范围内有效。离开特种作业岗位6个月以上的特种作业人员,应当重新进行实际操作考试,经确认合格后方可上岗作业。对于未经培训考核,即从事特种作业的,条例第六十二条规定了行政处罚;造成重大安全事故,构成犯罪的,对直接责任人员,依照刑法的有关规定追究刑事责任。

7. 专项施工方案专家论证制度

依据《建设工程安全生产管理条例》第二十六条的规定:"施工单位应当在施工组织设计中编制安全技术措施和施工现场临时用电方案,对下列达到一定规模的危险性较大的分部分项工程编制专项施工方案,并附具安全验算结果,经施工单位技术负责人、总监理工程师签字后实施,由专职安全生产管理人员进行现场监督:①基坑支护与降水工程;②土方开挖工程;③模板工程;④起重吊装工程;⑤脚手架工程;⑥拆除、爆破工程;⑦国务院建设行政主管部门或者其他有关部门规定的其他危险性较大的工程。"

对上述所列工程中涉及深基坑、地下暗挖工程、高大模板工程的专项施工方案,施工单位还应当组织专家进行论证、审查。

8. 危及施工安全工艺、设备、材料淘汰制度

严重危及施工安全的工艺、设备、材料是指不符合生产安全要求,极有可能导致生产安全事故发生,致使人民生命和财产遭受重大损失的工艺、设备和材料。

《建设工程安全生产管理条例》第四十五条规定:"国家对严重危及施工安全的工艺、设备、材料实行淘汰制度。具体目录由国务院建设行政主管部门会同国务院其他有关部门制定并公布。"本条明确规定,国家对严重危及施工安全的工艺、设备和材料实行淘汰制度。这一方面有利于保障安全生产;另一方面也体现了优胜劣汰的市场经济规律,有利于提高生产经营单位的工艺水平,促进设备更新。

根据本条的规定,对严重危及施工安全的工艺、设备和材料,实行淘汰制度,需要国务院建设行政主管部门会同国务院其他有关部门确定哪些是严重危及施工安全的工艺、设备和材料,并且以明示的方法予以公布。对于已经公布的严重危及施工安全的工艺、设备和材料,建设单位和施工单位都应当严格遵守和执行,不得继续使用此类工艺和设备,也不得转让他人使用。

9. 施工起重机械使用登记制度

《建设工程安全生产管理条例》第三十五条规定:"施工单位应当自施工起重机械和整体提升脚手架、模板等自升式架设设施验收合格之日起30日内,向建设行政主管部门或者其他有关部门登记。登记标志应当置于或者附着于该设备的显著位置。"

这是对施工起重机械的使用进行监督和管理的一项重要制度,能够有效防止不合格机械和设施投入使用;同时,还有利于监管部门及时掌握施工起重机械和整体提升脚手架、模板等自升式架设设施的使用情况,以利于监督管理。

监管部门应当对登记的施工起重机械建立相关档案,及时更新,加强监管,减少生产安全事故的发生。施工单位应当将标志置于显著位置,便于使用者监督,保证施工起重机械的安全使用。

10. 安全检查制度

1）安全检查的目的

安全检查制度是清除隐患、防止事故、改善劳动条件的重要手段，是企业安全生产管理工作的一项重要内容。通过安全检查可以发现企业及生产过程中的危险因素，以便有计划地采取措施，保证安全生产。

2）安全检查的方式

检查方式有企业组织的定期安全检查，各级管理人员的日常巡回检查，专业性检查，季节性检查，节假日前后的安全检查，班组自检、交接检查，不定期检查等。

3）安全检查的内容

安全检查的主要内容包括查思想、查管理、查隐患、查整改、查伤亡事故处理等。安全检查的重点是检查"三违"和安全责任制的落实。检查后应编写安全检查报告，报告应包括以下内容：已达标项目，未达标项目，存在问题，原因分析，纠正和预防措施。

4）安全隐患的处理程序

对查出的安全隐患，不能立即整改的要制订整改计划，定人、定措施、定经费、定完成日期，在未消除安全隐患前，必须采取可靠的防范措施，如有危及人身安全的紧急险情，应立即停工。应按照"登记→整改→复查→销案"的程序处理安全隐患。

11. 生产安全事故报告和调查处理制度

关于生产安全事故报告和调查处理制度，《中华人民共和国安全生产法》《中华人民共和国建筑法》《建设工程安全生产管理条例》《生产安全事故报告和调查处理条例》《特种设备安全监察条例》等法律法规都对此做了相应的规定。

《中华人民共和国安全生产法》第八十条规定："生产经营单位发生生产安全事故后，事故现场有关人员应当立即报告本单位负责人。单位负责人接到事故报告后，应当迅速采取有效措施，组织抢救，防止事故扩大，减少人员伤亡和财产损失，并按照国家有关规定立即如实报告当地负有安全生产监督管理职责的部门，不得隐瞒不报、谎报或者迟报，不得故意破坏事故现场、毁灭有关证据。"

《中华人民共和国建筑法》第五十一条规定："施工中发生事故时，建筑施工企业应当采取紧急措施减少人员伤亡和事故损失，并按照国家有关规定及时向有关部门报告。"

《建设工程安全生产管理条例》第五十条规定："施工单位发生生产安全事故，应当按照国家有关伤亡事故报告和调查处理的规定，及时、如实地向负责安全生产监督管理的部门、建设行政主管部门或者其他有关部门报告；特种设备发生事故的，还应当同时向特种设备安全监督部门报告。接到报告的部门应当按照国家有关规定，如实上报。"本条是关于发生伤亡事故时的报告义务的规定。一旦发生安全事故，及时报告有关部门是及时组织抢救的基础，也是认真进行调查分清责任的基础。因此,施工单位在发生安全事故时,不能隐瞒事故情况。

2007年6月1日起实施的《生产安全事故报告和调查处理条例》对生产安全事故报告和调查处理制度做了更加明确的规定。

12."三同时"制度

"三同时"制度是指凡是我国境内新建、改建、扩建的基本建设项目(工程),技术改建项目(工程)和引进的建设项目,其安全生产设施必须符合国家规定的标准,必须与主体工程同时设计、同时施工、同时投入生产和使用。安全生产设施主要是指安全技术方面的设施、职业卫生方面的设施、生产辅助性设施。

《中华人民共和国劳动法》第五十三条规定:"新建、改建、扩建工程的劳动安全卫生设施必须与主体工程同时设计、同时施工、同时投入生产和使用"。

《中华人民共和国安全生产法》第二十八条规定:"生产经营单位新建、改建、扩建工程项目的安全设施,必须与主体工程同时设计、同时施工、同时投入生产和使用。安全设施投资应当纳入建设项目概算。"

新建、改建、扩建工程的初步设计要经过行业主管部门、安全生产管理部门、卫生部门和工会的审查,同意后方可进行施工;工程项目完成后,必须经过主管部门、安全生产管理行政部门、卫生部门和工会的竣工检验;建设工程项目投产后,不得将安全设施闲置不用,生产设施必须和安全设施同时使用。

13.安全预评价制度

安全预评价是指在建设工程项目前期,应用安全评价的原理和方法对工程项目的危险性、危害性进行预测性评价。

开展安全预评价工作,是贯彻落实"安全第一,预防为主"方针的重要手段,是企业实施科学化、规范化安全管理的工作基础。科学、系统地开展安全评价工作,不仅直接起到了消除危险有害因素、减少事故发生的作用,有利于全面提高企业的安全管理水平,而且有利于系统地、有针对性地加强对不安全状况的治理、改造,最大限度地降低安全生产风险。

14.意外伤害保险制度

根据2010年12月20日修订后重新公布的《工伤保险条例》规定,工伤保险是属于法定的强制性保险。工伤保险费的征缴按照《社会保险费征缴暂行条例》关于基本养老保险费、基本医疗保险费、失业保险费的征缴规定执行。

自2011年7月1日起实施的新《中华人民共和国建筑法》第四十八条规定:"建筑施工企业应当依法为职工参加工伤保险缴纳工伤保险费。鼓励企业为从事危险作业的职工办理意外伤害保险,支付保险费。"修正后的《中华人民共和国建筑法》与修订后的《社会保险法》和《工伤保险条例》等法律法规的规定保持一致,明确了建筑施工企业作为用人单位,为职工参加工伤保并交纳工伤保险费是其应尽的法定义务,但为从事危险作业的职工投保意外伤害险并非强制性规定,是否投保意外伤害险由建筑施工企业自主决定。

(二)安全生产管理预警体系的建立和运行

1. 安全生产管理预警体系的要素

事故的发生和发展是由于人的不安全行为、物的不安全状态,以及管理的缺陷等方面相互作用的结果,因此在事故预防管理上,可针对事故特点建立事故应急体系。各种类型事故预警的管理过程可能有所不同,但预警的模式具有一致性。在构建预警体系时,需遵循信息论、控制论、决策论,以及系统论的思想和方法,科学建立标准化的预警体系,保证预警的上下统一和协调。

一个完整的预警体系应由外部环境预警系统、内部管理不良的预警系统、预警信息管理系统和事故预警系统四部分构成,相互关系如图6-26所示。

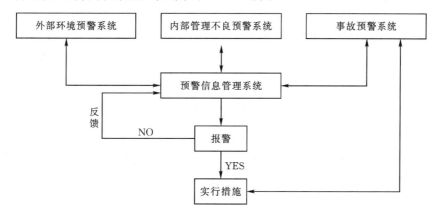

图6-26 预警体系基本框架

1)外部环境预警系统

(1)自然环境突变的预警。生产活动所处的自然环境突变诱发的事故主要是自然灾害和人类活动造成的破坏。

(2)政策法规变化的预警。国家对行业政策的调整、法规体系的修正和变更,对安全生产管理的影响非常大,应经常予以监测。

(3)技术变化的预警。现代安全生产一个重要标志是对科学技术进步的依赖越来越大。因而预警体系也应当关注技术创新、技术标准变动的预警。

2)内部管理不良预警系统

(1)质量管理预警。企业质量管理的目的是生产出合格的产品(工程),基本任务是确定企业的质量目标,制订企业规划和建立健全企业的质量保证体系。

(2)设备管理预警。设备管理预警对象是生产过程的各种设备的维修、操作、保养等活动。

(3)人的行为活动管理预警。事故发生的诱因之一是人的不安全行为,人的行为活动预警对象主要是思想上的疏忽、知识和技能欠缺、性格上的缺陷、心理和生理弱点等。

3)预警信息管理系统

预警信息管理系统以管理信息系统(MIS)为基础,专用于预警管理的信息管理,主要是监测外部环境与内部管理的信息。预警信息的管理包括信息收集、处理、辨伪、存储、推断等过程。

4)事故预警系统

事故预警系统是综合运用事故致因理论(如系统安全理论)、安全生产管理原理(如预防原理),以事故预防和控制为目的,通过对生产活动和安全管理过程中各种事故征兆的监测、识别、诊断与评价,以及对事故严重程度和发生可能性的判别给出安全风险预警级别,并根据预警分析的结果对事故征兆的不良趋势进行矫正、预防与控制。当事故难以控制时,及时做出警告,并提供对策措施和建议。

2.预警体系的建立

预警体系是以事故现象的成因、特征及其发展作为研究对象,运用现代系统理论和预警理论,构建对灾害事故能够起到"免疫",并能够预防和"矫正"各种事故现象的一种"自组织"系统,它是以警报为导向,以"矫正"为手段,以"免疫"为目的的防错、纠错系统。

1)预警体系建立的原则

(1)及时性。

预警体系的出发点就是当事故还在萌芽状态时,就通过细致的观察、分析,提前做好各种防范的准备,及时发现、及时报告、及时采取有效措施加以控制和消除。

(2)全面性。

对生产过程中人、物、环境、管理等各个方面进行全面监督,及时发现各方面的异常情况,以便采取合理对策。

(3)高效性。

预警必须有高效率,只有如此,才能对各种隐患和事故进行及时预告,并制订合理适当的应急措施迅速改变不利局面。

(4)客观性。

生产运行中,隐患存在是客观的,必须正确引导有关单位和个人,不能因为可能涉及形象或负面影响隐匿有关信息,要积极主动地应对。

2)预警体系实现的功能

预警体系功能的实现主要依赖于预警分析和预控对策两大子系统作用的发挥。

(1)预警分析。

预警分析主要由预警监测、预警信息管理、预警评价指标体系构建和预测评价等工作内容组成。

①预警监测。

实现和完成与事故有关的外部环境与内部管理状况的监测任务,并将采集的原始信息实时存入计算机,供预警信息系统分析使用。

②预警信息管理。

预警信息管理是一个系统性的动态管理过程,包括信息收集、处理、辨伪、存储和推断等管理工作。

③预警评价指标体系的构建。

预警评价指标能敏感地反映危险状态及存在问题的指标,是预警体系开展识别、诊断、预控等活动的前提,也是预警管理活动中的关键环节之一。构建预警评价指标体系的目的是使信息定量化、条理化和可操作化。预警评价指标体系内容一般包括:

a. 预警评价指标的确定。一般可分为人的安全可靠性指标,生产过程的环境安全性指标,安全管理有效性的指标,以及机(物)安全可靠性指标等。

b. 预警准则的确定。预警准则是指一套判别标准或原则,用来决定在不同预警级别情况下,是否应当发出警报,以及发出何种程度的警报。

c. 预警方法的确定。预警方法包括指标预警、因素预警、综合预警、误警和漏警等。

d. 预警阈值的确定。预警阈值的确定原则为既要防止误报又要避免漏报,若采用指标预警,一般可根据具体规程设定报警阈值,或者根据具体实际情况,确定适宜的报警阈值。若为综合预警,一般根据经验和理论来确定预警阈值(即综合指标临界值),如综合指标值接近或达到这个阈值时,意味着将有事故出现,可以将此时的综合预警指标值确定为报警阈值。

④预警评价。

预警评价包括确定评价的对象、内容和方法,建立相应的预测系统,确定预警级别和预警信号标准等工作。评价对象是导致事故发生的人、机、环、管等方面的因素,预测系统建立的目的是实现必要的未来预测和预警。预警信号一般采用国际通用的颜色表示不同的安全状况,如:

Ⅰ级预警,表示安全状况特别严重,用红色表示。

Ⅱ级预警,表示受到事故的严重威胁,用橙色表示。

Ⅲ级预警,表示处于事故的上升阶段,用黄色表示。

Ⅳ级预警,表示生产活动处于正常状态,用蓝色表示。

(2)预控对策。

预警的目标是实现对各种事故现象的早期预防与控制,并能对事故实施危机管理,预警是制订预控对策的前提,预控对策是根据具体的警情确定的控制方案,尽早采取必要的预防和控制措施,避免事故的发生和人员的伤亡,减少财产损失等。预控对策一般包括组织准备、日常监控和事故危机管理三个活动阶段。

①组织准备的目的在于预警分析和为预控对策的实施提供组织保障,其任务一是确定预警体系的组织构成、职能分配及运行方式;二是为事故状态下预警体系的运行和管理提供组织保障,确保预控对策的实施。

②日常监控是对预警分析所确定的主要事故征兆(现象)进行特别监视与控制的管理活动,包括培训员工的预警知识和各种逆境的预测,模拟预警管理方案,总结预警监控活动的经验或教训,在特别状态时提出建议供决策层采纳等。

(3)事故危机管理是在日常监控活动无法有效扭转危险状态时的管理对策,是预警管理活动陷入危机状态时采取的一种特殊性质的管理,是只有在特殊情况下才采用的特别管理方式。

3. 预警体系的运行

完善的预警体系为事故预警提供了物质基础。预警体系通过预警分析和预控对策实现对事故的预警和控制,预警分析完成监测、识别、诊断与评价功能,而预控对策完成对事故征兆的不良趋势进行纠错和治错的功能。

1)监测

监测是预警活动的前提,监测的任务包括两个方面:一是对生产中的薄弱环节和重要环节进行全方位、全过程的监测;二是利用预警信息管理系统对大量的监测信息进行处理(整理、分类、存储、传输)并建立信息档案。通过对前后数据、实时数据的收集、整理、分析、存储和比较,建立预警信息档案,信息档案中的信息是整个预警系统共享的,它将监测信息及时、准确地输入下一预警环节。

2)识别

识别是运用评价指标体系对监测信息进行分析,以识别生产活动中各类事故征兆、事故诱因,以及将要发生的事故活动趋势。识别的主要任务是应用适宜的识别指标,判断已经发生的异常征兆、可能的连锁反应。

3)诊断

对已被识别的各种事故现象,进行成因过程的分析和发展趋势预测。诊断的主要任务是在诸多致灾因素中找出危险性最高、危险程度最严重的主要因素,并对其成因进行分析,对发展过程及可能的发展趋势进行准确定量的描述。诊断的工具是企业特性和行业安全生产共性相统一的评价指标体系。

4)评价

对已被确认的主要事故征兆进行描述性评价,以明确生产活动在这些事故征兆现象冲击下会遭受什么样的打击,通过预警评价判断此时生产所处状态是正常、警戒,还是危险、极度危险、危机状态,并把握其发展趋势,在必要时准确报警。

(三)施工安全技术措施和安全技术交底

1.建设工程施工安全技术措施

1)施工安全控制

(1)安全控制的目标。

安全控制的目标是减少和消除生产过程中的事故,保证人员健康安全和财产免受损失。具体应包括:

①减少或消除人的不安全行为。

②减少或消除设备、材料的不安全状态。

③改善生产环境和保护自然环境。

(2)施工安全的控制程序。

①确定每项具体建设工程项目的安全目标。

按"目标管理"方法在以项目经理为首的项目管理系统内进行分解,从而确定每个岗位的安全目标,实现全员安全控制。

②编制建设工程项目安全技术措施计划。

工程施工安全技术措施计划是对生产过程中的不安全因素,用技术手段加以消除和控制的文件,是落实"预防为主"方针的具体体现,是进行工程项目安全控制的指导性文件。

③安全技术措施计划的落实和实施。

安全技术措施计划的落实和实施包括建立健全安全生产责任制,设置安全生产设施,采用安全技术和应急措施,进行安全教育和培训,安全检查,事故处理,沟通和交流信息,通过一系列安全措施的贯彻,保证生产作业的安全状况处于受控状态。

④安全技术措施计划的验证。

在施工过程中对安全技术措施计划的实施情况进行检查,纠正不符合安全技术措施计划的情况,保证安全技术措施的贯彻和实施。

⑤持续改进。

根据安全技术措施计划的验证结果,对不适宜的安全技术措施计划进行修改、补充和完善。

2)施工安全技术措施的一般要求和主要内容

(1)施工安全技术措施的一般要求。

①施工安全技术措施必须在工程开工前制订。

施工安全技术措施是施工组织设计的重要组成部分,应在工程开工前与施工组织设计一同编制。为保证各项安全设施的落实,在工程图纸会审时,就应考虑安全施工的问题,并在开工前制订好安全技术措施,使得有较充分的时间对用于该工程的各种安全设施进行采购、制作和维护等准备工作。

②施工安全技术措施要有全面性。

按照有关法律法规的要求,在编制工程施工组织设计时,应当根据工程特点制订相应的施工安全技术措施。对于大中型工程项目、结构复杂的重点工程,除必须在施工组织设计中编制施工安全技术措施外,还应编制专项工程施工安全技术措施,详细说明有关安全方面的防护要求和措施,确保单位工程或分部、分项工程的施工安全。对爆破、拆除、起重吊装、水下、基坑支护和降水、土方开挖、脚手架、模板等危险性较大的作业,必须编制专项安全施工技术方案。

③施工安全技术措施要有针对性。

施工安全技术措施是针对每项工程的特点制订的,编制安全技术措施的技术人员必须掌握工程概况、施工方法、施工环境、条件等一手资料,并熟悉安全法规、标准等,才能制订有针对性的安全技术措施。

④施工安全技术措施应力求全面、具体、可靠。

施工安全技术措施应把可能出现的各种不安全因素考虑周全,制订的对策措施方案应力求全面、具体、可靠,这样才能真正做到预防事故的发生。但是,全面具体不等于罗列一般通常的操作工艺、施工方法,以及日常安全工作制度、安全纪律等。这些制度性规定,不需要再抄录到安全技术措施中,但必须严格执行。

对大型群体工程或一些面积大、结构复杂的重点工程,除必须在施工组织总设计中编制施工安全技术总体措施外,还应编制单位工程或分部、分项工程安全技术措施,详细地制订出有关安全方面的防护要求和措施,确保该单位工程或分部、分项工程的安全施工。

⑤施工安全技术措施必须包括应急预案。

由于施工安全技术措施是在相应的工程施工实施之前制订的,所涉及的施工条件和危险情况大都是建立在预测的基础上,而建设工程施工过程是开放的过程,在施工期间经常发生变化,还可能出现预测不到的突发事件或灾害(如地震、火灾、台风、洪水等)。所以,施工技术措施计划必须包括面对突发事件或紧急状态的各种应急设施、人员逃生和救援预案,以便在紧急情况下,能及时启动应急预案,减少损失,保护人员安全。

⑥施工安全技术措施要有可行性和可操作性。

施工安全技术措施应能够在每个施工工序之中得到贯彻实施,既要考虑保证安全要求,又要考虑现场环境条件和施工技术条件是否能够做到。

(2)施工安全技术措施的主要内容。

①进入施工现场的安全规定。

②地面及深槽作业的防护。

③高处及立体交叉作业的防护。

④施工用电安全。

⑤施工机械设备的安全使用。

⑥在采取"四新"技术时,有针对性的专门安全技术措施。

⑦有针对自然灾害预防的安全措施。

⑧预防有毒、有害、易燃、易爆等作业造成危害的安全技术措施。

⑨现场消防措施。

安全技术措施中必须包含施工总平面图,在图中必须对危险的油库、易燃材料库、变电设备、材料和构配件的堆放位置、塔式起重机、物料提升机(井架、龙门架)、施工用电梯、垂直运输设备位置、搅拌台的位置等按照施工需求和安全规程的要求明确定位,并提出具体要求。

对于结构复杂、危险性大、特性较多的分部、分项工程,应编制专项施工方案和安全措施。如基坑支护与降水工程、土方开挖工程、模板工程、起重吊装工程、脚手架工程、拆除工程、爆破工程等,必须编制单项的安全技术措施,并要有设计依据、有计算、有详图、有文字要求。

季节性施工安全技术措施,就是考虑夏季、雨季、冬季等不同季节的气候对施工生产带来的不安全因素可能造成的各种突发性事故,而从防护上、技术上、管理上采取的防护措施。一般工程可在施工组织设计或施工方案的安全技术措施中编制季节性施工安全措施;危险性大、高温期长的工程,应单独编制季节性的施工安全措施。

2. 安全技术交底

1)安全技术交底的内容

安全技术交底是一项技术性很强的工作,对于贯彻设计意图、严格实施技术方案、按图施工、循规操作、保证施工质量和施工安全至关重要。

安全技术交底主要内容如下:

(1)本施工项目的施工作业特点和危险点。

(2)针对危险点的具体预防措施。

(3)应注意的安全事项。

(4)相应的安全操作规程和标准。

(5)发生事故后应及时采取的避难和急救措施。

2)安全技术交底的要求

(1)项目经理部必须实行逐级安全技术交底制度,纵向延伸到班组全体作业人员。

(2)技术交底必须具体、明确,针对性强。

(3)技术交底的内容应针对分部、分项工程施工中给作业人员带来潜在危险的因素和存在的问题。

(4)应优先采用新的安全技术措施。

(5)对于涉及"四新"的项目或技术含量高、技术难度大的单项技术设计,必须经过两阶段技术交底,即初步设计技术交底和实施性施工图技术设计交底。

(6) 应将工程概况、施工方法、施工程序、安全技术措施等向工长、班组长进行详细交底。

(7) 定期向由两个以上作业队和多工种进行交叉施工的作业队伍进行书面交底。

(8) 保存书面安全技术交底签字记录。

(四) 安全生产检查监督的类型和内容

工程项目安全检查的目的是为了清除隐患、防止事故、改善劳动条件及提高员工安全生产意识,是安全控制工作的一项重要内容。通过安全检查可以发现工程中的危险因素,以便有计划地采取措施,保证安全生产。施工项目的安全检查应由项目经理组织,定期进行。

1. 安全生产检查监督的主要类型

1) 全面安全检查

全面检查应包括职业健康安全管理方针、管理组织机构及其安全管理的职责、安全设施、操作环境、防护用品、卫生条件、运输管理、危险品管理、火灾预防、安全教育和安全检查制度等内容。对全面检查的结果必须进行汇总分析,详细探讨所出现的问题及相应对策。

2) 经常性安全检查

工程项目和班组应开展经常性安全检查,及时排除事故隐患。工作人员必须在工作前,对所用的机械设备和工具进行仔细的检查,发现问题立即上报。下班前,还必须进行班后检查,做好设备的维修保养和清整场地等工作,保证交接安全。

3) 专业或专职安全管理人员的专业安全检查

专业或专职安全管理人员在进行安全检查时,必须不徇私情,按章检查,发现违章操作情况要立即纠正,发现隐患及时指出并提出相应防护措施,并及时上报检查结果。

4) 季节性安全检查

要对防风防沙、防涝抗旱、防雷电、防暑、防雨雪灾害等工作进行季节性的检查,根据各个季节自然灾害的发生规律,及时采取相应的防护措施。

5) 节假日检查

在节假日,上班的人员较少,容易发生意外,而且一旦发生意外事故,也难以进行有效的救援和控制。因此,节假日必须安排专业安全管理人员进行安全检查,对重点部位要进行巡视。同时配备一定数量的安全保卫人员,做好安全保卫工作,绝不能麻痹大意。

6) 要害部门重点安全检查

对于企业要害部门和重要设备必须进行重点检查。由于其重要性和特殊性,一旦发生意外,会造成大的伤害,给企业的经济效益和社会效益带来不良的影响。为了确保安全,对设备的运转和零件的状况要定时进行检查,发现损伤立刻更换,决不能"带病"作业;超过有效年限的设备和零件即使没有故障,也应该予以更新,不能因小失大。

2.安全生产检查监督的主要内容

1)查思想

检查企业领导和员工对安全生产方针的认识程度,对建立健全安全生产管理和安全生产规章制度的重视程度,对安全检查中发现的安全问题或安全隐患的处理态度等。

2)查制度

为了实施安全生产管理制度,工程承包企业应结合本身的实际情况,建立健全一整套本企业的安全生产规章制度,并落实到具体的工程项目施工任务中。在安全检查时,应对企业的施工安全生产规章制度进行检查。施工安全生产规章制度一般应包括以下内容:

(1)安全生产责任制度。

(2)安全生产许可证制度。

(3)安全生产教育培训制度。

(4)安全措施计划制度。

(5)特种作业人员持证上岗制度。

(6)专项施工方案及专家论证制度。

(7)危及施工安全工艺、设备、材料淘汰制度。

(8)施工起重机械使用登记制度。

(9)生产安全事故报告和调查处理制度。

(10)各种安全技术操作规程。

(11)危险作业管理审批制度。

(12)易燃、易爆、剧毒、放射性、腐蚀性等危险物品生产、储运、使用的安全管理制度。

(13)防护物品的发放和使用制度。

(14)安全用电制度。

(15)危险场所动火作业审批制度。

(16)防火、防爆、防雷、防静电制度。

(17)危险岗位巡回检查制度。

(18)安全标志管理制度。

3)查管理

主要检查安全生产管理是否有效,安全生产管理和规章制度是否真正得到落实。

4)查隐患

主要检查生产作业现场是否符合安全生产要求,检查人员应深入作业现场,检查工人的劳动条件、卫生设施、安全通道、零部件的存放、防护设施状况、电气设备、压力容器、化学用品的储存,粉尘及有毒有害作业部位点的达标情况,车间内的通风照明设施,个人劳动防护用品的使用是否符合规定等。要特别注意对一些要害部位和设备加强检查,如锅炉房、变电所、各种剧毒、易燃、易爆等场所。

5)查整改

主要检查对过去提出的安全问题和发生的安全生产事故及安全隐患后是否采取了安全技术措施和安全管理措施,进行整改的效果如何。

6)查事故处理

检查对伤亡事故是否及时报告,对责任人是否已经做出严肃处理。在安全检查中必须成立一个适应安全检查工作需要的检查组,配备适当的人力和物力。检查结束后应编写安全检查报告,说明已达标项目、未达标项目、存在的问题、原因分析,给出纠正和预防措施的建议。

(五)安全隐患的处理

1. 建设工程的安全隐患

建设工程的安全隐患包括三个部分:人的不安全因素、物的不安全状态和组织管理上的不安全因素。

1)人的不安全因素

能够使系统发生故障或发生性能不良的事件的个人的不安全因素和违背安全要求的错误行为。

(1)个人的不安全因素,包括人员的心理、生理、能力中所具有的不能适应工作、作业岗位要求的影响安全的因素。

①心理上的不安全因素有影响安全的性格、气质和情绪(如急躁、懒散、粗心等)。

②生理上的不安全因素大致有5个方面:

a. 视觉、听觉等感觉器官不能适应作业岗位要求。

b. 体能不能适应作业岗位要求。

c. 年龄不能适应作业岗位要求。

d. 有不适合作业岗位要求的疾病。

e. 疲劳和醉酒或感觉朦胧。

③能力上的不安全因素包括知识技能、应变能力、资格等不能适应工作和作业岗位要求的影响因素。

(2)人的不安全行为是指能造成事故的人为错误,是人为地使系统发生故障或发生性能不良事件,是违背设计和操作规程的错误行为。

不安全行为的类型有:

①操作失误、忽视安全、忽视警告。

②造成安全装置失效。

③使用不安全设备。

④用手代替工具操作。

⑤物体存放不当。

⑥冒险进入危险场所。

⑦攀坐不安全位置。

⑧在起吊物下作业、停留。

⑨在机器运转时进行检查、维修、保养。

⑩有分散注意力的行为。

⑪未正确使用个人防护用品、用具。

⑫不安全装束。

⑬对易燃、易爆等危险物品处理错误。

2)物的不安全状态

物的不安全状态是指能导致事故发生的物质条件,包括机械设备或环境所存在的不安全因素。

(1)物的不安全状态的内容。

①物本身存在的缺陷。

②防护保险方面的缺陷。

③物的放置方法的缺陷。

④作业环境场所的缺陷。

⑤外部的和自然界的不安全状态。

⑥作业方法导致的物的不安全状态。

⑦保护器具信号、标志和个体防护用品的缺陷。

(2)物的不安全状态的类型。

①防护等装置缺陷。

②设备、设施等缺陷。

③个人防护用品缺陷。

④生产场地环境的缺陷。

3)组织管理上的不安全因素

①技术上的缺陷。

②教育上的缺陷。

③生理上的缺陷。

④心理上的缺陷。

⑤管理工作上的缺陷。

⑥学校教育和社会、历史上的原因造成的缺陷。

2. 建设工程安全隐患的处理

在工程建设过程中,安全事故隐患是难以避免的,但要尽可能预防和消除安全事故隐患的发生。首先需要项目各参与方加强安全意识,做好事前控制,建立健全各项安全生产管理制度,落实安全生产责任制,注重安全生产教育培训,保证安全生产条件所需的资金投入,将安全隐患消除在萌芽之中;其次是根据工程的特点确保各项安全施工措施的落实,加强对工程安全生产的检查监督,及时发现安全事故隐患;再者是对发现的安全事故隐患及时进行处理,查找原因,防止事故隐患的进一步扩大。

1)安全事故隐患治理原则

(1)冗余安全度治理原则。

为确保安全,在治理事故隐患时应考虑设置多道防线,即使有一两道防线无效,还有冗余的防线可以控制事故隐患。例如,道路上有一个坑,既要设防护栏及警示牌,又要设照明及夜间警示红灯。

(2)单项隐患综合治理原则。

人、机、料、法、环境五者任一环节产生安全事故隐患,都要从五者安全匹配的角度考虑,调整匹配的方法,提高匹配的可靠性。一件单项隐患问题的整改需综合(多角度)治理。人的隐患,既要治人也要治机具及生产环境等各环节。例如,某工地发生触电事故,一方面要进行人的安全用电操作教育,同时现场也要设置漏电开关,对配电箱、用电线路进行防护改造,并严禁非专业电工乱接乱拉电线。

(3)事故直接隐患与间接隐患并治原则。

对人、机、环境系统进行安全治理的同时,还需治理安全管理措施。

(4)预防与减灾并重治理原则。

治理安全事故隐患时,需尽可能减少发生事故的可能性,如果不能安全控制事故的发生,也要设法将事故等级减低。但是不论预防措施如何完善,都不能保证事故绝对不会发生,还必须对事故减灾做好充分准备,研究应急技术操作规范。例如,应急时切断供料及切断能源的操作方法;应急时降压、降温、降速以及停止运行的方法;应急时排放毒物的方法;应急时疏散及抢救的方法;应急时请求救援的方法等。还应定期组织训练和演习,使该生产环境中的每名干部及工人都真正掌握这些减灾技术。

(5)重点治理原则。

按对隐患的分析评价结果实行危险点分级治理,也可以用安全检查表打分,对隐患危险程度分级。

(6)动态治理原则。

动态治理就是对生产过程进行动态随机安全化治理,生产过程中发现问题及时治理,既可以及时消除隐患,又可以避免小的隐患发展成大的隐患。

2)安全事故隐患的处理

在建设工程中,安全事故隐患的发现可以来自各参与方,包括建设单位、设计单位、监理单位、施工单位、供货商、工程监管部门等。各方对于事故安全隐患处理的义务和责任,以及相关的处理程序在《建设工程安全生产管理条例》中已有明确的界定。这里仅从施工单位角度谈其对事故安全隐患的处理方法。

(1)当场指正,限期纠正,预防隐患发生。

对于违章指挥和违章作业行为,检查人员应当场指出,并限期纠正,预防事故的发生。

(2)做好记录,及时整改,消除安全隐患。

对检查中发现的各类安全事故隐患,应做好记录,分析安全隐患产生的原因,制订消除隐患的纠正措施,报相关方审查批准后进行整改,及时消除隐患。对重大安全事故隐患排除前或者排除过程中无法保证安全的,责令从危险区域内撤出作业人员或者暂时停止施工,待隐患消除后再行施工。

(3)分析统计,查找原因,制订预防措施

对于反复发生的安全隐患,应通过分析统计,属于多个部位存在的同类型隐患,即"通病";属于重复出现的隐患,即"顽症",查找产生"通病"和"顽症"的原因,修订和完善安全管理措施,制订预防措施,从源头上消除安全事故隐患的发生。

(4)跟踪验证。

检查单位应对受检单位的纠正和预防措施的实施过程和实施效果,进行跟踪验证,并保存验证记录。

二、项目案例

(一)港珠澳大桥管理局举行安全生产"一岗双责"培训

2011年8月26日,利用召开8月份HSE月度例会的契机,港珠澳大桥管理局特别邀请了广东省安监局培训机构专家举办了企业安全生产"一岗双责"培训,管理局、岛隧工程总监办、岛隧工程项目总经理部及各工区、桥梁试桩工程项目部、安全顾问、环保顾问等单位代表共37人参加了培训。专家结合广东省开展"一岗双责"的进展情况,对"一岗双责"关于落实企业安全生产责任制和"谁主管,谁负责"的要求进行了解读和探讨,管理局领导要求在主体工程建设中结合实际,全面落实"一岗双责"的要求。

(二)港珠澳大桥主体工程2016年"安全生产月"启动仪式举行

2016年6月14日,港珠澳大桥主体工程2016年"安全生产月"活动启动仪式在唐家湾施工总营地举行,广东省安监局、珠海市安监局、广东省安全生产技术中心及管理局、各参建单位领导和代表出席了仪式。

启动仪式上,管理局向各参建单位发放了海报、光盘等安全生产宣传品,并组织对江海直达船航道桥等施工现场进行了检查,检查过程中与市安监局、省安全生产技术中心领导就大桥建设中的安全生产重点和难点问题进行了深入沟通。

6月以来,各参建单位已陆续组织开展各项安全宣传、培训。启动仪式的举行进一步推动了主体工程安全生产月各项工作的全面展开。

第三节　安全事故应急预案和事故处理

安全生产事故应急预案和事故处理

一、基础知识

(一)生产安全事故应急预案的内容

应急预案是对特定的潜在事件和紧急情况发生时所采取措施的计划安排,是应急响应的行动指南。编制应急预案的目的,是防止紧急情况发生时出现混乱。在紧急情况发生时,应按照合理的响应流程采取适当的救援措施,预防和减少可能出现的职业健康安全问题和环境影响。

应急预案的制订,首先必须与重大环境因素和重大危险源相结合,特别是与这些环境因素和危险源一旦控制失效可能导致的后果相适应,还要考虑在实施应急救援过程中可能产生的新的伤害和损失。

1. 应急预案体系的构成

应急预案应形成体系,针对各级、各类可能发生的事故和所有危险源制订专项应急预案和现场应急处置方案,并明确事前、事发、事中、事后的各个过程中相关部门和有关人员的职责。生产规模小、危险因素少的生产经营单位,其综合应急预案和专项应急预案可以合并编写。

1)综合应急预案

综合应急预案是从总体上阐述事故的应急方针、政策,应急组织结构及相关应急职责,应急行动、措施和保障等基本要求和程序,是应对各类事故的综合性文件。

2)专项应急预案

专项应急预案是针对具体的事故类别(如基坑开挖、脚手架拆除等)、危险源和应急保障而制订的计划或方案,是综合应急预案的组成部分,应按照综合应急预案的程序和要求组织制订,并作为综合应急预案的附件。专项应急预案应制订明确的救援程序和具体的应急救援措施。

3)现场处置方案

现场处置方案是针对具体的装置、场所或设施、岗位所制订的应急处置措施。现场处置方案应具体、简单、针对性强。现场处置方案应根据风险评估及危险性控制措施逐一编制,做到事故相关人员应知应会、熟练掌握,并通过应急演练,做到迅速反应、正确处置。

2.生产安全事故应急预案编制的要求和内容

1)生产安全事故应急预案编制的要求

(1)符合有关法律、法规、规章和标准的规定。

(2)结合本地区、本部门、本单位的安全生产实际情况。

(3)结合本地区、本部门、本单位的危险性分析情况。

(4)应急组织和人员的职责分工明确,并有具体的落实措施。

(5)有明确、具体的事故预防措施和应急程序,并与其应急能力相适应。

(6)有明确的应急保障措施,并能满足本地区、本部门、本单位的应急工作要求。

(7)预案基本要素齐全、完整,预案附件提供的信息准确。

(8)预案内容与相关应急预案相互衔接。

(二)生产安全事故应急预案的管理

建设工程生产安全事故应急预案的管理包括应急预案的评审、备案、实施和奖惩。

生产安全事故应急预案编制的内容

国家安全生产监督管理总局负责应急预案的综合协调管理工作。国务院其他负有安全生产监督管理职责的部门按照各自的职责负责本行业、本领域内应急预案的管理工作。

县级以上地方各级人民政府安全生产监督管理部门负责本行政区域内应急预案的综合协调管理工作。县级以上地方各级人民政府其他负有安全生产监督管理职责的部门按照各自的职责负责辖区内本行业、本领域应急预案的管理工作。

1.应急预案的评审

地方各级安全生产监督管理部门应当组织有关专家对本部门编制的应急预案进行审定,必要时可以召开听证会,听取社会有关方面的意见。涉及相关部门职能或者需要有关部门配合的,应当征得有关部门同意。

参加应急预案评审的人员应当包括应急预案涉及的政府部门工作人员和有关安全生产及应急管理方面的专家。

评审人员与所评审预案的生产经营单位有利害关系的,应当回避。

应急预案的评审或者论证应当注重应急预案的实用性、基本要素的完整性、预防措施的针对性、组织体系的科学性、响应程序的操作性、应急保障措施的可行性、应急预案的衔接性等内容。

2.应急预案的备案

地方各级安全生产监督管理部门的应急预案,应当报同级人民政府和上一级安全生产监督管理部门备案。

其他负有安全生产监督管理职责的部门的应急预案,应当抄送同级安全生产监督管理部门。中央管理的总公司(总厂、集团公司、上市公司)的综合应急预案和专项应急预案,报国务院国有资产监督管理部门、国务院安全生产监督管理部门和国务院有关主管部门备案;其所属单位的应急预案分别抄送所在地的省、自治区、直辖市或者设区的市人民政府安全生产监督管理部门和有关主管部门备案。

上述规定以外的其他生产经营单位中涉及实行安全生产许可的,其综合应急预案和专项应急预案,按照隶属关系报所在地县级以上地方人民政府安全生产监督管理部门和有关主管部门备案;未实行安全生产许可的,其综合应急预案和专项应急预案的备案,由省、自治区、直辖市人民政府安全生产监督管理部门确定。

3. 应急预案的实施

各级安全生产监督管理部门、生产经营单位应当采取多种形式开展应急预案的宣传教育,普及生产安全事故预防、避险、自救和互救知识,提高从业人员的安全意识和应急处置技能。

生产经营单位应当制订本单位的应急预案演练计划,根据本单位的事故预防重点,每年至少组织一次综合应急预案演练或者专项应急预案演练,每半年至少组织一次现场处置方案演练。

有下列情形之一的,应急预案应当及时修订:

(1)生产经营单位因兼并、重组、转制等导致隶属关系、经营方式、法定代表人发生变化的。

(2)生产经营单位生产工艺和技术发生变化的。

(3)周围环境发生变化,形成新的重大危险源的。

(4)应急组织指挥体系或者职责已经调整的。

(5)依据的法律、法规、规章和标准发生变化的。

(6)应急预案演练评估报告要求修订的。

(7)应急预案管理部门要求修订的。

生产经营单位应当及时向有关部门或者单位报告应急预案的修订情况,并按照有关应急预案报备程序重新备案。

(四)安全事故的分类和处理

1. 安全事故的分类

安全事故分为两大类型,即职业伤害事故与职业病。职业伤害事故是指因生产过程及工作原因或与其相关的其他原因造成的伤亡事故。

1)按照事故发生的原因分类

按照我国《企业职工伤亡事故分类》(GB 6441—1986)规定,职业伤害事故分为20类,其中与建筑业有关的有以下 12 类:物体打击、车辆伤害、机械伤害、起重伤害、触电、灼烫、火灾、高处坠落、坍塌、火药爆炸、中毒和窒息、其他伤害。

以上 12 类职业伤害事故中,在建设工程领域中最常见的是高处坠落、物体打击、机械伤害、触电、坍塌、中毒、火灾 7 类。

2)按事故严重程度分类

我国《企业职工伤亡事故分类》(GB 6441—1986)规定,按事故严重程度分类,事故分为以下几种。

(1)轻伤事故,指造成职工肢体或某些器官功能性或器质性轻度损伤,能引起劳动能力轻度或暂时丧失的伤害的事故,一般每个受伤人员休息 1 个工作日以上(含 1 个工作日),105 个工作日以下。

(2)重伤事故,一般指受伤人员肢体残缺或视觉、听觉等器官受到严重损伤,能引起人体长期存在功能障碍或劳动能力有重大损失的伤害,或者造成每个受伤人损失 105 工作日以上(含 105 个工作日)的失能伤害的事故。

(3)死亡事故,其中,重大伤亡事故指一次事故中死亡 1~2 人的事故;特大伤亡事故指一次事故中死亡 3 人以上(含 3 人)的事故。

3)按事故造成的人员伤亡或者直接经济损失分类

依据 2007 年 6 月 1 日起实施的《生产安全事故报告和调查处理条例》,按生产安全事故(以下简称事故)造成的人员伤亡或者直接经济损失,事故分为:

(1)特别重大事故,指造成 30 人以上死亡,或者 100 人以上重伤(包括急性工业中毒,下同),或者 1 亿元以上直接经济损失的事故。

(2)重大事故,指造成 10 人以上 30 人以下死亡,或者 50 人以上 100 人以下重伤,或者 5 000 万元以上 1 亿元以下直接经济损失的事故。

(3)较大事故,指造成 3 人以上 10 人以下死亡,或者 10 人以上 50 人以下重伤,或者 1 000 万元以上 5 000 万元以下直接经济损失的事故。

(4)一般事故,指造成 3 人以下死亡,或者 10 人以下重伤,或者 1 000 万元以下直接经济损失的事故。

目前,在建设工程领域中,判别事故等级较多采用的是《生产安全事故报告和调查处理条例》。

2. 建设工程安全事故的处理

一旦事故发生,通过应急预案的实施,尽可能防止事态的扩大和减少事故的损失。通过事故处理程序,查明原因,制订相应的纠正和预防措施,避免类似事故的再次发生。

1)事故处理的原则("四不放过"原则)

(1)事故原因未查清不放过。

要求在调查处理伤亡事故时,首先要把事故原因分析清楚,找出导致事故发生的真正原因,未找到真正原因决不轻易放过。直到找到真正原因并搞清各因素之间的因果关系才算达到事故原因分析的目的。

(2)事故责任人未受到处理不放过。

这是安全事故责任追究制的具体体现,对事故责任者要严格按照安全事故责任追究的法律法规的规定进行严肃处理。不仅要追究事故直接责任人的责任,同时要追究有关负责人的领导责任。当然,处理事故责任者必须谨慎,避免事故责任追究的扩大化。

(3)事故责任人和周围群众没有受到教育不放过。

加强事故责任人和周围群众的安全教育,使事故责任者和广大群众了解事故发生的原因及所造成的危害,并深刻认识到搞好安全生产的重要性,从事故中吸取教训,提高安全意识,改进安全管理工作。

(4)事故没有制订切实可行的整改措施不放过。

必须针对事故发生的原因,提出防止相同或类似事故发生的切实可行的预防措施,并督促事故发生单位加以实施。只有这样,才算达到了事故调查和处理的最终目的。

2)建设工程安全事故处理措施

(1)按规定向有关部门报告事故情况。

事故发生后,事故现场有关人员应当立即向本单位负责人报告;单位负责人接到报告后,应当于1小时内向事故发生地县级以上人民政府安全生产监督管理部门和负有安全生产监督管理职责的有关部门报告,并有组织、有指挥地抢救伤员、排除险情;应当防止人为或自然因素的破坏,便于事故原因的调查。

由于建设行政主管部门是建设安全生产的监督管理部门,对建设安全生产实行的是统一的监督管理,因此,各个行业的建设施工中出现了安全事故,都应当向建设行政主管部门报告。对于专业工程的施工中出现生产安全事故的,由于有关的专业主管部门也承担着对建设安全生产的监督管理职能,因此,专业工程出现安全事故,还需要向有关行业主管部门报告。

①情况紧急时,事故现场有关人员可以直接向事故发生地县级以上人民政府安全生产监督管理部门和负有安全生产监督管理职责的有关部门报告。

②安全生产监督管理部门和负有安全生产监督管理职责的有关部门接到事故报告后,应当依照下列规定上报事故情况,并通知公安机关、劳动保障行政部门、工会和人民检察院。

a.特别重大事故、重大事故逐级上报至国务院安全生产监督管理部门和负有安全生产监督管理职责的有关部门。

b.较大事故逐级上报至省、自治区、直辖市人民政府安全生产监督管理部门和负有安全生产监督管理职责的有关部门。

c. 一般事故上报至设区的市级人民政府安全生产监督管理部门和负有安全生产监督管理职责的有关部门。

安全生产监督管理部门和负有安全生产监督管理职责的有关部门依照前款规定上报事故情况，应当同时报告本级人民政府。国务院安全生产监督管理部门和负有安全生产监督管理职责的有关部门，以及省级人民政府接到发生特别重大事故、重大事故的报告后，应当立即报告国务院。必要时，安全生产监督管理部门和负有安全生产监督管理职责的有关部门可以越级上报事故情况。

安全生产监督管理部门和负有安全生产监督管理职责的有关部门逐级上报事故情况，每级上报的时间不得超过2小时。事故报告后出现新情况的，应当及时补报。

(2) 组织调查组，开展事故调查。

① 特别重大事故由国务院或者国务院授权有关部门组织事故调查组进行调查。重大事故、较大事故、一般事故分别由事故发生地省级人民政府、设区的市级人民政府、县级人民政府负责调查。省级人民政府、设区的市级人民政府、县级人民政府可以直接组织事故调查组进行调查，也可以授权或者委托有关部门组织事故调查组进行调查。未造成人员伤亡的一般事故，县级人民政府也可以委托事故发生单位组织事故调查组进行调查。

② 事故调查组有权向有关单位和个人了解与事故有关的情况，并要求其提供相关文件、资料，有关单位和个人不得拒绝。事故发生单位的负责人和有关人员在事故调查期间不得擅离职守，并应当随时接受事故调查组的询问，如实提供有关情况。事故调查中发现涉嫌犯罪的，事故调查组应当及时将有关材料或者其复印件移交司法机关处理。

(3) 现场勘查。

事故发生后，调查组应迅速到现场进行及时、全面、准确和客观的勘查，包括现场笔录、现场拍照和现场绘图。

(4) 分析事故原因。

通过调查分析，查明事故经过，按受伤部位、受伤性质、起因物、致害物、伤害方法、不安全状态、不安全行为等，查清事故原因，包括人、物、生产管理和技术管理等方面的原因。通过直接和间接地分析，确定事故的直接责任者、间接责任者和主要责任者。

(5) 制订预防措施。

根据事故原因分析，制订防止类似事故再次发生的预防措施。根据事故后果和事故责任者应负的责任提出处理意见。

(6) 提交事故调查报告。

事故调查组应当自事故发生之日起60日内提交事故调查报告；特殊情况下，经负责事故调查的人民政府批准，提交事故调查报告的期限可以适当延长，但延长的期限最长不超过60日。事故调查报告应当包括下列内容：

①事故发生单位概况。
②事故发生经过和事故救援情况。
③事故造成的人员伤亡和直接经济损失。
④事故发生的原因和事故性质。
⑤事故责任的认定及对事故责任者的处理建议。
⑥事故防范和整改措施。

(7)事故的审理和结案。

重大事故、较大事故、一般事故,负责事故调查的人民政府应当自收到事故调查报告之日起15日内做出批复;特别重大事故,30日内做出批复,特殊情况下,批复时间可以适当延长,但延长的时间最长不超过30日。

有关机关应当按照人民政府的批复,依照法律、行政法规规定的权限和程序,对事故发生单位和有关人员进行行政处罚,对负有事故责任的国家工作人员进行处分。事故发生单位应当按照负责事故调查的人民政府的批复,对本单位负有事故责任的人员进行处理。

负有事故责任的人员涉嫌犯罪的,依法追究刑事责任。

事故处理的情况由负责事故调查的人民政府或者其授权的有关部门、机构向社会公布,依法应当保密的除外。事故调查处理的文件记录应长期完整地保存。

3. 安全事故统计规定

国家安全生产监督管理总局制定的《生产安全事故统计报表制度》(安监总统计〔2016〕116号)有如下规定。

(1)报表的统计范围是在中华人民共和国领域内发生的生产安全事故。

(2)统计内容主要包括事故发生单位的基本情况、事故造成的死亡人数、受伤人数(含急性工业中毒人数)、单位经济类型、事故类别等。

(3)生产安全事故发生地县级以上("以上"包含本级,下同)安全生产监督管理部门除对发生的每起生产安全事故在规定时限内向上级人民政府安全生产监督管理部门和负有安全生产监督管理职责的有关部门报告外,还应填报"安全生产综合统计信息直报系统",并在生产安全事故发生7日内,及时补充完善相关信息,并纳入生产安全事故统计。

(4)县级以上安全生产监督管理部门,在每月7日前报送上月生产安全事故统计数据汇总,生产安全事故发生之日起30日内(火灾、道路运输事故自发生之日起7日内)伤亡人员发生变化的,应及时补报伤亡人员变化情况。个别事故信息因特殊原因无法及时掌握的,应在事故调查结束后予以完善。

(5)经查实的瞒报、漏报的生产安全事故,应在接到生产安全事故信息通报后24小时内,在"安全生产综合统计信息直报系统"中进行填报。

二、项目案例

(一) CB05 标举行防台演练

2013 年 5 月 11 日,桥梁工程 CB05 标项目部举行防台演练,如图 6-27 所示。在港航 386 号运输船上,CB05 标项目部对防台工作进行布置和交底,详细讲解了台风来临时的注意事项,并进行了实战演练。随后,项目部组织拖轮对无动力施工船舶进行了防台转场演练。

图 6-27　防台演练

(二) 台风"尤特"来袭,岛隧项目全力防抗

2013 年 8 月 13 日,港珠澳大桥岛隧工程全面启动防台Ⅱ级应急响应,认真做好今年第 11 号台风"尤特"的防抗工作,各施工区域全面停工,设施加固和人员、船舶撤离工作顺利完成。

从 12 日开始,东人工岛、西人工岛部分人员和海上施工船舶陆续撤离施工现场。到 13 日下午,近 1 000 名施工人员全部安全撤离,船舶全部进入防台锚地,牛头岛沉管预制厂停工,人员就地防台,各施工区域全面做好防台准备。

第四节　施工现场职业健康安全与环境管理的要求

一、基础知识

建设工程项目必须满足有关环境保护法律法规的要求,在施工过程中注意环境保护、文明施工,并且加强施工现场的卫生与防疫工作。

二、项目案例

(一)港珠澳大桥主体工程的中华白海豚保护管理对策

施工现场职业健康安全与环境管理的要求

港珠澳大桥项目将中华白海豚保护工作统筹考虑纳入 HSE 管理体系中,以有关许可批复和环保"三同时"的要求为依据开展环保相关的资源补偿、措施制订与监督、环境要素监测、事故应急、宣传教育和科研等工作。每年 4~8 月为中华白海豚繁殖高峰期,其间的施工组织安排皆为此进行了调整。结合港珠澳大桥主体工程的特点和各参建方在建设不同阶段的管理责任,项目建设单位在设计、咨询、顾问、监测等第三方单位的技术支持下,主导中华白海豚保护工作的开展,同时承担监督和统筹协调的职责,如图 6-28 所示。

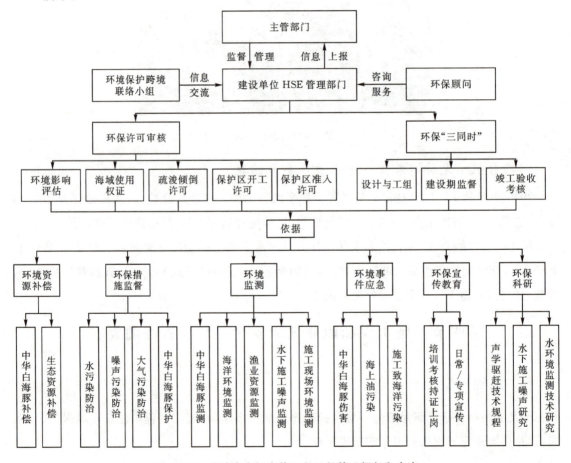

图 6-28 港珠澳大桥主体工程环保管理框架和内容

管理制度和应急体系建立方面,建设单位以中华白海豚保护相关法律法规、主管部门要求和专题研究成果为依据,制定管理制度;中华白海豚保护的应急救援预案作为重要的专项预案单独编制,对中华白海豚保护应急组织的机构和职责、预防和预警的条件、应急体系和应急启动程序等方面做出了相关的规定。监理及施工单位进场后结合各自标段的施工特点,将建设单位的管理制度和应急预案进一步细化。为确保各项保护措施的执行效果,建设单位将涉及中华白海豚保护的管理要求纳入招标文件中,作为投标和工程款支付的重要考核指标之一。

港珠澳大桥项目施工工期长,为掌握施工前的海洋环境、中华白海豚的分布、数量和栖息地使用、渔业资源等本底状况,相关监测工作在施工单位招标阶段即已开展。在工程建设期,开展定期现场监测和检查,结合本底监测数据分析、掌握现场环境的动态变化。建立预警机制针对数据波动较大的监测站位、环境事件和检查发现的环保问题进行回应,结合现场施工情况分析环境事件原因并采取对应的缓解措施。

建立持证上岗制度及加强相关宣传。工程建设人员众多,流动性大,对中华白海豚的保护意识参差不齐,通过制定培训考核机制,根据人员进场情况开班授课,确保现场人员通过考核持证上岗。授课内容包括中华白海豚生物特性介绍、白海豚救助知识学习、案例分析、观豚方法和无伤害驱法培训等。定期开展专项宣传活动,通过制作多媒体宣教影片、参观展馆等多种宣教形式向全员普及中华白海豚保护知识、增强建设人员的法律意识和环保道德意识。

加强两岸环保工作交流,积极开展科研工作。利用主体工程部分由三地政府共建共管的建设特点,建立交流平台,学习先进的中华白海豚保护管理经验并及时了解有关科研成果。同时也发挥跨境合作的优势促进粤、港中华白海豚研究成果的交流联系。针对中华白海豚对声音敏感的生物特性和行为学研究,业主组织编制了中华白海豚声学驱赶(保护)技术规程,制定了声学减缓、声学骚扰、声学驱赶等措施,并规定了声学驱赶仪、气泡帷幕等声学技术和方法的具体操作、适用范围和执行要求。同时,在国内首次实施了钢圆筒振沉、挤密砂桩打设等多种水下施工工艺噪声的跟踪监测,通过测定噪声源源强级和衰减系数,提出水下噪声对中华白海豚的影响阈值,界定在不同的噪声源存在的条件下中华白海豚保护所需的安全距离并实施了保护措施。

在项目建设周期中的不同时期有不同的管理重点,在复杂的超大型系统工程中,任何一个子系统都不能单独实现系统管理目标,必须建立一个稳定的组织系统和高效的运行体系。组织管理、制度保障、应急管控、过程监控、培训教育和技术保障六个以"中华白海豚零伤亡"为共同目标的管理体系相互关联,形成多位一体的管理架构,如图6-29所示。

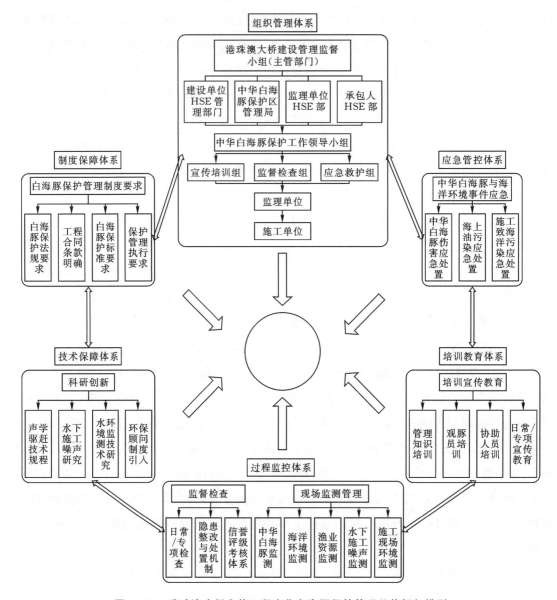

图 6-29 港珠澳大桥主体工程中华白海豚保护管理总体框架模型

(二)港珠澳大桥管理局主办主体工程建设期中华白海豚保护演练

2011年10月17日,在珠江口中华白海豚国家级自然保护区管理局的支持和指导下,港珠澳大桥管理局主办,港珠澳大桥岛隧工程项目总经理部承办了港珠澳大桥主体工程建设期中华白海豚保护演练活动,如图 6-30 所示。

模块六　施工过程中的项目管理

图 6-30　中华白海豚保护演练

本次演练活动各方共出动各种船舶 8 艘,参演人员约 150 人,历时 1 个多小时。通过本次演练,施工单位加强了中华白海豚保护措施的落实,演练取得了圆满成功。

(三)港珠澳大桥 2014 年水生野生动物保护科普宣传月活动启动

2014 年 10 月 21 日,港珠澳大桥管理局和广东珠江口中华白海豚国家级自然保护区管理局(下称:保护区管理局)联合主办的港珠澳大桥主体工程"2014 年水生野生动物保护科普宣传月"活动在岛隧工程项目总经理部总营地报告厅正式启动。全国水生野生动物保护分会、主体工程各参建单位、监理单位及环保顾问等均派代表参加活动。本次活动是以农业部开展"关爱水生动物,共建生态文明——2014 年水生野生动物保护科普宣传月"活动为契机,结合港珠澳大桥主体工程特点,对工程人员开展的为期一个月的关于海洋环保知识和水生野生动物(中华白海豚)保护的科普宣传教育活动。

延伸阅读四

构建安全标准化体系　创建安全和谐工程——工匠精神之标准化

港珠澳大桥是举世瞩目的超级工程,岛隧沉管预制是大桥建设的瓶颈,生产规模宏大,生产工艺纷繁复杂,涉及的作业人员、施工班组众多,高空作业、吊装作业、交叉作业繁杂。同时由于孤岛施工,材料组织、设备运输困难大,对工程的安全工作提出了严峻的挑战。为彻查安全隐患,全面做好安全工作,Ⅲ工区一分区项目部始终坚持"安全第一,预防为主,综合治理"的方针,内外兼修,力抓标准化建设。自项目开工建设以来,连续保持安全"零事故",被交通运输部、全国海员总工会评为全国水运系统"安全优秀班组"。

正法直度　管理创新

Ⅲ工区一分区自开工以来,始终坚持结合生产实际,深入开展安全标准化工作,促进工区本质安全程度不断提高,没有发生一起重大伤亡事故,有效保证了安全生产。严格按照标准开展企业内部安全标准化创建工作。工区一直坚持内部安全考核工作,形成了标准化的安全生产管理体系。依据安全考核标准,发扬"敢碰硬、敢较真"的工作作风,杜绝好人主义的不良风气。对沉管预制整个生产过程的原材料运输、钢筋加工、绑扎、混凝土生产及输送、振捣施工、管节顶推及体系转换、管节舾装等各道工序进行安全性评价,并进行量化考核,从而规范各个环节的安全管理行为,保证各种危险源和危险因素均处于受控状态。同时加强员工的标准化体系培训,引导全体员工学标准、用标准,形成自我约束、自我改善、从我做起的自觉行为。

以标准化建设为载体,开展全方位的安全隐患整改。工区通过全方位的标准化建设,通过对施工现场和管节生产流程进行全方位、全过程的评价,发现安全隐患,暴露安全管理的薄弱环节,从而采取有效措施,"对症下药",进行隐患整改和管理方法的改进。一是本着安全无小事、隐患无大小的指导思想,对查出的安全隐患和管理上的缺陷或不足进行认真整改与改进,建立和推进隐患整改的验证和评价制度。二是注重隐患整改的技术投入和资金投入,保证隐患整改的有效性,不断提高本质安全程度。三是不断改进安全管理方式,提高职工的安全意识和安全技能,达到减少事故隐患和事故的目的,实现"事事有标准,人人讲标准,处处达标准"的目标。

标准作业　天人合一

直面挑战,认真分析现实问题。人是生产力中最活跃的因素,也是引起各类事故的主要因素。管理的疏漏、人为的失误、设备的缺陷,往往是发生事故的主要原因,也是安全生产的最大危害,而管理疏漏导致的人为失误是发生事故的根本原因。在沉管预制的施工过程中,大多数一线施工人员没有接受过系统的培训,安全意识不够,安全技能不全面,日常不规范操作行为难以得到有效控制。对一些施工工序的操作流程理解得不够全面,只知道"不能怎么做",不知道程序,存在很大的安全隐患。同时,由于港珠澳大桥岛隧沉管预制大量采用了新工艺、新工法、新材料,对一线员工的操作规范要求更高,必须有一个详细的标准操作方法来指导和规范操作人员的行为。

充分调查研究,建立岗位标准作业法。工区结合两次足尺模型实验和第一批管节预制、舾装的经验,编制了《沉管预制质量控制点管理》体系文件,对沉管生产从钢筋加工和绑扎、预埋件安装、模板施工、混凝土生产、布料和振捣、管节舾装等,全过程的质量、工期、检验方法和频率、关键控制点、工序间的交接流程等,进行全过程、全方位的标准化管理。综合分析岗位作业的各种因素,按照定作业区域、定作业路线、定作业位置、定作业动作的"四定"原则制定出作业规范,将人的操作行为格式化、程序化。经过不断的优化和完善,形成了建立岗位标准作业法的基本步骤和方法,形成了标准的作业体系,并在工区全面推行。

将标准化建设与班组建设相结合,认真分析导致事故的各种因素的关系。工区各班组安全专员在每天的班前会上,根据当天的生产任务和主要危险源,通过实际安全案例剖析,开展危险源辨识、风险评价、工艺分析和现场检查等工作,将可能引发事故的不安全因素加以细化,详细讲解安全作业的程序、步骤和方法,最大限度地改善作业现场中事物的不安全状态,从而达到施工人员、设备、物料、现场的合理配置,规避或降低安全风险。

认真总结和完善岗位标准作业法,实现人、设备与环境的和谐统一。工区在推行标准化建设过程中,以规范人的施工行为为突破口,逐步实现人、设备、物料、环境合理配置的标准化工作。按照PDCA——计划、实施、检查、总结的循环过程,不断完善,持续改进,使整个安全管理体系更具有科学性与系统性,在提高了劳动生产率的同时,降低了安全事故的发生概率。

以人为本　文化辅佐

加强安全文化建设,营造浓厚的安全文化氛围,也是抓好安全工作的重要一环。工区认真开展"安全生产月""党员身边无事故""安全生产竞赛"等安全主题活动;做好防台防汛、防高空坠落、防中暑、防烫伤、防触电、防机械伤害等专项教育。通过一系列活动的开展,形成一个"你追我赶,勇争先进"的氛围,安全活动多了,隐患排查整改快了,违章的人、事少了。工区还坚持用先进的安全文化理念教育人、警示人、影响人,开展"我与超级工程安全同行"演讲比赛、安全知识竞赛、防台防汛演练、安全生产签名等丰富多彩的安全文化活动,使全体员工懂得了"事故伴随你身边,小心谨慎保平安""生命无价,安全第一"的道理,为实现安全零事故,设备零缺陷,人员零违章,环境零污染的目标,夯实了思想基础。在班组建设中秉持相互关爱、相互提醒、相互监督、相互负责理念,形成拼搏进取,团结协作的团队精神,要求每位员工自我学习、自我提高、自我保护,不断学习和提高操作技能,不断挑战,不断超越,实现自我保护意识提高和保护能力增强的目标。

以人为本、安全第一,构建规范的标准化安全管理体系,保护好员工的健康和安全,是建设美丽和谐项目,实现中国梦的基本条件。只要我们在工程建设中,做到周密部署,严密组织,狠抓落实,一切按标准做,提升操作标准化意识,养成按标准作业的良好习惯,就一定能够实现安全,更好地为大桥建设护航。

任务五 工程项目合同管理

合同管理是建设工程项目管理的重要内容之一。

在建设工程项目的实施过程中,往往会涉及许多合同,比如设计合同、咨询合同、科研合同、施工承包合同、供货合同、总承包合同、分包合同等。所谓合同管理,不仅包括对每个合同的签订、履行、变更和解除等过程的控制和管理,还包括对所有合同进行筹划的过程,因此,合同管理的主要工作内容包括根据项目的特点和要求确定设计任务委托模式和施工任务承包模式(合同结构)、选择合同文本、确定合同计价方法和支付方法、合同履行过程的管理与控制、合同索赔等。

第一节 合同的谈判与签约

一、合同订立的程序

与其他合同的订立程序相同,建设工程合同的订立也要采取要约和承诺方式。根据《中华人民共和国招标投标法》对招标、投标的规定,招标、投标、中标的过程实质就是要约、承诺的一种具体方式。招标人通过媒体发布招标公告,或向符合条件的投标人发出招标文件,为要约邀请;投标人根据招标文件内容在约定的期限内向招标人提交投标文件,为要约;招标人通过评标确定中标人,发出中标通知书,为承诺;招标人和中标人按照中标通知书、招标文件和中标人的投标文件等订立书面合同时,合同成立并生效。

合同谈判与签约

建设工程施工合同的订立往往要经历一个较长的过程。在明确中标人并发出中标通知书后,双方即可就建设工程施工合同的具体内容和有关条款展开谈判,直到最终签订合同。

二、建设工程施工承包合同谈判的主要内容

1. 关于工程内容和范围的确认

招标人和中标人可就招标文件中的某些具体工作内容进行讨论,修改、明确或细化,从而确定工程承包的具体内容和范围。在谈判中双方达成一致的内容,包括在谈判讨论中经双方确认的工程内容和范围方面的修改或调整,应以文字方式确定下来,并以"合同补遗"或"会议纪要"的方式作为合同附件,并明确它是构成合同的一部分。

对于为监理工程师提供的建筑物、家具、车辆,及各项服务,也应逐项详细地予以明确。

2. 关于技术要求、技术规范和施工技术方案

双方尚可对技术要求、技术规范和施工技术方案等进行进一步讨论和确认,必要的情况下

甚至可以变更技术要求和施工方案。

3. 关于合同价格条款

依据计价方式的不同,建设工程施工合同可以分为总价合同、单价合同和成本加酬金合同。一般在招标文件中就会明确规定合同将采用什么计价方式,在合同谈判阶段往往没有讨论的余地。但在可能的情况下,中标人在谈判过程中仍然可以提出降低风险的改进方案。

4. 关于价格调整条款

对于工期较长的建设工程,容易遭受货币贬值或通货膨胀等因素的影响,可能给承包人造成较大损失。价格调整条款可以比较公正地解决这一承包人无法控制的风险损失。

无论是单价合同还是总价合同,都可以确定价格调整条款,即是否调整以及如何调整等。可以说,合同计价方式和价格调整方式共同确定了工程承包合同的实际价格,直接影响着承包人的经济利益。在建设工程实践中,由于各种原因导致费用增加的概率远远大于费用减少的概率,有时最终的合同价格调整金额会很大,远远超过原定的合同总价,因此承包人在投标过程中,尤其是在合同谈判阶段务必对合同的价格调整条款予以充分的重视。

建设工程项目合同计价方式

5. 关于合同款支付方式的条款

建设工程施工合同的付款分四个阶段进行,即预付款、工程进度款、最终付款和退还质量保证金。关于支付时间、支付方式、支付条件和支付审批程序等有很多种可能的选择,并且可能对承包人的成本、进度等产生比较大的影响,因此,合同支付方式的有关条款是谈判的重要方面。

6. 关于工期和维修期

中标人与招标人可根据招标文件中要求的工期,或者根据投标人在投标文件中承诺的工期,并考虑工程范围和工程量的变动而产生的影响来商定一个确定的工期。同时,还要明确开工日期、竣工日期等。双方可根据各自的项目准备情况、季节和施工环境因素等条件洽商适当的开工时间。

对于具有较多的单项工程的建设工程项目,可在合同中明确允许分部位或分批提交业主验收(例如,成批的房屋建筑工程应允许分栋验收;分多段的公路维修工程应允许分段验收;分多片的大型灌溉工程应允许分片验收等),并从该批验收时起开始计算该部分的维修期,以缩短承包人的责任期限,最大限度保障自己的利益。

双方应通过谈判明确,由于工程变更(业主在工程实施中增减工程或改变设计等)、恶劣的气候影响,以及种种"作为一个有经验的承包人无法预料的工程施工条件的变化"等原因对工期产生不利影响时的解决办法,通常在上述情况下应该给予承包人要求合理延长工期的权利。

合同文本中应当对维修工程的范围、维修责任及维修期的开始和结束时间有明确的规定,承包人应该只承担由于材料和施工方法及操作工艺等不符合合同规定而产生的缺陷。

承包人应力争以维修保函来代替业主扣留的质量保证金。与质量保证金相比,维修保函对承包人有利,主要是因为可提前取回被扣留的现金,而且保函是有时效的,期满将自动作废。同时,它对业主并无风险,真正发生维修费用时,业主可凭保函向银行索回款项,因此,这一做法是比较公平的。维修期满后,承包人应及时从业主处撤回保函。

7. 合同条件中其他特殊条款的完善

关于合同图纸的条款;关于违约罚金和工期提前奖金的条款;工程量验收以及衔接工序和隐蔽工程施工的验收程序;关于施工占地的条款;关于向承包人移交施工现场和基础资料的条款;关于工程交付的条款;预付款保函的自动减额条款等。

三、建设工程施工承包合同最后文本的确定和合同签订

1. 合同风险评估

在签订合同之前,承包人应对合同的合法性、完备性、合同双方的责任、权益,以及合同风险进行评审、认定和评价。

2. 合同文件内容

合同协议书;工程量及价格;合同条件,包括合同一般条件和合同特殊条件;投标文件;合同技术条件(含图纸);中标通知书;双方代表共同签署的合同补遗(有时也以合同谈判会议纪要形式);招标文件;其他双方认为应该作为合同组成部分的文件,如:投标阶段业主要求投标人澄清问题的函件和承包人所做的文字答复,双方往来函件等。

对所有在招标、投标及谈判前后各方发出的文件、文字说明、解释性资料进行清理。对凡是与上述合同构成内容有矛盾的文件,应宣布作废。可以在双方签署的《合同补遗》中,对此做出排除性质的声明。

3. 关于合同协议的补遗

在合同谈判阶段双方谈判的结果一般以《合同补遗》的形式,有时也可以以《合同谈判纪要》形式,形成书面文件。

同时应该注意的是,建设工程施工承包合同必须遵守法律。对于违反法律的条款,即达成协议并签了字,也不受法律保护。

4. 签订合同

双方在合同谈判结束后,应按上述内容和形式形成一个完整的合同文本草案,经双方代表认可后形成正式文件。双方核对无误后,由双方代表草签,至此合同谈判阶段结束。此时,承包人应及时准备和递交履约保函,准备正式签署施工承包合同。

第二节　合同实施

一、施工合同分析

（一）合同分析的含义

合同分析是从合同执行的角度去分析、补充和解释合同的具体内容和要求，将合同目标和合同规定落实到合同实施的具体问题和具体时间上，用以指导具体工作，使合同能符合日常工程管理的需要并按合同要求实施，为合同执行和控制确定依据。

合同分析不同于招标、投标过程中对招标文件的分析，其目的和侧重点都不同。

合同分析往往由企业的合同管理部门或项目中的合同管理人员负责。

（二）合同分析的目的和作用

1. 合同分析的必要性

由于以下诸多因素的存在，承包人在签订合同后、履行和实施合同前有必要进行合同分析。

（1）许多合同条文采用法律用语，往往不够直观明了，不容易理解，通过补充和解释，可以使之简单、明确、清晰。

（2）同一个工程中的不同合同形成了一个复杂的体系，十几份、几十份甚至上百份合同之间有十分复杂的关系。

（3）合同事件和工程活动的具体要求（如工期、质量、费用等），合同各方的责任关系，事件和活动之间的逻辑关系等极为复杂。

（4）许多工程小组，项目管理职能人员所涉及的活动和问题不是合同文件的全部，而仅为合同的部分内容，全面理解合同对合同的实施将会产生重大影响。

（5）在合同中依然存在问题和风险，包括合同审查时已经发现的风险和还可能隐藏着的尚未发现的风险。

（6）合同中的任务需要分解和落实。

（7）在合同实施过程中，合同双方会有许多争执，在分析时就可以预测预防。

2. 合同分析的作用

合同分析的目的和作用体现在以下几个方面。

（1）分析合同中的漏洞，解释有争议的内容。

在合同起草和谈判过程中，双方都会力争完善，但仍然会有所疏漏，通过合同分析，找出漏洞，可以作为履行合同的依据。

在合同执行过程中，合同双方有时也会发生争议，往往是由于对合同条款的理解不一致所造成的，通过分析，就合同条文达成一致理解，从而解决争议。在遇到索赔事件后，合同分析也可以为索赔提供理由和根据。

（2）分析合同风险，制订风险对策。

不同的工程合同，其风险的来源和风险量的大小都不同，要根据合同进行分析，并采取相应的对策。

（3）合同任务分解、落实。

在实际工程中，合同任务需要分解落实到具体的工程小组或部门、人员，要将合同中的任务进行分解，将合同中与各部分任务相对应的具体要求明确，然后落实到具体的工程小组或部门、人员身上，以便于实施与检查。

（三）建设工程施工合同分析的内容

合同分析在不同的时期，为了不同的目的，有不同的内容，通常有以下几个方面。

1. 合同的法律基础

合同的法律基础即合同签订和实施的法律背景。通过分析，承包人了解适用于合同的法律的基本情况（范围、特点等），用以指导整个合同的实施和索赔工作。对合同中明示的法律应重点分析。

2. 承包人的主要任务

（1）承包人的总任务，即合同标的。承包人有在设计、采购、制作、试验、运输、土建施工、安装、验收、试生产、缺陷责任期维修等方面的主要责任，以及须有施工现场的管理，给业主的管理人员提供生活和工作条件等责任。

（2）工程范围。它通常由合同中的工程量清单、图纸、工程说明、技术规范定义。工程范围的界限应很清楚，否则会影响工程变更和索赔，特别对固定总价合同。

在合同实施中，如果工程师指令的工程变更属于合同规定的工程范围，则承包人必须无条件执行；如果工程变更超过承包人应承担的风险范围，则可向业主提出工程变更的补偿要求。

（3）关于工程变更的规定。在合同实施过程中，变更程序非常重要，通常要做工程变更工作流程图，并交付相关的职能人员。工程变更的补偿范围，常以合同金额一定的百分比表示。通常这个百分比越大，承包人的风险越大。

工程变更的索赔有效期，由合同具体规定，一般为28天，也有可能为14天。一般这个时间越短，对承包人管理水平的要求越高，对承包人越不利。

3. 发包人的责任

这里主要分析发包人（业主）的合作责任。其责任通常有以下几方面：

（1）业主雇用工程师并委托其在授权范围内履行业主的部分合同责任。

（2）业主和工程师有责任对平行的各承包人和供应商之间的责任界限做出划分，对这方面的争执做出裁决，对他们的工作进行协调，并承担管理和协调失误造成的损失。

(3)及时做出承包人履行合同所必需的决策,如下达指令、履行各种批准手续、做出认可、答复请示,完成各种检查和验收手续等。

(4)提供施工条件,如及时提供设计资料、图纸、施工场地、道路等。

(5)按合同规定及时支付工程款,及时接收已完工程等。

4. 合同价格

对合同的价格,应重点分析以下几个方面:

(1)合同所采用的计价方法及合同价格所包括的范围。

(2)工程量计量程序,工程款结算(包括进度付款、竣工结算、最终结算)的方法和程序。

(3)合同价格的调整,即费用索赔的条件、价格调整方法,计价依据,索赔有效期规定。

(4)拖欠工程款的合同责任。

5. 施工工期

在实际工程中,工期拖延极为常见和频繁,而且对合同实施和索赔的影响很大,所以要特别重视。

6. 违约责任

如果合同一方未遵守合同规定,造成对方损失,应受到相应的合同处罚。通常分析:

(1)承包人不能按合同规定工期完成工程的违约金或承担业主损失的条款。

(2)由于管理上的疏忽造成对方人员和财产损失的赔偿条款。

(3)由于预谋或故意行为造成对方损失的处罚和赔偿条款等。

(4)由于承包人不履行或不能正确地履行合同责任,或出现严重违约时的处理规定。

(5)由于业主不履行或不能正确地履行合同责任,或出现严重违约时的处理规定,特别是对业主不及时支付工程款的处理规定。

7. 验收、移交和保修

验收包括许多内容,如材料和机械设备的现场验收,隐蔽工程验收,单项工程验收,全部工程竣工验收等。

在合同分析中,应对重要的验收要求、时间、程序,以及验收所带来的法律后果做说明。竣工验收合格即办理移交。移交作为一个重要的合同事件,同时又是一个重要的法律概念。它表示:

(1)业主认可并接收工程,承包人工程施工任务的完结。

(2)工程所有权的转让。

(3)承包人工程照管责任的结束和业主工程照管责任的开始。

(4)保修责任的开始。

(5)合同规定的工程款支付条款有效。

8. 索赔程序和争执的解决

它决定着索赔的解决方法。这里要分析：

(1)索赔的程序。

(2)争议的解决方式和程序。

(3)仲裁条款，包括仲裁所依据的法律、仲裁地点、方式和程序、仲裁结果的约束力等。

二、施工合同交底

合同和合同分析的资料是工程实施管理的依据。合同分析后，应向各层次管理者做"合同交底"，即由合同管理人员在对合同的主要内容进行分析、解释和说明的基础上，组织项目管理人员和各个工程小组学习合同条文和合同总体分析结果，使大家熟悉合同中的主要内容、规定、管理程序，了解合同双方的合同责任和工作范围，各种行为的法律后果等，使大家都树立全局观念，使各项工作协调一致，避免执行中的违约行为。

在传统的施工项目管理系统中，人们十分重视图纸交底工作，却不重视合同分析和合同交底工作，导致各个项目组和各个工程小组对项目的合同体系、合同基本内容不甚了解，影响了合同的履行。

项目经理或合同管理人员应将各种任务或事件的责任分解，落实到具体的工作小组、人员或分包单位。合同交底的目的和任务如下：

(1)对合同的主要内容达成一致理解。

(2)将各种合同事件的责任分解落实到各工程小组或分包人。

(3)将工程项目和任务分解，明确其质量和技术要求及实施的注意要点等。

(4)明确各项工作或各个工程的工期要求。

(5)明确成本目标和消耗标准。

(6)明确相关事件之间的逻辑关系。

(7)明确各个工程小组(分包人)之间的责任界限。

(8)明确完不成任务的影响和法律后果。

(9)明确合同有关各方(如业主、监理工程师)的责任和义务。

三、施工合同实施控制

在工程实施的过程中要对合同的履行情况进行跟踪与控制，并加强工程变更管理，保证合同的顺利履行。

(一)施工合同跟踪

合同签订以后，合同中各项任务的执行要落实到具体的项目经理部或具体的项目参与人员身上,承包单位作为履行合同义务的主体,必须对合同执行者(项目经理部或项目参与人)的履行情况进行跟踪、监督和控制,确保合同义务的完全履行。施工合同跟踪有两个方面的含义。一是承包单位的合同管理职能部门对合同执行者(项目经理部或项目参与人)的履行情况进行的跟踪、监督和检查;二是合同执行者(项目经理部或项目参与人)本身对合同计划的执行情况进行的跟踪、检查与对比。在合同实施过程中二者缺一不可。

对合同执行者而言,应该掌握合同跟踪的以下方面。

1. 合同跟踪的依据

合同跟踪的重要依据是合同及依据合同而编制的各种计划文件;其次还要依据各种实际工程文件如原始记录、报表、验收报告等;另外,还要依据管理人员对现场情况的直观了解,如现场巡视、交谈、会议、质量检查等。

2. 合同跟踪的对象

1)承包的任务

(1)工程施工的质量,包括材料、构件、制品和设备等的质量,以及施工或安装质量是否符合合同要求等。

(2)工程进度,是否在预定期限内施工,工期有无延长,延长的原因是什么等。

(3)工程数量,是否按合同要求完成全部施工任务,有无合同规定以外的施工任务等。

(4)成本的增加或减少。

2)工程小组或分包人的工程和工作

可以将工程施工任务分解交由不同的工程小组或发包给专业分包人完成,工程承包人必须对这些工程小组或分包人及其所负责的工程进行跟踪检查、协调关系,提出意见、建议或警告,保证工程总体质量和进度。

对专业分包人的工作和负责的工程,总承包商负有协调和管理的责任,并承担由此造成的损失,所以专业分包人的工作和负责的工程必须纳入总承包工程的计划和控制中,防止因分包人工程管理失误而影响全局。

3)业主和其委托的工程师的工作

(1)业主是否及时、完整地提供了工程施工的实施条件,如场地、图纸、资料等。

(2)业主和工程师是否及时给予了指令、答复和确认等。

(3)业主是否及时并足额地支付了应付的工程款项。

(二)合同实施的偏差分析

通过合同跟踪,可能会发现合同实施中存在着偏差,即工程实施实际情况偏离了工程计划和工程目标,应该及时分析原因,采取措施,纠正偏差,避免损失。

合同实施偏差分析的内容包括以下几个方面。

1. 产生偏差的原因分析

通过对合同执行实际情况与实施计划的对比分析,不仅可以发现合同实施的偏差,而且可以探索引起差异的原因。原因分析可以采用鱼刺图、因果关系分析图(表)、成本量差、价差、效率差分析等方法定性或定量地进行。

2. 合同实施偏差的责任分析

分析产生合同偏差的原因是由谁引起的,应该由谁承担责任。责任分析必须以合同为依据,按合同规定落实双方的责任。

3. 合同实施趋势分析

针对合同实施偏差情况,可以采取不同的措施,应分析在不同措施下合同执行的结果与趋势,包括:

(1)最终的工程状况,包括总工期的延误、总成本的超支、质量标准、所能达到的生产能力(或功能要求)等。

(2)承包商将承担什么样的后果,如被罚款、被清算,甚至被起诉,对承包商资信、企业形象、经营战略的影响等。

(3)最终工程的经济效益(利润)水平。

(三)合同实施偏差处理

根据合同实施偏差分析的结果,承包商应该采取相应的调整措施,调整措施可以分为:

(1)组织措施,如增加人员投入,调整人员安排,调整工作流程和工作计划等。

(2)技术措施,如变更技术方案,采用新的高效率的施工方案等。

(3)经济措施,如增加投入,采取经济激励措施等。

(4)合同措施,如进行合同变更,签订附加协议,采取索赔手段等。

(四)工程变更管理

工程变更一般是指在工程施工过程中,根据合同约定对施工的程序、工程的内容、数量、质量要求及标准等做出的变更。

1. 工程变更的原因

工程变更一般主要有以下几个方面的原因:

(1)业主新的变更指令,对建筑的新要求,如业主有新的意图、修改项目计划、削减项目预算等。

(2)由于设计人员、监理方人员、承包商事先没有很好地理解业主的意图,或设计的错误,导致图纸修改。

(3)工程环境的变化,预定的工程条件不准确,要求实施方案或实施计划变更。

(4)由于产生新技术和知识,有必要改变原设计、原实施方案或实施计划,或由于业主指令及业主责任的原因造成承包商施工方案的改变。

(5)政府部门对工程新的要求,如国家计划变化、环境保护要求、城市规划变动等。

(6)由于合同实施出现问题,必须调整合同目标或修改合同条款。

2. 工程变更的范围

根据FIDIC施工合同条件,工程变更的内容可能包括以下几个方面:

(1)改变合同中所包括的任何工作的数量。

(2)改变任何工作的质量和性质。

(3)改变工程任何部分的标高、基线、位置和尺寸。

(4)删减任何工作,但要交他人实施的工作除外。

(5)任何永久工程需要的任何附加工作、工程设备、材料或服务。

(6)改动工程的施工顺序或时间安排。

根据我国《建设工程施工合同(示范文本)》(GF—2017—0201)第10.1条变更的范围,除专用合同条款另有约定外,合同履行过程中发生以下情形的,应按照本条约定进行变更:

(1)增加或减少合同中任何工作,或追加额外的工作。

(2)取消合同中任何工作,但转由他人实施的工作除外。

(3)改变合同中任何工作的质量标准或其他特性。

(4)改变工程的基线、标高、位置和尺寸。

(5)改变工程的时间安排或实施顺序。

3. 工程变更的程序

根据统计,工程变更是索赔的主要起因。由于工程变更对工程施工过程影响很大,会造成工期的拖延和费用的增加,容易引起双方的争执,所以要十分重视工程变更管理问题。一般工程施工承包合同中都有关于工程变更的具体规定。工程变更一般按照如下程序进行:

1)提出工程变更

根据工程实施的实际情况,以下单位都可以根据需要提出工程变更:

(1)承包商。

(2)业主方。

(3)设计方。

2)工程变更的批准

承包商提出的工程变更,应该交予工程师审查并批准;由设计方提出的工程变更应该与业主协商或经业主审查并批准;由业主方提出的工程变更,涉及设计修改的应该与设计单位协商,并一般通过工程师发出。工程师发出工程变更的权力,一般会在施工合同中明确约定,通常在发出变更通知前应征得业主批准。

3）工程变更指令的发出及执行

为了避免耽误工程，工程师和承包人就变更价格和工期补偿达成一致意见之前有必要先行发布变更指示，先执行工程变更工作，然后再就变更价格和工期补偿进行协商和确定。

工程变更指示的发出有两种形式：书面形式和口头形式。一般情况下要求用书面形式发布变更指示，如果由于情况紧急而来不及发出书面指示，承包人应该根据合同规定要求工程师书面认可。

根据工程惯例，除非工程师明显超越合同权限，承包人应该无条件地执行工程变更的指示。即使工程变更价款没有确定，或者承包人对工程师答应给予付款的金额不满意，承包人也必须一边进行变更工作，一边根据合同寻求解决办法。

4．工程变更的责任分析与补偿要求

根据工程变更的具体情况可以分析确定工程变更的责任和费用补偿。

（1）由于业主要求、政府部门要求、环境变化、不可抗力、原设计错误等导致的设计修改，应该由业主承担责任。由此所造成的施工方案的变更及工期的延长和费用的增加应该向业主索赔。

（2）由于承包人的施工过程、施工方案出现错误、疏忽而导致设计的修改，应该由承包人承担责任。

（3）施工方案变更要经过工程师的批准，不论这种变更是否会对业主带来好处（如工期缩短、节约费用）。

业主向承包人授标前（或签订合同前），可以要求承包人对施工方案进行补充、修改或做出说明，以便符合业主的要求。在授标后（或签订合同后）业主为了加快工期、提高质量等要求变更施工方案，由此所引起的费用增加可以向业主索赔。

第三节　合同索赔

在国际工程承包市场上，工程索赔是承包人和发包人保护自身正当权益、弥补工程损失的重要而有效的手段。

一、索赔依据

建设工程索赔通常是指在工程合同履行过程中，合同当事人一方因对方不履行或未能正确履行合同或者由于其他非自身因素而受到经济损失或权利损害，通过合同规定的程序向对方提出经济或时间补偿要求的行为。索赔是一种正当的权利要求，它是合同当事人之间一项正常的而且普遍存在的合同管理业务，是一种以法

建设工程索赔

律和合同为依据的合情合理的行为。

（一）索赔的起因

索赔可能由以下一个或几个方面的原因引起：

(1)合同对方违约，不履行或未能正确履行合同义务与责任。

(2)合同错误，如合同条文不全、错误、矛盾等，设计图纸、技术规范错误等。

(3)合同变更。

(4)工程环境变化，包括法律、物价和自然条件的变化等。

(5)不可抗力因素，如恶劣气候条件、地震、洪水、战争状态等。

工期索赔的计算

（二）索赔的分类

1. 按索赔有关当事人分类

(1)承包人与发包人之间的索赔。

(2)承包人与分包人之间的索赔。

(3)承包人或发包人与供货人之间的索赔。

(4)承包人或发包人与保险人之间的索赔。

2. 按照索赔目的和要求分类

(1)工期索赔，一般指承包人向业主或者分包人向承包人要求延长工期。

(2)费用索赔，即要求补偿经济损失，调整合同价格。

3. 按照索赔事件的性质分类

(1)工程延期索赔，因为发包人未按合同要求提供施工条件，或者发包人指令工程暂停或不可抗力事件等原因造成工期拖延的，承包人向发包人提出索赔；如果由于承包人原因导致工期拖延，发包人可以向承包人提出索赔；由于非分包人的原因导致工期拖延，分包人可以向承包人提出索赔。

(2)工程加速索赔，通常是由于发包人或工程师指令承包人加快施工进度，缩短工期，引起承包人的人力、物力、财力的额外开支，承包人提出索赔；承包人指令分包人加快进度，分包人也可以向承包人提出索赔。

(3)工程变更索赔，由于发包人或工程师指令增加或减少工程量或增加附加工程、修改设计、变更施工顺序等，造成工期延长和费用增加，承包人对此向发包人提出索赔，分包人也可以对此向承包人提出索赔。

(4)工程终止索赔，由于发包人违约或发生了不可抗力事件等造成工程非正常终止，承包人和分包人因此蒙受经济损失而提出索赔；如果由于承包人或者分包人的原因导致工程非正常终止，或者合同无法继续履行，发包人可以对此提出索赔。

(5) 不可预见的外部障碍或条件索赔,即施工期间在现场遇到一个有经验的承包商通常不能预见的外界障碍或条件,例如地质条件与预计的(业主提供的资料)不同,出现未预见的岩石、淤泥或地下水等,导致承包人损失,这类风险通常应该由发包人承担,即承包人可以据此提出索赔。

(6) 不可抗力事件引起的索赔,在新版 FIDIC 施工合同条件中,不可抗力通常是满足以下条件的特殊事件或情况:一方无法控制的、该方在签订合同前不能对之进行合理防备的、发生后该方不能合理避免或克服的、不主要归因于他方的。不可抗力事件发生导致承包人损失,通常应该由发包人承担,即承包人可以据此提出索赔。

(7) 其他索赔,如货币贬值、汇率变化、物价变化、政策法令变化等原因引起的索赔。

4. 承包商向业主的索赔

在建设工程实践中,比较多的是承包商向业主提出索赔。常见的建设工程施工索赔如下。

1) 因合同文件引起的索赔

(1) 有关合同文件的组成问题引起的索赔。

(2) 关于合同文件有效性引起的索赔。

(3) 因图纸或工程量表中的错误而引起的索赔。

2) 有关工程施工的索赔

(1) 地质条件变化引起的索赔。

(2) 工程中人为障碍引起的索赔。

(3) 增减工程量的索赔。

(4) 各种额外的试验和检查费用的索赔。

(5) 工程质量要求的变更引起的索赔。

(6) 指定分包商违约或延误造成的索赔。

(7) 其他有关施工的索赔。

3) 关于价款方面的索赔

(1) 关于价格调整方面的索赔。

(2) 关于货币贬值和严重经济失调导致的索赔。

(3) 拖延支付工程款的索赔。

4) 关于工期的索赔

(1) 关于延长工期的索赔。

(2) 由于延误产生损失的索赔。

(3) 赶工费用的索赔。

5) 特殊风险和人力不可抗拒灾害的索赔

(1)特殊风险的索赔。

特殊风险一般是指战争、敌对行动、入侵行为、核污染及冲击波破坏、叛乱、革命、暴动、军事政变或篡权、内战等。

(2)人力不可抗拒灾害的索赔。

人力不可抗拒灾害主要是指自然灾害,由这类灾害造成的损失应向承保的保险公司索赔。在许多合同中承包人以业主和承包人共同的名义投保工程一切险,这种索赔可同业主一起进行。

6)工程暂停、终止合同的索赔

(1)施工过程中,工程师有权下令暂停全部或任何部分工程,只要这种暂停命令并非承包人违约或其他意外风险造成的,承包人不仅可以得到要求工期延长的权利,而且可以就其停工损失获得合理的额外费用补偿。

(2)终止合同和暂停工程的意义是不同的。有些是由于意外风险造成的损害十分严重因而终止合同,也有些是由"错误"引起的合同终止,例如业主认为承包人不能履约而终止合同,甚至从工地驱逐该承包人。

7)财务费用补偿的索赔

财务费用补偿的索赔,是指因各种原因使承包人财务开支增大而导致的贷款利息等财务费用。

5.业主向承包商索赔

在承包商未按合同要求实施工程时,除了工程师可向承包商发出批评或警告,要求承包商及时改正外,在许多情况下,工程师可以代表业主根据合同向承包商提出索赔。

1)索赔费用和利润

承包商未按合同要求实施工程,发生下列损害业主权益或违约的情况时,业主可索赔费用和(或)利润:

(1)工程进度太慢,要求承包商赶工时,可索赔工程师的加班费。

(2)合同工期已到而工程仍未完工,可索赔误期损害赔偿费。

(3)质量不满足合同要求,如不按照工程师的指示拆除不合格工程和材料,不进行返工或不按照工程师的指示在缺陷责任期内修复缺陷,则业主可找另一家公司完成此类工作,并向承包商索赔成本及利润。

(4)质量不满足合同要求,工程被拒绝接收,在承包商自费修复后,业主可索赔重新检验费。

(5)未按合同要求办理保险,业主可前去办理并扣除或索赔相应的费用。

(6)由于合同变更或其他原因造成工程施工的性质、范围或进度计划等方面发生变化,承包商未按合同要求去及时办理保险,由此造成的损失或损害可向承包商索赔。

(7)未按合同要求采取合理措施,造成运输道路、桥梁等的破坏。

(8)未按合同条件要求,无故不向分包商付款。

(9)严重违背合同(如工程进度一拖再拖,质量经常不合格等),工程师一再警告而没有明显改进时,业主可没收履约保函。

2)索赔工期

FIDIC 于 1999 年出版的新版合同条件《施工合同条件》("新红皮书")规定,当承包商的工程质量不能满足要求,即某项缺陷或损害使工程、区段或某项主要生产设备不能按原定目的使用时,业主有权延长工程或某一区段的缺陷通知期。

(三)反索赔的概念

反索赔就是反驳、反击或者防止对方提出的索赔,不让对方索赔成功或者全部成功。一般认为,索赔是双向的,业主和承包商都可以向对方提出索赔要求,任何一方也都可以对对方提出的索赔要求进行反驳和反击,这种反击和反驳就是反索赔。

在工程实践过程中,当合同一方向对方提出索赔要求,合同另一方对对方的索赔要求和索赔文件可能会有三种选择:

(1)全部认可对方的索赔,包括索赔的数额。

(2)全部否定对方的索赔。

(3)部分否定对方的索赔。

针对一方的索赔要求,反索赔的一方应以事实为依据,以合同为准绳,反驳和拒绝对方的不合理要求或索赔要求中的不合理部分。

(四)索赔成立的条件

1. 构成施工项目索赔条件的事件

索赔事件,又称为干扰事件,是指那些使实际情况与合同规定不符合,最终引起工期和费用变化的各类事件。在工程实施过程中,要不断地跟踪、监督索赔事件,就可以不断地发现索赔机会。通常,承包商可以提起索赔的事件有:

(1)发包人违反合同给承包人造成时间、费用的损失。

(2)因工程变更(含设计变更、发包人提出的工程变更、监理工程师提出的工程变更,以及承包人提出并经监理工程师批准的变更)造成的时间、费用损失。

(3)由于监理工程师对合同文件的歧义解释、技术资料不确切,或由于不可抗力导致施工条件的改变,造成的时间、费用的增加。

(4)发包人提出提前完成项目或缩短工期而造成承包人的费用增加。

(5)发包人延误支付期限造成承包人的损失。

(6)对合同规定以外的项目进行检验,且检验合格,或非承包人的原因导致项目缺陷的修复所发生的损失或费用。

(7)非承包人的原因导致工程暂时停工。

(8)物价上涨,法规变化及其他。

2.索赔成立的前提条件

索赔的成立,应该同时具备以下三个前提条件:

(1)与合同对照,事件已造成了承包人工程项目成本的额外支出,或直接工期损失。

(2)造成费用增加或工期损失的原因,按合同约定不属于承包人的行为责任或风险责任。

(3)承包人按合同规定的程序和时间提交索赔意向通知和索赔报告。

以上三个条件必须同时具备,缺一不可。

(五)索赔的依据

总体而言,索赔的依据主要是三个方面:

(1)合同文件。

(2)法律、法规。

(3)工程建设惯例。

针对具体的索赔要求(工期或费用),索赔的具体依据也不相同,例如,有关工期的索赔就要依据有关的进度计划、变更指令等。

(六)索赔证据

1.索赔证据的含义

索赔证据是当事人用来支持其索赔成立或和索赔有关的证明文件和资料。索赔证据作为索赔文件的组成部分,在很大程度上关系到索赔的成功与否。证据不全、不足或没有证据时,索赔是很难获得成功的。

在工程项目实施过程中,会产生大量的工程信息和资料,这些信息和资料是开展索赔的重要证据。因此,在施工过程中应该自始至终做好资料积累工作,建立完善的资料记录和科学管理制度,认真系统地积累和管理合同、质量、进度,以及财务收支等方面的资料。

2.可以作为证据使用的材料

可以作为证据使用的材料有以下七种:

(1)书证,是指以其文字或数字记载的内容起证明作用的书面文书和其他载体,如合同文本、财务账册、欠据、收据、往来信函,以及确定有关权利的判决书、法律文件等。

(2)物证,是指以其存在、存放的地点外部特征及物质特性来证明案件事实真相的证据。

(3)证人证言,是指知道、了解事实真相的人所提供的证词,或向司法机关所做的陈述。

(4)视听材料,是指能够证明案件真实情况的音像资料,如录音带、录像带等。

(5)被告人供述和有关当事人陈述。它包括犯罪嫌疑人、被告人向司法机关所做的承认犯罪并交代犯罪事实的陈述或否认犯罪或具有从轻、减轻、免除处罚的辩解、申诉。被害人、当事人就案件事实向司法机关所做的陈述。

(6)鉴定结论,是指专业人员就案件有关情况向司法机关提供的专门性的书面鉴定意见,如损伤鉴定、痕迹鉴定、质量责任鉴定等。

(7)勘验、检验笔录,是指司法人员或行政执法人员对与案件有关的现场物品、人身等进行勘察、试验、实验或检查的文字记载。这项证据也具有专门性。

3.常见的工程索赔证据

常见的工程索赔证据有以下多种类型。

(1)各种合同文件,包括施工合同协议书及其附件、中标通知书、投标书、标准和技术规范、图纸、工程量清单、工程报价单或者预算书、有关技术资料和要求、施工过程中的补充协议等。

(2)工程各种往来函件、通知、答复等。

(3)各种会谈纪要。

(4)经过发包人或者工程师批准的承包人的施工进度计划、施工方案、施工组织设计和现场实施情况记录。

(5)工程各项会议纪要。

(6)气象报告和资料,如有关温度、风力、雨雪的资料。

(7)施工现场记录,包括有关设计交底、设计变更、施工变更指令,工程材料和机械设备的采购、验收与使用等方面的凭证及材料供应清单、合格证书,工程现场水、电、道路等开通、封闭的记录,停水、停电等各种干扰事件的时间和影响记录等。

(8)工程有关照片和录像等。

(9)施工日记、备忘录等。

(10)发包人或者工程师签认的签证。

(11)发包人或者工程师发布的各种书面指令和确认书,以及承包人的要求、请求、通知书等。

(12)工程中的各种检查验收报告和各种技术鉴定报告。

(13)工地的交接记录(应注明交接日期,场地平整情况,水、电、路情况等),图纸和各种资料交接记录。

(14)建筑材料和设备的采购、订货、运输、进场、使用方面的记录、凭证和报表等。

(15)市场行情资料,包括市场价格、官方的物价指数、工资指数、中央银行的外汇比率等公布材料。

(16)投标前发包人提供的参考资料和现场资料。

(17)工程结算资料、财务报告、财务凭证等。

(18)各种会计核算资料。

(19)国家法律、法令、政策文件。

4. 索赔证据的基本要求

索赔证据应该具有：

(1)真实性。

(2)及时性。

(3)全面性。

(4)关联性。

(5)有效性。

二、索赔方法

如前所述,工程施工中承包人向发包人索赔、发包人向承包人索赔,以及分包人向承包人索赔的情况都有可能发生,以下说明承包人向发包人索赔的一般程序和方法。

(一)索赔意向通知

在工程实施过程中发生索赔事件以后,或者承包人发现索赔机会,首先要提出索赔意向,即在合同规定时间内将索赔意向用书面形式及时通知发包人或者工程师,向对方表明索赔愿望、要求或者声明保留索赔权利,这是索赔工作程序的第一步。索赔意向通知要简明扼要地说明索赔事由发生的时间、地点、简单事实情况描述和发展动态、索赔依据和理由、索赔事件的不利影响等。

(二)索赔资料的准备

在索赔资料准备阶段,主要工作有：

(1)跟踪和调查干扰事件,掌握事件产生的详细经过。

(2)分析干扰事件产生的原因,划清各方责任,确定索赔根据。

(3)损失或损害调查分析与计算,确定工期索赔和费用索赔值。

(4)搜集证据,获得充分而有效的各种证据。

(5)起草索赔文件。

(三)索赔文件的提交

提出索赔的一方应该在合同规定的时限内向对方提交正式的书面索赔文件。例如,FIDIC合同条件和我国《建设工程施工合同(示范文本)》(GF—2017—0201)都规定,承包人必须在发出索赔意向通知后的28天内或经过工程师同意的其他合理时间内向工程师提交一份详细的索赔文件和有关资料。如果干扰事件对工程的影响持续时间长,承包人则应按工程师要求的合理间隔(一般为 28 天),提交中间索赔报告,并在干扰事件影响结束后的 28 天内提交一份最终索赔报告。否则将失去就该事件请求补偿的索赔权利。

索赔文件的主要内容包括以下几个方面。

1. 总述部分

概要论述索赔事项发生的日期和过程;承包人为该索赔事项付出的努力和附加开支;承包人的具体索赔要求。

2. 论证部分

论证部分是索赔报告的关键部分,其目的是说明自己有索赔权,是索赔能否成立的关键。

3. 索赔款项(和/或工期)计算部分

如果说索赔报告论证部分的任务是解决索赔权能否成立,则款项计算是为解决能得多少款项。前者定性,后者定量。

4. 证据部分

要注意引用的每个证据的效力或可信程度,对重要的证据资料最好附以文字说明,或附以确认件。

(四)索赔文件的审核

对于承包人向发包人的索赔请求,索赔文件首先应该交由工程师审核。工程师根据发包人的委托或授权,对承包人索赔的审核工作主要分为判定索赔事件是否成立和核查承包人的索赔计算是否正确、合理两个方面,并可在授权范围内做出判断,初步确定补偿额度,或者要求补充证据,或者要求修改索赔报告等。对索赔的初步处理意见要提交发包人。

(五)发包人审查

对于工程师的初步处理意见,发包人需要进行审查和批准,然后工程师才可以签发有关证书。如果索赔额度超过了工程师的权限范围时,应由工程师将审查的索赔报告报请发包人审批,并与承包人谈判解决。

(六)协商

对于工程师的初步处理意见,发包人和承包人可能都不接受或者其中的一方不接受,三方可就索赔的解决进行协商,达成一致,其中可能包括复杂的谈判过程,经过多次协商才能达成。如果经过努力无法就索赔事宜达成一致意见,则发包人和承包人可根据合同约定选采用仲裁或者诉讼方式解决。

(七)反索赔的基本内容

反索赔的工作内容可以包括两个方面:一是防止对方提出索赔,二是反击或反驳对方的索赔要求。要成功地防止对方提出索赔，应采取积极的防御策略。首先是自己严格履行合同规定的各项义务，防止自己违约，并加强合同管理，使对方找不到索赔的理由和根据，使自己处于不能被索赔的地位。其次，如果在工程实施过程中发生了干扰事件，则应立即着手研究和分析合同依据，搜集证据，为提出索赔和反索赔做好两手准备。

如果对方提出了索赔要求或索赔报告，则自己一方应采取各种措施来反击或反驳对方的索赔要求。常用的措施有：

(1)抓对方的失误，直接向对方提出索赔，以对抗或平衡对方的索赔要求，以求在最终解决索赔时互相让步或者互不支付。

(2)针对对方的索赔报告，进行仔细、认真的研究和分析，找出理由和证据，证明对方索赔要求或索赔报告不符合实际情况和合同规定，没有合同依据或事实证据，索赔值计算不合理或不准确等问题，反击对方的不合理索赔要求，推卸或减轻自己的责任，使自己不受或少受损失。

(八) 对索赔报告的反击或反驳要点

对对方索赔报告的反击或反驳，一般可以从以下几个方面进行。

(1)索赔要求或报告的时限性。

审查对方是否在干扰事件发生后的索赔时限内及时提出索赔要求或报告。

(2)索赔事件的真实性。

(3)干扰事件的原因、责任分析。

如果干扰事件确实存在，则要通过对事件的调查分析，确定原因和责任。如果事件责任属于索赔者自己，则索赔不能成立，如果合同双方都有责任，则应按各自的责任大小分担损失。

(4)索赔理由分析

分析对方的索赔要求是否与合同条款或有关法规一致，所受损失是否属于非对方负责的原因造成。

(5)索赔证据分析

分析对方所提供的证据是否真实、有效、合法，是否能证明索赔要求成立。证据不足、不全、不当、没有法律证明效力或没有证据，索赔不能成立。

(6)索赔值审核

如果经过上述的各种分析、评价，仍不能从根本上否定对方的索赔要求，则必须对索赔报告中的索赔值进行认真细致地审核，审核的重点是索赔值的计算方法是否合情合理，各种取费是否合理适度，有无重复计算，计算结果是否准确等。

任务六　工程项目信息管理

工程项目管理的信息化,有助于提升工程项目的建设效率,工程项目信息化管理主要涉及项目信息门户和项目信息管理系统。

工程项目信息管理

信息管理概述

信息的分类、编码和处理方法

管理信息化及信息系统的功能

模块七 工程项目竣工验收

内容提要

(1)工程竣工验收的条件和要求、验收程序。

(2)工程资料的移交与归档。

第一节 基础知识

工程竣工验收是工程项目建设周期的最后一道程序,是项目管理的重要内容和终结阶段的重要工作,也是我国建设项目的一项基本法律制度。实行竣工验收制度,是全面检查工程项目是否符合设计文件要求和工程质量是否符合验收标准,能否交付使用、投产,发挥投资效益的重要环节。

由于竣工验收阶段的交工主体和验收主体不同,竣工验收具体又分为施工项目竣工验收和建设项目竣工验收两个不同的验收主体和验收阶段。本节所指的工程竣工验收是指施工项目竣工验收,它是建设项目竣工验收的第一阶段。没有经过施工项目竣工验收,建设项目竣工验收就不具备最基本的条件。

一、工程竣工验收的条件和要求

工程项目按设计要求全部建设完成,符合规定的项目竣工验收标准,可由发包人组织设计、施工、监理等单位进行项目竣工验收,单独签订施工合同的单位工程,竣工后可单独进行竣工验收。在一个单位工程中满足规定交工要求的专业工程,可征得发包人同意,分阶段进行竣工验收。中间竣工并已办理移交手续的单项工程,不再重复进行竣工验收。单位工程竣工验收应符合设计文件和施工图纸要求,满足生产需要或具备使用条件,并符合其他竣工验收条件要求。

1.竣工验收的依据

(1)批准的设计文件、施工图纸及说明书。

(2)双方签订的施工合同。

(3)设备技术说明书。

(4)设计变更通知书。

(5)施工验收规范及质量验收标准。

(6)外资工程应依据我国有关规定提交竣工验收文件。

2.竣工验收的条件

(1)设计文件和合同约定的各项施工内容已经施工完毕。

(2)有完整并经核定的工程竣工资料,符合验收规定。

(3)有勘察、设计、施工、监理等单位签署确认的工程质量合格文件。

(4)有工程使用的主要建筑材料、构配件和设备进场的证明及试验报告。

(5)建设单位已按合同约定支付工程款。

(6)有施工单位签署的工程质量保修书。

(7)有规划主管部门出具的认可文件。

(8)有公安消防、环保等部门出具的认可文件或者准许使用文件。

3.竣工验收的要求

(1)合同约定的工程质量标准。

(2)单位工程质量竣工验收的合格/优良标准。

(3)单项工程达到使用条件或满足生产要求。

(4)工程项目能满足建成投入使用或生产的各项要求。

在施工项目竣工验收阶段,工程项目各参与主体的任务不同。对建设单位来讲,施工项目经过验收,交付使用,标志着投入的建设资金转化为使用价值,项目具备了投入运营的条件;对施工单位来讲,其所承担的项目即将结束,不仅要及时做好各项收尾和移交工作,还要全面总结整个工程项目施工过程中的经验和教训,为新项目提供借鉴。

二、工程竣工验收的程序

为了有计划、有步骤地做好各项工作,保证竣工验收的顺利进行,业主和承包方均应制订详细的竣工验收工作计划,按照工程项目的特点和竣工验收工作的规律,执行竣工验收的正常工作程序,其主要环节包括:

(1)围绕着工程实物的硬件方面和工程竣工验收资料的软件方面,业主编制竣工验收工作计划,承包单位项目经理部落实竣工验收准备工作。

(2)承包单位内部组织自验收或初步验收,确认工程竣工、具备竣工验收各项条件。

(3)承包单位向监理工程师或业主方代表提出工程竣工验收申请。

(4)监理工程师(或业主代表)经过预验和核查,签署认可意见后,向业主提交工程验收报告。

(5)业主收到工程验收申请后,在约定的时间和地点,组织勘察、设计、施工、监理等有关单位及质量监督部门进行竣工验收。

(6)各单位分别汇报工程合同履约情况和在工程建设各个环节执行法律、法规和工程建设强制性标准的情况;审阅建设、勘察、设计、施工、监理单位的工程档案资料;实地查验工程质量;对工程勘察、设计、施工、设备安装质量和各管理环节等方面做出全面评价,并形成工程竣工验收报告,参与竣工验收的各方负责人应在竣工验收报告上签字并盖单位公章。

(7)通过竣工验收程序,办完竣工结算后,承包人应在规定期限内向业主办理工程移交手续。

参与工程竣工验收的建设、勘察、设计、施工、监理等各方不能形成一致意见时,应当协商提出解决的方法,待意见一致后,重新组织工程竣工验收。工程竣工验收的程序,如图7-1所示。

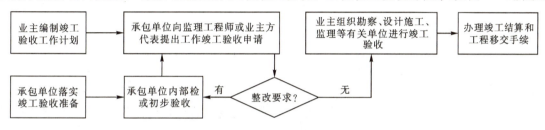

图7-1 工程竣工验收的程序

鉴于竣工验收阶段大量的基础性工作,从竣工验收准备开始到办理交工手续终结,是一个渐进、有序的过程。竣工验收阶段的管理工作,每一步都非常重要,承包人应做好竣工验收管理程序中各项基础工作,为交付竣工验收创造条件;监理单位应组织对竣工资料及各专业工程质量的全面检查,进行工程竣工预验收,对组织正式竣工验收提出明确的意见;发包人应根据施工合同的约定,组织进行工程竣工验收和竣工结算的审查。

三、工程竣工资料和验收报告

竣工资料真实记录了从工程项目的提出、立项、审批、勘察设计、施工、生产准备到竣工投产的全过程中形成的应归档保存的文件资料,是工程项目的重要技术资料,是工程验收、维护、改建、扩建的依据,是养护、管理部门必须长期保存的重要技术档案,也是国家科技档案的重要组成部分。

1. 竣工资料的内容和要求

承包单位应按竣工验收条件的规定,认真整理工程竣工资料。施工企业应建立健全竣工资料管理制度,实行科学收集、定向移交、统一归口,便于存取和检索。整理工程竣工资料的依据:一是国家有关法律、法规、规范对工程档案和竣工资料的规定;二是现行建设工程施工及验收规范和质量标准对资料内容的要求;三是国家和地方档案管理部门和工程竣工备案部门对竣工资料移交的规定。工程竣工资料应包括下列内容:

1)工程施工技术资料

(1)工程准备阶段资料(招投标文件及合同、项目经理部及负责人名单等)。

(2)施工技术准备资料(工程开工报告、施工组织设计、图纸会审纪要、技术交底记录、工程施工图预算、施工日志等)。

(3)施工现场准备资料(控制网设置资料、工程定位测量资料及复核记录、基槽开挖测量资料、施工安全措施、施工环保措施等)。

(4)地基处理记录(地基钎探记录和钎探平面布置图、验槽记录和地基处理记录、桩基施工记录、试桩记录和补桩记录等)。

(5)工程图纸变更记录(设计会议会审记录、设计变更记录、技术核定和工程洽商记录、工程质量事故处理记录等)。

(6)施工记录。

(7)工程竣工文件。

2)工程质量保证资料

工程质量保证资料应按建筑安装工程(具体分为土建工程和安装工程)和市政基础设施工程两大类别的工程属性进行整理。

(1)对建筑安装工程的要求:土建工程主要质量保证资料包括各种材料试验、施工试验报告和构件的质量证明文件,并有汇总表;安装工程主要质量保证资料按给水排水与供暖、建筑电气、通风与空调、电梯、建筑智能化等分部或专业分类组卷。

(2)对市政基础设施工程的要求:市政基础设施工程涵盖的范围比较宽,对工程质量保证资料的要求,应根据各类工程的规律和特点,按照相关技术规范、标准、规程的规定进行系统整理。

3)工程检验评定资料

(1)建筑安装工程检验评定资料(单位工程质量竣工验收记录、质量控制资料核查记录及安全和功能资料核查记录、单位工程观感质量检查记录等)。

(2)市政基础设施工程检验评定资料(工序工程质量评定记录、分项工程质量评定记录、分部工程质量评定记录、单位工程质量评定记录等)。

4)竣工图

竣工图是工程的实际反映,是工程的重要档案,工程承发包合同或施工协议要根据国家对编制竣工图的要求,对竣工图的编制、整理、审核、交接、验收做出规定。

竣工资料的整理应符合下列要求。

(1)工程施工技术资料的整理应始于工程开工、终于工程竣工,真实记录施工全过程,可按形成规律收集,采用表格方式分类组卷。

(2)工程质量保证资料的整理应按专业特点,根据工程的内在要求,进行分类组卷。

(3)工程检验评定资料的整理应按单位工程、分部工程、分项工程划分的顺序,进行分类组卷。

(4) 竣工图的整理应区别情况按竣工验收的要求组卷。

(5) 交付竣工验收的施工项目必须有与竣工资料目录相符的分类组卷档案。

(6) 承包人向发包人移交由分包人提供的竣工资料时,检查验证手续必须完备。

2. 竣工图编制

竣工图是记载工程建筑、结构,以及工艺管线、设备、电气、仪表、给水排水、暖通、环保设施等建设安装工程真实情况的技术文件。各项新建、扩建、改建的工程项目都要编制竣工图。

编制竣工图的主要依据包括设计施工图、设计更改通知单及更改图、施工过程中的具体措施及其他相关资料。编制各种竣工图,必须在施工过程中(不能在竣工后),及时做好隐蔽工程检验记录,整理好建设变更文件,确保竣工图质量。编制竣工图的形式和深度,应根据不同情况,区别对待。

(1) 凡按图施工没有变动的,则由施工单位在原施工图上加盖"竣工图"标志后,即作为竣工图。

(2) 凡在施工中,虽有一般性设计变更,但能将原施工图加以修改补充作为竣工图的,可不重新绘制,由施工单位负责在原施工图上注明修改的部分,并附以设计变更通知单和施工说明,加盖"竣工图"标志后,即作为竣工图。

(3) 凡有结构形式改变、工艺改变、平面布置改变、项目改变,以及其他重大改变的,不宜在原施工图上修改、补充,应重新绘制改变后的竣工图。由于设计原因造成的,由设计单位负责重新绘图;由于其他原因造成的,由建设单位自行绘图或委托设计单位绘图。施工单位负责在新图上加盖"竣工图"标志并附有关记录说明,作为竣工图。

竣工图在经承担施工的技术负责人审核签认和监理人审查签认后,才可作为竣工资料备案。工程竣工验收前,建设单位应组织、督促和协助各设计、施工、监理单位检验各自负责的竣工图编制工作,发现有不准确或短缺时,要及时采取措施修改和补齐。竣工图要作为工程交工验收的条件之一,凡不准确、不完整、不符合归档要求的,不能交工验收。

传统的施工单位手工编制的竣工图未经过数字化处理,不易形成多套备用,不利于施工图档案的长久保存和利用,并且编制的周期过长。随着计算机技术和CAD技术的普及应用,由建设单位组织设计、施工、监理单位共同参与,采用计算机绘制的竣工图,不仅图纸清晰美观,质量可靠,而且利于长久保存和复制利用。

3. 工程竣工验收报告编制

工程竣工验收合格后,建设单位应当及时提出工程竣工验收报告。工程竣工验收报告主要包括以下几点。

1) 工程概况

工程名称、地址，建设或投资单位名称，参与单位名称及专业资质等级、资质证书编号和备案合同编号。

房屋建筑工程的用途、功能、外观、结构类型、抗震等级、建筑耐火等级、主要使用功能区分、设计使用年限、建筑面积、占地面积、地上及地下层数、外装修特点、投资额等。

市政基础设施工程的类别、用途、功能、外观、结构形式、抗震设防、管道敷设式、系统形式、主要设备、工程的主要工程量、投资额等。

2）工程建设基本情况

建设单位执行基本建设程序，设计、监理、施工单位基本情况和评价，主要建筑材料使用，工程资料管理，工程验收，施工中发生的质量问题，质量、安全事故处理等。

3）对工程质量的综合评价

国家有关工程建设的法律、法规，基本建设程序，合同约定的各项内容，工程设计工程质量、验收规范及各参建方对工程进行竣工验收和竣工验收备案的意见。此外，工程竣工验收报告还应附有下列文件：

（1）施工许可证。

（2）施工图设计文件审查意见。

（3）验收组人员签署的工程竣工验收意见。

（4）市政基础设施工程应附有质量检测和功能性试验资料。

（5）施工单位签署的工程质量保修书。

（6）法规、规章规定的其他有关文件。

四、工程竣工验收备案

我国实行建设工程竣工验收备案制度。新建、扩建和改建的各类房屋建筑工程和市政基础设施工程的竣工验收，均应按《建设工程质量管理条例》规定进行备案。建设单位应当自建设工程竣工验收合格之日起15日内，将建设工程竣工验收报告和规划、公安消防、环保等部门出具的认可文件或准许使用文件，报建设行政主管部门或者其他相关部门备案。

备案部门在收到备案文件资料后的15日内，对文件资料进行审查，符合要求的工程，在验收备案表上加盖"竣工验收备案专用章"，并将一份退建设单位存档。工程竣工验收备案的具体工作流程，如图7-2所示。

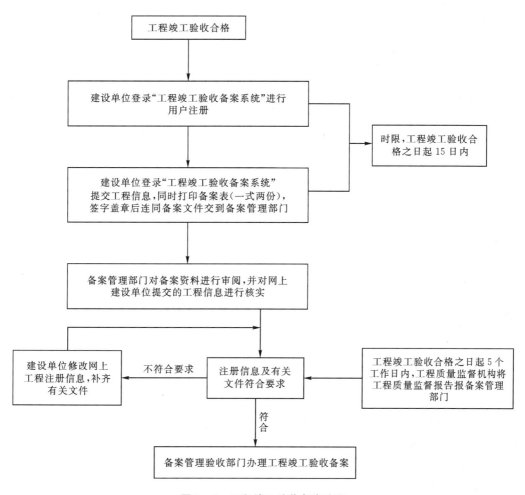

图 7-2 工程竣工验收备案流程

建设单位办理工程竣工验收备案,应当提交下列文件。

(1)工程竣工验收备案表(表 7-1)。

(2)工程竣工验收报告。

(3)法律、行政法规规定的由规划、公安消防、环保等部门出具的认可文件或者准许使用文件。

(4)施工单位签署的工程质量保修书。

(5)法规、规章规定必须提供的其他文件。

(6)商品住宅还应当提交《住宅质量保证书》和《住宅使用说明书》。

表 7-1　工程竣工验收备案表

工程名称：			工程地址：	
建筑面积/m²：			工程造价/万元：	
规划许可证号：			工程类别：	
施工许可证号：			结构类型：	
开工时间：			竣工验收时间：	
参与单位	单位名称		法定代表人	联系电话
建设单位				
勘察单位				
设计单位				
施工单位				
监理单位				
工程质量监督机构				
本工程已按《建设工程质量管理条例》第十六条规定进行了竣工验收，并且验收合格。依据《建设工程质量管理条例》第四十九条规定，所需文件已齐备，现报送备案			建设单位（公章）	
法定代表人（签字）			报名时间	

第二节　项目案例

一、交工验收特点及过程回顾

港珠澳大桥项目建设规模大、标准高、周期长、内容复杂，交工验收有如下特点。

(1)涉及专业广，包含水运、公路、房建、交安设施等，交工验收需融合公路、水运工程等验收程序，工作量大、难度高。

(2)验收内容多，每个单位工程均包含大量主体、附属及各类专项验收，验收标准和要求不尽相同，交工验收程序复杂，资料整理难度大。

(3)参建单位多，包含10家施工单位、8家监理单位、5家设计单位、4家咨询单位，交工验收统筹协调难度较大。

(4)各合同段进度不一，交工验收时间跨度长，与工程收尾作业穿插进行，组织协调工作存在一定困难。

为保证项目按期顺利通过交工验收,2017年5月,管理局成立了交工验收领导小组,全面部署和推动项目交工验收各项工作,狠抓收尾工程进度及遗留问题的整改闭合,组织开展工程档案整理、质量评定及荷载试验检测等工作,积极主动协调上级质监部门做好交工验收检测工作。经过近9个月的努力,如期顺利完成了项目交工验收,为历时7年的项目建设画上圆满句号。港珠澳大桥项目竣工验收工作大事记如表7-2所示。

表7-2 项目验收工作大事记

时间	事件
2017年5月	22日,召开交工验收工作部署会议,成立管理局交工验收领导小组及其办公室,编写交工验收工作方案,明确交工验收计划安排,正式启动交工验收工作
2017年6月	28日,交工验收先行标段桥梁工程CB05标提出交工验收申请
2017年9月	9月中旬—11月底,荷载试验单位完成荷载试验桥梁的外观检查检测及荷载试验
	2017年9月18日—2018年1月25日,配合省质量监督部门完成对本项目历时近5个月的交工验收检测工作
2017年10月	26日,召开交工验收工作推进会议,委托SB04标总监办协助管理局统筹、推进各参建单位的交工验收工作
2018年1月	11至12日,邀请省交通运输档案信息管理中心,对本项目交工验收档案完成情况进行检查,经检查,本项目档案基本符合交工验收要求
	24日,召开交工验收筹备工作会议,明确交工验收会议筹备工作计划与安排
	30日,向省交通工程造价事务中心上报本项目变更处理情况的自检报告
2018年2月	2日,成立交工验收审核小组,组织参建单位对施工合同段提交的工程质量检验评定报告进行审核,形成交工验收审定意见。
	6日,港珠澳大桥主体工程交工验收会议在珠海召开,项目顺利通过交工验收。

二、交工验收总体工作思路

针对本项目交工验收的工作特点,交工验收领导小组采取有效统筹、首件先行、平行推进的工作思路,以项目交工验收成为行业标杆为导向,规范交工验收程序,梳理合同执行情况,统筹协调各单位同步推进外业收尾和内业资料整理等工作。并针对不同标段工程完工进展,以CB05标作为交工验收先行标段,其他标段平行推进,分期分批开展合同工程交工验收。同时,委托SB04标总监办协助管理局对各参建单位的交工验收资料进行指导,建立信息交流平台,按计划有序推进各项工作。由于各方高度重视,按照管理局交工验收领导小组的总体部署和要求扎实推进各项工作,所以本项目交工验收工作按计划高质量完成。

三、主要开展的工作

1. 桥梁荷载试验

桥梁荷载试验是交工验收前必须履行的工作内容,其主要目的和作用是检验桥梁工程设计、施工质量和结构受力性能,为项目交、竣工验收提供技术依据,指导桥梁营运养护与长期监测工作。管理局按照有关规定,选取九洲桥、江海桥、青州桥等三座主通航孔桥,以及跨崖13-1气田管线桥、深水区非通航孔桥第21联、浅水区非通航孔桥第3联等6处典型结构进行桥梁荷载试验,并于2017年5月15日召开荷载试验工作会议,明确青州桥、跨崖13-1气田管线荷载试验由省交通运输建设工程质量检测中心负责实施,其他4处桥梁荷载试验由管理局通过公开招标方式,委托具有相应资质和类似经验的专业单位完成。

按照有关规范规定,本项目桥梁荷载试验需确保桥面无外在因素干扰,以保证检测数据真实准确。由于大桥尚未通车,现场仍有大量施工车辆出入,且部分检测路段临时堆放有施工设备及半成品。为保障荷载试验工作安全、有序进行,管理局工程管理部门会同有关检测单位详细制订荷载试验工作计划,提前做好方案编制、设备调试、加载车辆租赁、现场组织计划、后勤保障等各项试验准备,并建立信息沟通平台,积极协调和督促现场施工单位及时清理桥面、对试验路段进行交通管制,并把主要试验工作全部安排在夜间进行。在各参建单位的大力支持和积极配合下,历时3个月的桥梁荷载试验工作圆满完成。

试验结果表明,试验桥梁在试验荷载的作用下,结构总体受力特征与理论计算基本一致,各控制截面变形、应力实测值小于或接近计算值,满足相关设计和规范要求,结构动静力各项指标良好。本次桥梁荷载试验,全面详细地记录了桥梁在荷载作用下的结构反应,检验了桥梁结构设计和施工质量的可靠性,是项目交、竣工验收的重要支撑,为桥梁结构技术状况及承载能力评定和日后养护、维修、加固的决策提供了科学依据和支持。

2. 交工检测

本项目集岛、桥、隧于一体,工程特点、结构形式、施工工法与一般公路工程项目差别较大,现有的《公路工程竣(交)工验收办法实施细则》《公路工程竣工质量鉴定工作规定》无法涵盖全部交工检测和质量鉴定工作内容。为此,管理局主动协调并配合上级质量监督部门针对本工程实际,制定了《港珠澳大桥主体工程质量鉴定办法》。

为做好交工验收检测工作,管理局按照省质量监督部门的工作安排及要求,积极组织试验检测中心、测量控制中心、第三方检测机构、岛隧总监办水下监测站等单位,开展历时4个月的交工检测,各项检测指标结果真实、完整、规范,已被上级质量监督部门采信。

在管理局及参检、受检单位的积极配合下,省质量监督部门专门成立监督组,按每季度一次的频率对本项目累计开展了 27 次质量监督检查。在积累相关工程检测数据的基础上,自 2017 年 9 月起,省质量监督部门开展了长达 5 个月的交工检测工作。针对每次检测意见反馈的问题,管理局均高度重视,及时致函各受检单位,要求举一反三,对类似问题进行全面普查,并按有关意见及时组织人员限期整改到位。经过施工单位的积极整改、监理单位的逐项督察,监督检查及交工检测发现的绝大部分质量问题已在交工验收前整改完毕。目前,管理局已将整改结果上报省质量监督部门。对于少量的遗留问题,管理局正督促相关单位在通车前全部整改到位。

3. 质量评定

依据交工验收办法的有关规定,管理局成立了交工验收审核小组,负责项目的交工验收审定工作。根据公路工程交工验收程序,施工单位交工验收申请呈报监理单位,经监理单位审查同意后,同时向管理局提交独立抽检报告、质量评定资料和监理工作报告。由管理局组织试验检测中心、测量控制中心、监理单位,对港珠澳大桥主体工程的实体质量和内业资料进行了检查。监理单位根据独立抽检资料和经监理确认的施工自检资料,对各合同段的工程质量进行了评定,据此形成了《工程质量检验评定报告》。

2018 年 2 月 2 日,管理局组织交工验收审核小组,对各项检查结果和工程质量检验评定报告进行了讨论和审核,依据交工验收检测情况,结合监理单位的《工程质量检验评定报告》意见,经审定,本项目评定为合格。

4. 项目总结

为全面、系统地做好港珠澳大桥主体工程建设期总结工作,确保工程顺利通过交工验收,交工验收领导小组办公室在参考其他项目总结格式的基础上,结合本项目的建设管理特点,拟定了项目执行报告、施工总结、监理工作总结等文件的格式要求,并组织完成初审及汇编工作。截至交工验收会议前,共完成参建单位项目工作总结资料汇编 10 册超 200 万字,并成套印刷 50 份作为交工验收会议材料,供交工验收委员会成员查阅。

其中,项目执行报告主要围绕项目为实现"建设世界级的跨海通道,成为地标性建筑,为用户提供优质服务"的建设目标,总结管理局在建设管理工作上取得的经验及对工程质量的总体评价;施工总结报告重点围绕大桥建设"大型化、装配化、工厂化、标准化"的理念,总结各标段在施工组织、质量、进度、HSE、合同等项目管理方面,以及在新技术、新设备、新工艺、新结构等技术应用方面,取得的经验和成就;监理工作报告则是在总结监理工作开展、质量控制情况的同时,详细阐述交工验收存在的问题及处理措施。此外,设计、第三方咨询等单位也根据管理局的统一部署,全面系统地总结了建设期内的设计、咨询及相关管理工作。

5. 档案资料验收

为达成交工验收档案工作目标,管理局于2017年3月组织召开了交工验收档案工作动员大会,明确交工验收前档案需达到的条件,并实行交工验收档案审核审查管理机制,分阶段对桥梁工程、岛隧工程、房建工程、桥面铺装、交通工程等标段档案,进行检查、指导、督促整改,直至符合交工验收档案工作要求。

2018年1月,施工单位完成了施工档案自检,监理单位完成了对施工档案的审核评价,形成了施工档案自检报告、监理档案工作报告、施工和监理档案审核报告。交工验收前,总监办重点对标段施工档案的完整性、准确性、系统性,以及竣工图是否如实按照工程最终竣工状况进行绘制、交工验收申请材料是否符合要求等方面进行了审查;管理局重点对施工和监理档案是否与外业施工同步,已形成文件材料是否全部分类整理归档,案卷目录和卷内目录是否已按要求形成,竣工图编制是否已完成初稿,交工验收申请材料是否满足交工验收要求等进行了审核。2018年1月中旬,管理局邀请省交通运输档案信息管理中心,对交工验收档案完成情况进行了检查。经抽查,项目档案基本符合交工验收要求。

截至交工验收会议前,大桥主体工程施工、监理档案共完成组卷15 944卷(施工11 629卷、监理4 315卷),占施工监理总案卷数16 952卷的94%;完成竣工图初稿385册。经监理初审,竣工图绘制与工程实际基本相符,已形成的文件材料基本完成了归档组卷并按要求编制了案卷目录和卷内目录;项目档案基本规范、字迹耐久、签字手续完备,分类准确、排列有序,能保持文件的有机联系,并全面、准确地反映工程实际状况。施工和监理档案基本满足交工验收档案工作要求。

6. 专项验收

根据国家有关法律法规,港珠澳大桥主体工程通车前,需根据行业最新技术标准,对消防工程、防雷设施等进行专项验收和评价。

本项目消防工程包含人工岛建筑消防、海底隧道消防两大部分,涉及范围广、系统构成复杂,国内可供借鉴的消防验收经验欠缺。按照消防规定,主体工程经消防局验收合格后方可投入使用。结合项目特点,经管理局与消防局、第三方检测单位及相关参建单位充分沟通,根据工程建设实际,主体工程消防系统分三个阶段进行验收。其中,第一阶段完成隧道主体结构防火、隧道内消火栓系统、泡沫水喷雾系统、东人工岛和西人工岛建筑室外消防系统的预验收;第二阶段完成隧道内火灾报警系统、通风排烟系统、气体灭火系统、东人工岛和西人工岛建筑室内消防系统的预验收;第三阶段完成隧道消防、东人工岛和西人工岛建筑消防工程的正式验收工作。2018年1月31日,消防局、管理局、第三方检测单位、相关参建单位,对主体工程隧道、东人工岛和西人工岛建筑消防工程进行了预验收。经现场检测,系统联动控制合理,满足火灾自动探测和灭火的基本功能,符合消防设计规范要求。针对预验收中发现的问题,施工单位正积极组织人员逐一排查和整改,并加快整理消防局正式验收申请所需的各类资料。第三方检测单位也正在加快对各类消防设施的单体测试和联动测试,力争正式验收前出具检测报告。预计隧道及东、西人工岛建筑消防工程的正式验收工作在2018年3月底完成。

本项目防雷设施包含人工岛岛上建筑及附属工程、桥梁工程及珠澳口岸大桥管理区防雷设施,涉及的检测项目多、范围广。交工验收会议前,管理局陆续组织各标段委托珠海市公共气象服务中心,完成对所有12个项目防雷装置的竣工检测工作,并出具了检测报告,检测结果均合格。

四、交工验收会议及结论

本项目的交工验收会议不单是依照行业基建程序要求,完成通车前的程序性会议,也是所有参建单位在完工后的一次全面总结和交流的集会,具有里程碑意义。为此,管理局及各参建单位高度重视交工验收会议筹备工作,提前15天印发会议通知,邀请涵盖设计、施工、监理、咨询、运营养护、相关行业主管部门,三地委等单位在内的共46家单位参会,并安排专人跟进联系确定参会人员名单。同时组织各各参建方按计划落实会议资料准备、现场查看、会务等工作,确保交工验收会议万无一失。

2018年2月6日,管理局在珠海主持召开了交工验收会议,与会代表对工程实体进行现场查看后,按规定程序成立了交工验收委员会。交工验收委员会听取参建方代表的汇报后,查看交工验收资料,经认真审核讨论,一致认为:本项目严格执行基本建设制度,质量管理体系完善,项目建设实现了"大型化、工厂化、标准化、装配化",实体质量控制达到预期目标;抽检频率达到规定要求;用于工程的原材料全部检测合格;岛隧、桥梁工程各部构件外形轮廓清晰,表面平整光洁,外观质量较好,钢结构检测指标符合设计及规范要求,标高、几何尺寸等各项指标满足评定标准要求;铺装工程各项检测指标符合设计要求;隧道、桥梁、人工岛排水系统完善,满足设计要求;东西人工岛、珠澳口岸互通立交工程路基填筑密实稳定,压实度和弯沉等指标满足设计和规范要求;交通安全设施完善,质量符合设计和规范要求;机电设施性能和系统功能各项指标均满足技术规范和设计要求;档案管理工作基本符合有关要求。

根据公路工程竣(交)工验收办法、相关施工及质量验收标准的有关规定,以及交工验收检测情况,结合监理单位《工程质量检验评定报告》意见,经交工验收委员会评定,项目工程质量评分为99.17分,建设项目工程等级评定为合格,具备试运营通车条件,同意通过交工验收。

工程资料移交与归档

延伸阅读五

港珠澳大桥——家国情怀

在中国历史上,任何一项伟大工程的背后,都是无数人的艰辛付出。中华民族曾经筑起了万里长城,成就了中华文明不朽的象征。安澜桥位于四川都江堰,它的起始年代,可能不晚于都江堰工程建造的年代。之后的两千多年,它多次毁于天灾人祸,但一次又一次被重新建起来,成为高悬与岷江之上,"安度狂澜"的通道。中国的工程建筑史,就是一部不断征服挑战的历史。斗转星移,今天,港珠澳大桥的建设者们又是什么样的一群中国人呢?

"我们大概在500个人左右,都是从全国各地汇聚过来。中国目前发展的重点地方,都是在东南沿海。就是说,我们内地或其他地方的工人,都往这边汇聚。"港珠澳大桥岛隧工程第二工区项目部孙洪春说,"我们东岛在整个港珠澳大桥,它是离岸边最远的一个工作面。当时我们东人工岛还没有形成,这儿还是一片茫茫大海。最开始的时候我们住在工作船上。我们一个很小的工作船住了200多位人员,根本没有活动的空间。"

像小孙这样的工程人员,需要适应的远不止施工的艰苦条件。小孙和他的妻子经人电话介绍,相识不久后便结婚了。两人相恋时,只能通过远程视频聊天,增进感情。小孙的妻子,也从事海上工程项目。眼下,她被派往另一处施工现场,和小孙天南海北。"我们没有固定的家,休假的话我一般是到她工作的地方去。如果我们两个人都有空的话,会一起回老家看望父母。家还是小时候的那个家。"

不过在大桥项目中,也有一些幸运的人。"我比较幸运,我本来就是珠海人,这个项目又在珠海。就是很多人也很羡慕我,每天下班看到我就说:'回家啦,又能回家喝汤啦。'他们都很羡慕我。他们有的人好几年都不能回家,回去小孩都不认得他们了。"港珠澳大桥管理安全环保部温华说。

"我们的建设事业总归会有人来做嘛,即使不是我们,那其他人也是一样要付出。别人能够坚持,我们为什么不能坚持呢?"

"我觉得这种状况可能在很多地方都会有,也不一定说是我们这边的特色。当然,中国是个很大的国家,我们会有这样子的情况。但是同时他们工作他们会觉得很有自豪感,毕竟是这么大的一个项目。一个国家级的超级工程。当然是牺牲很大。"

"我感觉能够参与到这么一个伟大的超级工程,就会不自觉地被这个项目的魅力所吸引。就是会有一种油然而生的使命感。"

附录 施工中常用的表格模板

附录 A 施工组织设计/(专项)施工方案报审表

工程名称： 编号：

致：_____（项目监理机构） 　　我方已完成_____工程施工组织设计/(专项)施工方案的编制和审批，请予以审查。 　　附件：□施工组织设计 　　　　　□专项施工方案 　　　　　□施工方案   　　　　　　　　　　　　　　　　　施工项目经理部（盖章） 　　　　　　　　　　　　　　　　　项目经理（签字） 　　　　　　　　　　　　　　　　　　　年　月　日
审查意见：   　　　　　　　　　　　　　　　　　专业监理工程师（签字） 　　　　　　　　　　　　　　　　　　　年　月　日
审核意见：   　　　　　　　　　　　　　　　　　项目监理机构（盖章） 　　　　　　　　　　　　　　　　　总监理工程师（签字、加盖执业印章） 　　　　　　　　　　　　　　　　　　　年　月　日
审批意见（仅对超过一定规模的危险性较大的分部分项工程专项施工方案）：   　　　　　　　　　　　　　　　　　建设单位（盖章） 　　　　　　　　　　　　　　　　　建设单位代表（签字） 　　　　　　　　　　　　　　　　　　　年　月　日

注：本表一式三份，项目监理机构、建设单位、施工单位各一份。

附录 B　工程开工报审表

工程名称：　　　　　　　　　　　　　　　　　　　　　　　　　编号：

致：＿＿＿＿＿＿＿＿＿＿＿＿＿＿（建设单位）
　　＿＿＿＿＿＿＿＿＿＿＿＿＿＿（项目监理机构）

　　我方承担的＿＿＿＿＿＿＿＿＿工程，已完成相关准备工作，具备开工条件，申请于＿＿年＿＿月＿＿日开工，请予以审批。

　　附件：证明文件资料

施工单位（盖章）

项目经理（签字）

年　　月　　日

审核意见：

项目监理机构（盖章）

总监理工程师（签字、加盖执业印章）

年　　月　　日

审批意见：

建设单位（盖章）

建设单位代表（签字）

年　　月　　日

注：本表一式三份，项目监理机构、建设单位、施工单位各一份。

附录C 工程材料、构配件、设备报审表

工程名称： 　　　　　　　　　　　　　　　　　　　　　编号：

致：_____（项目监理机构）

　　于____年____月____日进场的拟用于工程_____部位的_____，经我方检验合格，现将相关资料报上，请予以审查。

　　附件：1. 工程材料、构配件或设备清单
　　　　　2. 质量证明文件
　　　　　3. 自检结果

施工项目经理部（盖章）

项目经理（签字）

年　　月　　日

审查意见：

项目监理机构（盖章）

专业监理工程师（签字）

年　　月　　日

注：本表一式二份，项目监理机构、施工单位各一份。

附录 D 工程临时/最终延期报审表

工程名称：＿＿＿＿＿＿＿＿＿＿＿＿＿＿＿＿＿＿＿＿＿＿＿＿＿＿＿＿＿＿ 编号：＿＿＿＿＿

致：＿＿＿＿＿＿＿＿＿＿＿＿＿＿＿（项目监理机构） 　　根据施工合同＿＿＿＿＿＿＿＿＿＿＿＿＿＿（条款），由于＿＿＿＿＿＿＿＿＿＿＿＿＿＿＿原因，我方申请工程临时/最终延期＿＿＿＿＿（日历天），请予批准。 　　附件：1. 工程延期依据及工期计算 　　　　　2. 证明材料   　　　　　　　　　　　　　　　　　　　　施工项目经理部（盖章） 　　　　　　　　　　　　　　　　　　　　项目经理（签字） 　　　　　　　　　　　　　　　　　　　　　　年　　月　　日
审核意见： 　　□同意工程临时/最终延期＿＿＿＿＿（日历天）。工程竣工日期从施工合同约定的＿＿＿年＿＿＿月＿＿＿日延迟到＿＿＿年＿＿＿月＿＿＿日。 　　□不同意延期，请按约定竣工日期组织施工。   　　　　　　　　　　　　　　　　　　　　项目监理机构（盖章） 　　　　　　　　　　　　　　　　　　　　总监理工程师（签字、加盖执业印章） 　　　　　　　　　　　　　　　　　　　　　　年　　月　　日
审批意见：   　　　　　　　　　　　　　　　　　　　　建设单位（盖章） 　　　　　　　　　　　　　　　　　　　　建设单位代表（签字） 　　　　　　　　　　　　　　　　　　　　　　年　　月　　日

注：本表一式三份，项目监理机构、建设单位、施工单位各一份。

附录 E 分部工程报验表

工程名称：　　　　　　　　　　　　　　　　　　　　　　　　编号：

致：＿＿＿＿＿＿＿＿（项目监理机构）

　　我方已完成＿＿＿＿＿＿＿＿（分部工程），经自检合格，请予以验收。

　　附件：分部工程质量资料

施工项目经理部（盖章）

项目技术负责人（签字）

年　　月　　日

验收意见：

专业监理工程师（签字）

年　　月　　日

验收意见：

项目监理机构（盖章）

总监理工程师（签字）

年　　月　　日

注：本表一式三份，项目监理机构、建设单位、施工单位各一份。

附录 F 单位工程竣工验收报审表

工程名称：   编号：

致：＿＿＿＿＿＿＿＿（项目监理机构）

　　我方已按施工合同要求完成＿＿＿＿＿＿＿＿工程，经自检合格，现将有关资料报上，请予以验收。

　　附件：1. 工程质量验收报告
　　　　　2. 工程功能检验资料

施工单位（盖章）

项目经理（签字）

年　　月　　日

预验收意见：

　　经预验收，该工程合格/不合格，可以/不可以组织正式验收。

项目监理机构（盖章）

总监理工程师（签字、加盖执业印章）

年　　月　　日

注：本表一式三份，项目监理机构、建设单位、施工单位各一份。

附录G 费用索赔报审表

工程名称：_____　　　　　　　　　编号：_____

致：_____（项目监理机构）

　　根据施工合同_____条款，由于_____的原因，我方申请索赔金额(大写)_____，请予批准。

　　索赔理由：_____
_____
_____

　　附件：□索赔金额计算
　　　　　□证明材料

施工项目经理部(盖章)
项目经理(签字)
年　　月　　日

审核意见：

　　□不同意此项索赔。
　　□同意此项索赔，索赔金额为(大写)_____。
　　同意/不同意索赔的理由：_____
_____
_____
_____

　　附件：□索赔审查报告

项目监理机构(盖章)
总监理工程师(签字、加盖执业印章)
年　　月　　日

审批意见：

建设单位(盖章)
建设单位代表(签字)
年　　月　　日

注：本表一式三份，项目监理机构、建设单位、施工单位各一份。

附录 H 工程款支付报审表

工程名称：＿＿＿＿＿＿＿＿＿＿＿＿＿＿＿＿＿＿＿＿＿＿＿＿＿　编号：＿＿＿＿＿

致：＿＿＿＿＿＿＿＿＿＿＿（项目监理机构）

　　根据施工合同约定,我方已完成＿＿＿＿＿＿工作,建设单位应在＿＿年＿＿月＿＿日前支付工程款共计(大写)＿＿＿＿＿＿＿＿＿＿(小写:＿＿＿＿＿＿＿),请予以审核。

　　附件:□已完成工程量报表

　　　　　□工程竣工结算证明材料

　　　　　□相应支持性证明文件

施工项目经理部(盖章)

项目经理(签字)

年　　月　　日

审查意见：

1. 施工单位应得款：

2. 本期应扣款：

3. 本期应付款：

附件:相应支持性材料

专业监理工程师(签字)

年　　月　　日

审核意见：

项目监理机构(盖章)

总监理工程师(签字、加盖执业印章)

年　　月　　日

审批意见：

建设单位(盖章)

建设单位代表(签字)

年　　月　　日

注：本表一式三份,项目监理机构、建设单位、施工单位各一份；工程竣工结算报审时本表一式四份,项目监理机构、建设单位各一份、施工单位两份。

参考文献

[1] 成虎,陈群.工程项目管理[M].4版.北京:中国建筑工业出版社,2015.

[2] 黄维民,等.施工现场6S管理实务[M].北京:中国建筑工业出版社,2020.

[3] 全国一级建造师执业资格考试用书编写委员会.通信与广电工程管理与实务[M].北京:中国建筑工业出版社,2019.

[4] 全国一级建造师执业资格考试用书编写委员会.建筑工程管理与实务[M].北京:中国建筑工业出版社,2018.

[5] 李忠富.建设工程施工管理[M].北京:机械工业出版社,2018.

[6] 丁士昭.工程项目管理[M].2版.北京:中国建筑工业出版社,2014.

[7] 全国一级建造师执业资格考试用书编写委员会.建筑工程项目管理[M].北京:中国建筑工业出版社,2019.

[8] 《建筑施工组织设计规范》GB/T 50502—2009.中国建筑工业出版社,2009.

[9] 《建设工程监理规范》GB/T 50319—2013.中国建筑工业出版社,2013.

[10] 冯烁.基于社会心理环境和工效学的港珠澳大桥HSE管理体系员工绩效评价研究[D].西安:长安大学,2018.

[11] 任红雨.港珠澳大桥:交通工程界的珠穆朗玛峰.创新之路.

[12] 李江.港珠澳大桥主体工程施工进度控制手段与实施[J].公路,2020,3.

[13] 徐丽红.动态联盟项目管理模式在港珠澳大桥岛隧工程中的应用[D].广州:华南理工大学,2016.

[14] 温华,段国钦,黄志雄,等.港珠澳大桥主体工程建设期中华白海豚保护管理实践初探[J].海洋湖沼通报,2016.

[15] 项目管理协会.项目管理知识体系指南[M].6版.北京:电子工业出版社,2018.

[16] 国家市场监督管理总局,国家标准化管理委员会.质量管理项目质量管理指南GB/T 19016—2021.北京:中国质检出版社,2021.

[17] 成虎,张尚,成于思.建筑工程合同管理与索赔[M].5版.南京:东南大学出版社,2020.

[18] 曹吉鸣,林知炎.工程施工组织与管理[M].上海:同济大学出版社,2002.

[19] 中华人民共和国住房和城乡建设部.工程网络计划技术规程JGJ/T 121—2015.北京:中国建筑工业出版社,2015.

[20] 丁士昭.建设工程信息化导论[M].北京:中国建筑工业出版社,2005.

[21] 黄梯云,李一军,叶强.管理信息系统[M].7版.北京:高等教育出版社,2019.

[22] YANG J B, KAO C K. Critical path effect-based delay analysis method for construction projects[J]. International Journal of Project Management,2012,30：385–397.

[23] WAMBEKE B W, HSIANG S M, LIU M. Causes of Variation in Construction Project Task Starting Times and Duration[J]. Journal of Construction Engineering and Management,2011,137(9)：663—677.

[24] GONZÁLEZ P, GONZÁLEZ V, MOLENAAR K, et al. Analysis of Causes of Delay and Time Performance in Construction Projects[J]. Journal of construction Engineering and Management,2014,140(1).

[25] 施骞,胡文发.工程质量管理教程[M].上海:同济大学出版社,2010.

[26] 宁仁歧,郑传明.土木工程施工[M].北京:中国建筑工业出版社,2006.